Conhecendo **grandes obras artísticas**
para criar **grandes negócios**

Jamie Anderson,

Jörg Reckhenrich e Martin Kupp

Tradução: Beth Honorato

www.dvseditora.com.br
São Paulo, 2013

Conhecendo **grandes obras artísticas** para criar **grandes negócios**

DVS Editora 2013 - Todos os direitos para a língua portuguesa reservados pela editora.

THE FINE ART OF SUCCESS
How Learning Great Art Can Create Great Business

This edition first published in 2011
Copyright © 2011 John Wiley & Sons Ltd.

All Rights Reserved. Authorised translation from the English language edition published by John Wiley & Sons Limited. Responsibility for the accuracy of the translation rests solely with DVS Editora and is not the responsibility of John Wiley & Sons Limited. No part of this book may be reproduced in any form without the written permission of the original copyright holder,J ohn Wiley & Sons Limited.

Nenhuma parte deste livro poderá ser reproduzida, armazenada em sistema de recuperação, ou transmitida por qualquer meio, seja na forma eletrônica, mecânica, fotocopiada, gravada ou qualquer outra, sem a autorização por escrito do autor.

Tradução: Beth Honorato
Diagramação: Konsept Design e Projetos

```
              Dados  Internacionais  de  Catalogação  na  Publicação   (CIP)
                     (Câmara  Brasileira  do  Livro,  SP,  Brasil)

              Anderson, Jamie
                 A fina arte do sucesso : conhecendo grandes
              obras artísticas para criar grandes negócios /
              Jamie Anderson, Jörg Reckhenrich, Martin Kupp ;
              tradução Beth Honorato. -- São Paulo : DVS
              Editora, 2013.

                 Título original: The fine art of sucsess : how
              learning great art can create greate business.
                 ISBN 978-85-88329-79-9

                 1. Habilidade criativa em negócios 2. Marketing
              3. Sucesso em negócios I. Reckhenrich, Jörg.
              II. Kupp, Martin. III. Título.




  13-09030                                            CDD-658.409
```

Índices para catálogo sistemático:

1. Sucesso em negócios : Administração
                executiva   658.409

Conhecendo **grandes obras artísticas**
para criar **grandes negócios**

Jamie Anderson,

Jörg Reckhenrich e Martin Kupp

Aos meus pais, Lee e Valerie Jean. Vocês incutiram em mim a paixão pela vida e a alegria da generosidade.

Jamie L. Anderson

À minha mulher, Claudia. Você sempre acreditou e compartilhou comigo os meus sonhos.

Jörg Reckhenrich

À minha família e aos meus melhores amigos, Ilona, Mats, Hanne e Ida, que me inspiraram e deram sentido à minha vida.

Martin Kupp

Sumário

Apresentação	**ix**
Prefácio	**xiii**
Sobre os Autores	**xix**

1 Madonna   **1**
Estratégia da Pista de Dança

2 Ticiano   **27**
Mestre e Intruso: Perspectivas Históricas sobre Inovação
Estratégica no Mercado de Arte Veneziano do Século XVI

3 Hirst   **49**
O Tubarão está Morto — Como se Autoconstruir em
um Novo Mercado

4 Beuys   **77**
Compreendendo a Criatividade — Todo Diretor É um Artista?

5 Picasso, van Gogh e Gauguin   **101**
Ensinamentos da Arte para Gerentes e Executivos Globais

6 Koons   **123**
Feito no Céu, Produzido na Terra: Liderança Criativa —
A Arte da Projeção

7 Paik   **147**
Global Groove — Inovação por Meio da Justaposição

8 Entrevista com Gerritt Gohlke, artnet   **175**

Referências   **189**

Apresentação

Costas Markides, da Escola de Negócios de Londres

Nossa criatividade aumenta quando encaramos uma incumbência sob diferentes ângulos. Por exemplo, uma vez vi um colega passar ensinamento a um grupo de altos executivos para que tornassem sua **empresa mais inovadora**. Primeiramente, ele pediu para que esses executivos identificassem outras empresas famosas por sua criatividade e avaliassem de que forma elas haviam conseguido isso. Contudo, depois de uma longa discussão sobre o que outras empresas haviam feito para promover a inovação, ele pediu ao grupo para esquecer essas empresas e refletir sobre a diferença entre **capitalismo** e **comunismo** enquanto sistemas econômicos. O que o sistema capitalista tem que lhe permite prosperar e vencer a guerra econômica contra o comunismo? Que características do capitalismo é possível levar para dentro da empresa? Após a discussão sobre esse assunto, ele pediu ao grupo para que refletisse sobre sua família. O que eles faziam em casa para estimular os filhos a desenvolver sua criatividade? E quantas dessas táticas podiam ser transferidas para as empresas?

Ao avaliar a inovação sob três ângulos distintos — o que **outras empresas fazem**, por que o **capitalismo triunfa** e o que **você faz em casa** —, os executivos conseguiram desenvolver inúmeras ideias para promover a inovação dentro de uma empresa. Com esses três ângulos diferentes de abordar a questão, eles geraram mais ideias diferentes. A forma variável de encarar essa questão gerou um resultado final também variado.

Este livro é uma formidável aplicação desse princípio. Os assuntos cobertos na área de negócios são bastante comuns para os gerentes de negócios — como revitalizar uma estratégia, como inovar estrategicamente e criar um novo segmento de mercado, como globalizar, como tornar-se mais criativo.

x A FINA ARTE DO SUCESSO

Muito foi escrito sobre esses assuntos, mas poucos autores os abordaram sob a **perspectiva das artes**. Este livro preenche essa lacuna e, ao fazê-lo, cumpre dois objetivos primordiais: a) possibilita que o leitor aborde a questão (por exemplo, como inovar ou como globalizar) de um ângulo inusitado, algo que surpreendentemente gera novos *insights*; e b) nos permite discutir essas questões empresariais triviais de uma maneira divertida por meio de histórias do mundo das artes.

Considere, por exemplo, o capítulo sobre Madonna. É óbvio que Madonna não firmou seu sucesso apenas na sorte ou no talento. Na verdade, ela refletiu com cuidado a respeito de seu mercado e de seus clientes e igualmente sobre suas competências e aspirações exclusivas para desenvolver uma estratégia pessoal diferenciada. Contudo, antes mesmo de sua bem-sucedida estratégia seguir seu curso natural, Madonna já era **corajosa** o suficiente para contestá-la e mudá-la. Em vez de ficar à espera de uma possível crise, Madonna fez o que todos nós ensinamos nossos executivos a fazer — ter coragem para **mudar em tempos bons**, e não diante de uma **crise**. Esse capítulo descreve exatamente como ela fez isso. A análise sobre o que e como ela fez oferece inúmeros *insights* a gestores e executivos praticantes.

Ao investigar questões empresariais importantes pelas lentes do mundo das artes, este livro também estilhaça os mitos mais prejudiciais que os gestores e executivos amam de coração — de que sua situação é única e as pressões que eles enfrentam no mundo moderno são excepcionais. Como este livro procura demonstrar, história após história, **isso está longe de ser verdade!** Há 500 anos, as mudanças foram também rápidas, e o mundo era tão difícil quanto hoje. E há cinco séculos, as pessoas enfrentavam os mesmos desafios de agora — como inovar estrategicamente, como criar um novo segmento de mercado, como **globalizar** — que os gestores e executivos modernos enfrentam.

Considere, por exemplo, o tópico sobre inovação estratégica. Nos últimos anos, tornou-se comum recomendar que as empresas violem as regras de seu setor para criar um novo segmento de mercado. Com isso, as pessoas querem dizer que as empresas devem buscar novos segmentos de clientes, novas proposições de valor e novas formas de oferecer valor aos clientes. Não obstante, como demonstra o capítulo sobre Damien Hirst, é exatamente isso o que ele fez para criar um novo segmento no mercado das artes. E como o capítulo a respeito de Tintoretto evidencia, o conceito de inovação estratégica tem profundas raízes históricas que remontam a Veneza do século XVI.

A última contribuição deste livro é o seu estilo de transmitir informações. Sabemos que **contar histórias** é um meio eficaz de transmitir informações e inspirar as pessoas. É isso o que fazemos toda vez que contamos uma história para nossos filhos na hora em que eles vão dormir. Essa é uma técnica que utilizamos em abundância nas salas de aula. Os líderes — políticos ou empresariais — também estão cientes da importância das histórias para estimular pessoas e, por isso, utilizam-nas proativamente. Contudo, raras vezes utilizamos essa técnica em nossos textos. Não é de surpreender que a maioria das pessoas ache os livros de negócios entediantes! Ao contar histórias do mundo das artes, este livro vivifica o tema do qual se ocupa e torna suas mensagens memoráveis. Ainda que tempos depois o leitor se esqueça das principais informações empresariais transmitidas em um determinado capítulo, ele se lembrará das histórias que foram contadas ali.

Outros livros já utilizaram história, religião e biologia para passar ensinamentos aos gerentes de negócios. Este livro é um dos poucos a utilizar o **mundo das artes** como **inspiração**. Ele preenche uma lacuna e, nesse processo, faz uma imensa contribuição.

Prefácio

Centenas de livros de negócios adotam "novas" constatações sobre conceitos importantes em administração. Porém, a maioria desses textos recorre a estudos de caso famosos e a constatações do mundo corporativo e com frequência adorna as estruturas de referência existentes com novas palavras do "jargão" administrativo, mas pouco revela de novo. Pouquíssimos utilizam Picasso e Madonna como estudos de caso de sucesso corporativo.

Neste livro, falamos sobre estratégias promissoras para estimular a inovação e a criatividade no mundo dos negócios, mas não nos voltamos para corporações bem conhecidas como Microsoft, IBM ou Nokia. Em vez disso, examinamos as experiências de artistas criativos — de pintores do século XVI representados pelas figuras de Ticiano e Tintoretto a gênios criativos dos séculos XIX e XX como van Gogh, Gauguin e Picasso e artistas contemporâneos como Damien Hirst, Jeff Koons e Madonna. Presumimos que as histórias de sucesso desses artistas engendram lições importantes para os gestores e executivos contemporâneos — e os vários capítulos apresentam estudos de caso ilustrativos e interessantes.

As lições empresariais extraídas do mundo das artes criativas foram pouco pesquisadas até o momento porque os acadêmicos da maioria das faculdades de Negócios tendem a se concentrar mais em empresas tradicionalmente definidas como privadas e de capital aberto. Além disso, a maioria das pesquisas acadêmicas conduzidas nas faculdades de Negócios concentra-se no período pós-guerra. Poucos acadêmicos de negócios contemporâneos voltam para o passado com o objetivo de buscar constatações relevantes do ponto de vista histórico. Este livre é direcionado ao campo de gestão estratégica e gestão de *marketing*. Seu objetivo é preencher uma lacuna nos livros de gestão de empresas com relação a constatações e ensinamentos para o mundo dos negócios, provenientes das artes criativas nas áreas de administração da inovação e da criatividade. Este livro foi escrito para um público global e recorre a estudos de caso e exemplos do mundo inteiro. Muitos dos estudos de casos mencionados são reconhecidos internacionalmente e os ensinamentos passados ao longo do texto são igualmente importantes para gerentes de negócios e executivos tanto de mercados desenvolvidos quanto de mercados emergentes.

A importância deste livro para os gerentes gerais e gerentes funcionais é demonstrada pelo capítulo de abertura, sobre Madonna. Esse capítulo propõe que a **renovação contínua** de uma organização não se resume à elaboração de um plano detalhado a ser implantado sem adaptações, transformações e desdobramentos. Essa renovação também depende do estabelecimento de uma direção geral que incorpore cinco elementos básicos — **visão, conhecimento sobre os clientes e o setor, potencialização de aptidões e superação de pontos fracos, implantação consistente e ímpeto em direção a renovações contínuas**. Essas informações são fundamentais tanto para diretores executivos, diretores de *marketing* quanto estudantes de pós-graduação em administração, e especialmente importantes em tempos de crise econômica.

No Capítulo 2, abordamos o tópico de **inovação estratégica**, examinando a carreira de Tintoretto, pintor do século XVI. Analisamos de que forma Tintoretto contestou o "setor" de arte consolidado de Veneza, sua cidade natal, que na época era um dos grandes centros artísticos do mundo. Demonstramos que Tintoretto foi capaz de criar um novo segmento de mercado em um setor "maduro" dominado por Ticiano, o grande mestre da arte de sua época. Esse capítulo demonstra que a inovação estratégica não é um conceito novo, mas uma alavanca para a criação de novos valores em diferentes períodos históricos. A inovação é uma área de interesse fundamental para as empresas modernas. Por isso, apresentamos informações que demonstram de que forma qualquer empresa contemporânea pode aproveitar e potencializar a abordagem de crescimento e lucratividade de Tintoretto.

O Capítulo 3 é uma continuação do tópico sobre inovação estratégica, mas desloca o olhar sobre a Veneza do século XVI para o mercado de arte contemporânea do século XXI. Esse capítulo investiga o controverso artista Damien Hirst, apresentando uma visão geral sobre sua carreira enquanto pintor e a mentalidade que lhe trouxe riqueza e sucesso. Associando o sucesso de Hirst com o de Tintoretto, cerca de quatro séculos antes, demonstramos como as organizações do mundo moderno podem sacudir a estrutura setorial estabelecida e seus principais protagonistas apenas formulando e respondendo de maneira diferente as seguintes perguntas estratégicas: "Quem é o cliente?", "O que ofereço ao cliente?" e "Como crio valor para o cliente?". Após uma reflexão sobre a carreira de Hirst, passamos para uma discussão sobre as empresas que inovaram estrategicamente em seus setores específicos.

No Capítulo 4, concentramo-nos na questão da **criatividade** e em como uma organização pode estimular o potencial criativo de sua equipe. Criatividade é um termo amplamente empregado no contexto de estratégia, inovação, desenvolvimento organizacional e liderança. Quando os gestores se dão conta de que as questões estratégicas, os problemas de liderança e determinadas situações organizacionais complexas não são manejáveis de uma maneira rotineira, a busca de soluções criativas inicia-se. Quanto mais incomum a situação, o que significa que os gestores não podem se valer de experiências ou práticas estabelecidas, maior a necessidade de **soluções criativas**. Nesse sentido, a criatividade é vista quase como um pré-requisito para a gestão de mudanças e inovações. Desse modo, a criatividade é uma habilidade fundamental para líderes e organizações, não apenas para se adaptarem às mudanças, mas também para moldarem proativamente setores e mercados. **"Pense diferente"** ou **"pense de forma não convencional"** é o *slogan* de inúmeros especialistas em criatividade que associam corretamente o pensamento criativo à inovação corporativa. Contudo, neste livro, convidamos os gestores a pensar além da tela. Uma avaliação do pensamento do artista alemão Joseph Beuys mostra como os gestores podem trazer à tona ideias novas e ousadas.

No Capítulo 5, retornamos ao mundo das **belas-artes** para investigar o **fenômeno da globalização** no século XXI e de que maneira os gestores podem se valer da experiência dos artistas para prosperar em uma economia progressivamente global. A ascensão da globalização, da forma como ela se apresenta hoje, foi considerada tanto uma ameaça quanto uma oportunidade pelas empresas, o que incitou um interesse crescente pela conquista desse paradigma global. Acreditamos que os gestores e executivos modernos podem aprender mais se retrocederem e examinarem de que modo os artistas adaptaram-se à moderna globalização das artes do século XIX em diante. Apresentamos três métodos diferentes empregados pelos artistas para lidar com a globalização moderna das artes em meados do século XIX: adoção, integração e fusão. A **adoção** foi a forma pela qual os artistas aprenderam técnicas, conceitos e métodos artísticos de culturas estrangeiras por meio da cópia. Nesse caso, as experiências de Vincent van Gogh (1853-1890) com xilogravuras japonesas são um bom exemplo. A **integração** foi o método adotado por pintores como Paul Gauguin, que associou sua experiência no mundo do Taiti, com suas cores e luminosidade, e o conhecimento clássico europeu de composição. Por fim, entramos no mundo de Picasso e percebemos que ele criou um método artístico completamente novo com base nas diferentes influências europeias e africanas por meio da **fusão**.

No Capítulo 6, passamos para o tema de **liderança**. Como os gestores influenciam pensamentos, sentimentos e comportamentos em um número significativo de indivíduos de tal maneira que as estratégias são implantadas impecável e apaixonadamente dentro de uma organização? Nesse capítulo, analisaremos de perto Jeff Koons, outro artista contemporâneo bem-sucedido e altamente controverso, e o modo como ele se projetou como um líder digno de crédito no mundo da arte contemporânea especialmente em virtude de seu estilo coeso e convincente de contar histórias por meio de seu trabalho artístico. A obra de Koons recebeu reconhecimento mundial e é exibida em todos os principais museus de arte moderna, como nos três grandes museus de Nova York — o Museu de Arte Moderna, o Museu Whitney e o Museu Guggenheim. Em nossa opinião, o uso de Koons da narração de histórias e a maneira como ele veio a incorporar os temas e os conceitos que ele busca transmitir em suas obras de arte oferecem ensinamentos grandiosos para gestores e executivos sobre como eles podem conseguir projetar sua própria liderança. Refletindo sobre Koons, os gestores e executivos podem aprender melhor não apenas a criar credibilidade e obter adesão, mas também a se projetar como líderes em sua área de empreendimento empresarial.

O Capítulo 7 examina o artista de vídeo e arte dramática Nam June Paik, que conseguiu **justapor** vezes sem conta **campos como arte e música**, **Oriente** e **Ocidente**, **tecnologia** e **sexualidade**, abraçando a **complexidade**, orquestrando a **criatividade** e imprimindo **emoções** em suas ideias. Sentimos que lidar com ideias aparentemente opostas é um dilema em grande medida comum não apenas para artistas, mas também para mulheres e homens de negócios. A vida parece ser um infindável fluxo de dilemas, de escolhas entre isso ou aquilo, de decisões entre custo e diferenciação, entre direita e esquerda. Por isso, acreditamos que, ao refletir sobre um artista como Nam Jun Paik, vale a pena entender a fundo de que modo isso poderia funcionar. Sul-coreano de nascimento com cidadania norte-americana, formado em música e produtor de trabalhos artísticos, Paik incorpora a ideia de inovação por meio da justaposição. Nesse capítulo, nos aproximamos de Paik para compreender melhor o potencial da **justaposição**, de pensar em pontos de vista opostos para visualizar e criar novas soluções.

O último capítulo apresenta uma entrevista com Gerrit Gohlke, diretor-executivo da *artnet*. A *artnet* oferece serviços a profissionais das belas-artes, como um banco de dados de preços, para se ter transparência na determinação de preços no mercado de arte, uma rede de galerias *on-line*, construção e hospedagem de *sites* em sua plataforma para *marchands* e galerias e uma revista *on-line* sobre comercialização de obras de arte. Gerrit, observador de longa data do mercado de arte, fala sobre a história e o modelo de negócio da *artnet* e, mais importante do que isso, fala sobre novas tendências no mercado de arte, sobre o que os artistas podem aprender com os gestores e o que os gestores podem aprender com os pintores e donos de galeria e com outros grupos de interesse no setor artístico.

Tendo em vista a ênfase depositada sobre a gestão da inovação e da criatividade, este livro foi escrito para gerentes gerais e estudantes de pós--graduação em administração e é apropriado para cursos de MBA (*Master of Business Administration*) em estratégia, gestão de inovação e *marketing*. Além disso, alguns dos estudos de caso incluídos neste livro já foram utilizados pelos autores em cursos para alunos de pós-graduação em administração e cursos de formação de executivos. Contudo, os capítulos oferecem também ideias específicas para gerentes funcionais, como aqueles que trabalham com desenvolvimento de novos produtos, gestão de inovação, *marketing* e comunicação. Em tempos de instabilidade econômica global, ideias novas e inovadoras são essenciais para os negócios. Este livro oferece essas ideias.

Sobre os Autores

Jamie Anderson é professor de Estratégia e Gestão de Inovação na Escola de Administração de Antuérpia e no Instituto Lorange, na Suíça. É também professor visitante na Escola de Negócios de Londres e na Escola de Negócios da Índia. O tema de pesquisa de maior interesse para Jamie é estratégia, inovação e transformação corporativa, e seus artigos já foram publicados em periódicos como *California Management Review*, *MIT Sloan Management Review*, *European Journal of Innovation Management*, *Financial Times* e *The Wall Street Journal*. Ele já se apresentou como comentarista empresarial na BBC World, CNN e CNBC. Jamie Anderson desenvolveu programas de formação de executivos sobre estratégia e inovação para uma série de empresas da *Fortune* 500, como Deutsche Bank, Ericsson, Hewlett-Packard, McDonald's, Nokia e Vodafone.

Jörg Reckhenrich é artista e fundador da Art-Thinking Consulting e professor de Inovação e Criatividade no Instituto Lorange, na Suíça. É também professor visitante na Escola de Negócios de Londres e na Escola Europeia de Administração e Tecnologia (European School of Management and Technology — ESMT), em Berlim. Recentemente, entrou para a lista dos **25 Maiores Pensadores de Administração de 2009**, da revista de administração *Business Strategy Review*. Jörg Reckhenrich utilizou sua formação artística para desenvolver uma abordagem de aprendizagem para executivos que transporta os princípios criativos das belas-artes para o campo corporativo e publicou vários artigos sobre esse método, em periódicos como *Business Strategy Review*, *Rotman Magazine* e *Economic Times of India*. Jörg Reckhenrich trabalhou com várias empresas internacionais, como Bombardier, Deutsche Bank, Mercedes Benz, Deutsche Bahn e British Petroleum. Ele desenvolveu um método patenteado para avaliar a criatividade de altos executivos em grandes corporações que foi adotado por uma proeminente empresa de recrutamento de executivos.

Martin Kupp é diretor de programa e membro do corpo docente da ESMT, em Berlim. Seu tema de pesquisa de maior interesse é inovação estratégica, criatividade corporativa e estratégia competitiva. Martin Kupp, que já publicou diversos artigos em periódicos como *California Management Review*, *MIT Sloan Management Review*, *Business Strategy Review*, *The Wall Street Journal*, *Rotman Magazine* e *Economic Times of India*, elaborou e ministrou programas de formação de executivos em várias corporações multinacionais, como Allianz, Coca-Cola, MAN, Metro, Rosatom, Siemens e ThyssenKrupp. Além disso, Martin Kupp é um autor premiado de estudos de caso e conduz seminários sobre redação e ensino de estudos de caso em instituições acadêmicas do mundo inteiro.

CAPÍTULO 1

Madonna
Estratégia da Pista de Dança

O ano de 2009 viu Madonna Louise Veronica Ciccone Ritchie comemorar seu 51º aniversário e ultrapassar o marco de vendas acumuladas de **200 milhões de discos**, tornando-se a artista de *rock* do sexo feminino de maior vendagem do século XX. Apenas dois anos antes, o livro de recordes mundiais *Guinness* a havia classificado como a **cantora mais bem-sucedida de todos os tempos**, e subsequentemente ela entrou para o Hall da Fama do *Rock and Roll*. Em 2008, Madonna lançou seu 11º álbum gravado em estúdio, *Hard Candy*, outro a ocupar o primeiro lugar da lista de álbuns mais vendidos da *Billboard*, e depois partiu para mais uma turnê mundial recorde em vendas e participou de várias novas faixas de Justin Timberlake e Timbaland, dois dos maiores astros musicais jovens do mundo. Seu casamento com o diretor de cinema Guy Ritchie chegou ao fim e então Madonna embarcou em um segundo processo de adoção controverso de uma criança da África. Contudo, a publicidade em torno desses acontecimentos parecia pouco para atingir suas conquistas profissionais. **Mas como Madonna conseguiu manter esse inacreditável sucesso?** A resposta a essa pergunta encontra-se em cinco ingredientes fundamentais próprios das estratégias de sucesso, os quais são igualmente relevantes para empresas e gestores. Essas cinco dimensões construíram o alicerce do estrelato de Madonna. E se elas forem perseguidas com persistência podem oferecer os ingredientes essenciais para o sucesso duradouro de empresas e indivíduos. Aliás, sem esses elementos, nenhuma empresa terá alicerce para estimular a inovação e a criatividade.

Primeira dimensão - visão

Um dos impulsionadores mais importantes do sucesso de Madonna foi seu desejo de chegar ao estrelato — sua **visão** estratégica. Madonna demonstrou um nítido compromisso para com sua ambição pelo superestrelato, meta que ela perseguiu com determinação ao longo de toda a sua carreira.

Madonna é a terceira de oito filhos. Sua mãe morreu de câncer de mama aos 30 anos, em 1963, quando Madonna tinha apenas 5 anos de idade. Ela sempre falou sobre o enorme impacto que a morte da mãe provocou em sua vida pessoal e profissional. Além disso, por ser a filha mulher mais velha de uma família católica, Madonna teve de carregar nos ombros uma carga maior de responsabilidades domésticas e emocionais. Sua ambição por se tornar intérprete começou na escola secundária, onde tirava **10 em todas as matérias** e distinguia-se no **esporte**, na **dança** e no **teatro**. Seu interesse pela dança manteve-se por breves períodos na faculdade, tanto em Michigan quanto

4 A FINA ARTE DO SUCESSO

na Carolina do Norte, e em 1977 Madonna tomou o rumo de Nova York, onde estudou com o notável coreógrafo Alvin Ailey e trabalhou como modelo. Dois anos depois, Madonna foi à França para participar de um espetáculo que estrelaria o cantor *disco* Patrick Hernandez. Lá, ela conheceu o músico Dan Gilroy e, de volta a Nova York, a dupla formou a banda Breakfast Club. Madonna tocava bateria e cantava com a banda antes de montar o grupo *pop* Emmy em 1980 com Steve Bray, baterista de Detroit e ex-namorado. Juntos, Madonna e Bray compuseram faixas *club* que abriram espaço para um contrato de gravação com a Sire Records. Com Mark Kamins, proeminente *disc jockey* (DJ) de Nova York, ela gravou *Everybody*, um sucesso em 1982.

Entre 1983 e 2009, mais de dez álbuns gravados em estúdio, várias turnês mundiais e dezenas de papéis em filmes foram suficientes para consolidar a imagem e personalidade de Madonna em mais de uma área de entretenimento: como música, atriz, autora/compositora e descobridora de novos talentos. Ao perseguir sua visão, Madonna conseguiu também ganhar muito dinheiro: sem dúvida, ela é a **artista feminina mais bem paga do mundo**. O sonho de Madonna de se tornar estrela era cristalino, e seu espectro de atividades pessoais e profissionais — atuação no palco, aparições na televisão, álbuns, videoclipes, filmes hollywoodianos, livros e vínculos com instituições beneficentes — evidencia uma notável dedicação a um objetivo bem delimitado: **tornar-se a maior artista feminina do mundo**.

Ter visão é igualmente importante para as empresas que desejam trilhar um sucesso duradouro. O Virgin Group Ltd. é composto por várias empresas administradas separadamente, unidas pela marca Virgin do célebre magnata empresarial britânico sir Richard Branson. As principais atividades do grupo Virgin são viagens, entretenimento e estilo de vida, e a Virgin é uma das marcas de consumo mais conhecidas do Reino Unido, famosa por seu excelente atendimento e por colocar os interesses dos clientes em primeiro lugar. De acordo com as próprias palavras de Richard Branson:

"Procuro oportunidades onde possamos oferecer algo melhor, mais original e mais valioso [...]. Acho que um dos motivos desse sucesso são os valores essenciais aos quais a Virgin aspira. E isso abrange aqueles valores que o público em geral acha que devemos aspirar, como oferecer atendimento de qualidade. Entretanto, também prometemos oferecer qualidade pelo preço pago, e tentamos fazer as coisas de uma maneira inovadora, em áreas em que os clientes com frequência são explorados ou não obtêm o melhor pelo que pagam. Acho também que devemos fazer o que fazemos com prazer e sem nos levarmos extremamente a sério! Se existe uma coisa que a Virgin defende é não ter medo de experimentar novas ideias em novas áreas."

Um bom exemplo de como a filosofia do grupo Virgin concretiza-se favoravelmente em mercados específicos é o seu excelente desempenho no setor de comunicações móveis no Reino Unido. Depois de iniciar suas operações como operadora de rede móvel virtual (ORMV) em novembro de 1999, a Virgin Mobile (VM) revelou-se uma empresa de extraordinário sucesso no setor de telefones móveis no Reino Unido. Com sua visão resoluta de oferecer o melhor atendimento ao cliente no segmento de pré-pagos para a faixa etária de 18 a 35 anos,a VM conseguiu inúmeros marcos significativos logo após a largada. Sem perder de vista seu segmento-alvo de clientes, em junho de 2001 a empresa atraiu mais de um milhão de clientes, tornando-se a primeira (dentre os principais fornecedores de comunicações móveis do Reino Unido) a conseguir essa marca. Cinco anos depois, a empresa já tinha uma base ativa de mais de quatro milhões de clientes. De acordo com pesquisas conduzidas pela J. D. Power and Associates, seus clientes estavam entre os mais satisfeitos no setor de pré-pagos. Além disso, a VM havia sido incluída na lista do *The Sunday Times* das **100 Melhores Empresas para Trabalhar** e no índice FTSE4Good. Ela foi reconhecida como a **marca mais admirada** no Reino Unido, com uma proposição distinta ao cliente e um posicionamento de mercado diferenciado.

A VM do Reino Unido acreditava que seu sólido crescimento havia sido impulsionado por uma visão clara, por sua marca e por uma forma diferenciada de abordar o mercado. A marca estava direcionada ao cliente, e não à tecnologia, e essa mensagem estratégica manteve-se constante desde sua criação em 1999. A visão e o foco estratégico da Virgin lhe permitiram construir uma cultura organizacional e também estruturas e processos completamente alinhados com sua proposição de valor básica e seu mercado-alvo, ao passo que outras operadoras de redes móveis no Reino Unido perseguiam uma visão abrangente de ser tudo para todos os clientes.

Segunda dimensão - conhecer os clientes e o setor

Não há dúvida de que o sucesso de Madonna ancorou-se em seu profundo e criterioso **conhecimento** sobre seu **público** e o setor **musical**. A atuação de Madonna no Primeiro Prêmio Anual de Videoclipe da MTV em 1984, aos 26 anos de idade, é considerada o primeiro golpe de gênio em uma carreira que veria muitos outros. Ela subiu ao palco para cantar *Like a Virgin* vestindo uma combinação de bustiê e vestido de noiva. Ao longo da apresentação, rolou pelo chão, deixando à mostra as meias de renda e cinta-

6 A FINA ARTE DO SUCESSO

-liga e fazendo vários movimentos sexualmente sugestivos. Sua atuação foi chocante para o público de meados da década de 1980, mas só serviu para aumentar ainda mais sua popularidade junto a seu principal grupo-alvo, os fãs adolescentes. O cabelo loiro oxigenado de Madonna, de raízes marrons, suas luvas de renda *sexy*, a lingerie à mostra e o cinto afivelado *Boy Toy* definiram a moda *pop* adolescente da época, demonstrando sua habilidade para mobilizar toda uma subcultura jovem.

Além de sua competência para compreender as necessidades e preferências de seus clientes atuais, Madonna também demonstrou habilidade para explorar tendências emergentes. Embora o método de grupos de foco tenham sido utilizados para vender de tudo, de sabão em pó a partidos políticos, Madonna foi uma das primeiras artistas do mundo a levar esse enfoque para a indústria da música. Evidenciando sua habilidade para interpretar as necessidades do mercado, em meados de 2005 Madonna formou uma parceria com o DJ e produtor Stuart Price, então com 28 anos, para experimentar músicas em casas noturnas de Liverpool a Ibiza. As melodias, sem a voz distintiva de Madonna, foram tocadas e as reações do público filmadas e utilizadas para determinar que faixas entrariam no álbum *Confessions on a Dance Floor*. De acordo com Price: "Sempre que eu ia trabalhar em alguma casa noturna, levava comigo uma versão dublada ou instrumental para testá-la durante a noite. Levava minha câmera e no dia seguinte dizia para Madonna: 'Esse é o jeito que milhares de pessoas de Liverpool estão dançando nossa música'. Você pode trabalhar em uma música durante 24h, mas garanto que, se você a reproduzir em uma casa noturna, em apenas 10s saberá se ela funciona ou não", acrescentou ele. Uma semana depois do lançamento, a faixa principal de *Confessions on a Dance Floor* — *Hung Up* — foi a música mais baixada nas lojas iTunes ao redor do mundo e assim prosseguiu até chegar ao topo da lista em 45 países, algo sem precedentes. A turnê *Confessions* de Madonna começou em maio de 2006, atraindo uma audiência global de 1,2 milhão de pessoas e um volume bruto de vendas de 260,1 milhões de dólares — a turnê *pop* mais lucrativa de todos os tempos.

Madonna tem também habilidade para compreender e moldar a indústria da música. Ela sabe moldar sua imagem na mídia e, como já se reconheceu, sabe como ninguém fazer seu próprio *marketing* — um ingrediente essencial para o sucesso em um setor em que a entrada de novos concorrentes é quase diária. Compreendendo que a indústria da música havia sido amplamente influenciada por alguns grandes protagonistas, como a MTV e os principais selos musicais, Madonna juntou forças com a MTV logo no início de sua carreira. Seu primeiro álbum a princípio vendeu moderadamente. Contudo, graças a uma pesada rotatividade na MTV, Madonna ganhou exposição nacional e o álbum ficou em oitavo lugar na lista da revista

Billboard, e por cinco vezes ganhou disco de platina. Por fim, esse álbum chegou a vender dez milhões de exemplares no mundo inteiro. A MTV divulgou agressivamente a imagem de Madonna como uma combinação divertida e *sexy* da cultura *punk* e *pop*, e em pouco tempo ela se tornou uma íntima aliada da rede MTV.

Em 1987, Madonna partiu para a turnê mundial *Who's That Girl*, que marcou seu primeiro desentendimento com o Vaticano quando o papa incitou os fãs a não comparecer em suas apresentações na Itália. Entretanto, seus fãs **não foram influenciados**, e a turnê saiu como havia sido programada. O uso que Madonna faz do sexo como ferramenta de *marketing* foi responsável por sua fama e notoriedade no início da década de 1990, quando se tornou a primeira artista de mercado de massa do mundo a manipular a justaposição de temas sexuais e religiosos. O videoclipe da música *Like a Prayer*, que ocupou o primeiro lugar das paradas de sucesso, exibiu vários símbolos católicos e foi censurada pelo Vaticano pela mistura "blasfema" de temas sexuais com símbolos católicos. Madonna firmou um acordou com a Pepsi em que a música *Like a Prayer* seria apresentada em um comercial da Pepsi. Quando a versão de Madonna do videoclipe dessa música estreou na MTV, a Pepsi retirou a sua versão do ar. Mesmo assim, Madonna ganhou seu cachê de cinco milhões de dólares, sem precisar cumprir as obrigações contratuais. Em 2003, Madonna novamente incitou controvérsias na MTV ao beijar suas "noivas" no palco, Britney Spears e Christina Aguilera, durante o prêmio de Videoclipe da MTV. A utilização de símbolos religiosos, como o crucifixo, em seu *Confessions on a Dance Floor* em 2006 levou a Igreja ortodoxa russa e a Federação das Comunidades Judaicas da Rússia a incitar as pessoas a boicotar seu show. O Vaticano e bispos da Alemanha também protestaram. "Minha atuação não é anticristã nem profana nem blasfema. Na verdade, é um apelo ao meu público para estimular os seres humanos a se ajudarem mutuamente e a enxergar o mundo como um todo unificado", respondeu Madonna.

Entretanto, a despeito desses acontecimentos, Madonna demonstrou ter profundo conhecimento da indústria da música e revelou sua habilidade para transpor a linha entre o **chocante** e a **abnegação** à sua carreira. Ela se esforçou ao máximo para manter relações positivas e mutuamente benéficas com as principais empresas musicais, como a MTV, e evitou o destino de artistas como Sinead O'Connor, cujo ativismo político provocou seu afastamento dos maiores canais de distribuição necessários para vinculá-la aos fãs.

Em um mundo cada vez mais competitivo e global, conhecer os clientes e o setor é uma necessidade tanto para empresas quanto para os gerentes e os executivos. Uma atenção insatisfatória à dinâmica do setor e às necessidades mutáveis dos clientes leva as empresas a serem preteridas em favor de seus concorrentes. Um bom exemplo disso foi o setor bancário varejista da Alemanha, que, com o envelhecimento da população, clientes cada vez mais esclarecidos, mudanças tecnológicas e a entrada de novos concorrentes, testemunhou um declínio considerável na lucratividade dos bancos de varejo ao longo da última década. A vasta maioria dos bancos reagiu muito lentamente a essas mudanças, ao passo que os novos concorrentes deram um passo adiante para implantar modelos de negócio novos e mais afinados com as necessidades de serviços financeiros emergentes.

Atrás apenas dos Estados Unidos da América (EUA) e do Japão, a economia alemã é a terceira maior do mundo[1]. O crescimento econômico pós-guerra ofereceu aos cidadãos alemães um dos mais altos padrões de vida do mundo. Contudo, a economia outrora afluente e tecnologicamente potente da Alemanha demonstrou um desempenho relativamente fraco no decorrer de grande parte da década de 1990, e a recessão econômica de 2008-2009 provavelmente anuncia uma perspectiva de baixo crescimento para o futuro próximo.

A população total estimada da Alemanha é de 82 milhões de pessoas, e uma modesta previsão de crescimento populacional eleva esse número para 85 milhões até 2015. Existem hoje 2,6 alemães em idade de trabalho para cada pessoa com 60 anos ou mais. Tendências demográficas semelhantes àquelas que estão sendo vistas em outros países em desenvolvimento projetam um declínio desse número para 1,4 por volta de 2030. Dentro de poucos anos, haverá mais pessoas com 65 anos de idade ou mais do que pessoas com 15 anos ou menos. O número de pessoas acima de 80 anos e acima de 100 anos será, respectivamente, em torno de três vezes maior e seis vezes maior por volta de 2050. Atualmente, existem dois trabalhadores por aposentado. Entretanto, se essa tendência demográfica continuar até 2050, haverá **menos de um trabalhador por aposentado**.

Inflexibilidades estruturais — como uma alta relação entre contribuições sociais e salários — e o impacto da crise econômica de 2008-2009 sobre os negócios transformaram o **desemprego** em um problema de longo prazo, e não apenas cíclico, ao passo que o envelhecimento populacional da Alemanha fez com que os pagamentos de previdência social ultrapassassem as contribuições dos trabalhadores. Um estudo recente, realizado pela Fundação para a Reforma Europeia, divulgou que, se a Alemanha tivesse de depender de imigrantes para manter constante a proporção de trabalhadores e pensionistas, sua população teria **80% de estrangeiros** em torno de 2050. Há uma opinião praticamente unânime tanto no governo quanto no setor econômico de que a Alemanha enfrentará uma escassez maciça de pensões no prazo de uma geração. Não surpreendentemente, menos de 50% das

---

1   Nota do tradutor: No final de 2011, não é mais essa posição da economia da Alemanha, que agora está em quarto lugar, pois o segundo foi ocupado pela China.

pessoas na Alemanha, entre 18 e 25 anos de idade, acham que sua situação financeira será "boa" ou "muito boa" na aposentadoria.

Uma comparação com os sistemas de aposentadoria de outras nações industriais evidencia os déficits estruturais do sistema alemão. Na Alemanha, 85% dos pagamentos de pensão atualmente são financiados por fundos estatais. Apenas 5% provêm de planos de pensão empresariais, ao passo que os 10% restantes são apólices privadas. Nos EUA, por exemplo, as pensões financiadas pelo governo e os planos de pensão privados são responsáveis individualmente por cerca de 40% a 45% do total de pensões, enquanto 13% das pensões são empresariais. Na Holanda, somente 50% das pensões são financiadas pelo governo, ao passo que os planos empresariais representam 40%. Os 10% restantes são planos privados.

A despeito dos problemas estruturais associados com o envelhecimento populacional e as necessidades previdenciárias, um dos pontos fortes da Alemanha é seu **índice de poupança nacional bruta**, que se manteve entre os dez maiores do mundo ao longo das últimas décadas. O valor total de ativos herdados na Alemanha na década de 1990 foi de 1,3 trilhão de euros. Prevê-se um valor de 2,3 trilhões de euros em ativos herdados para o período entre 2010 e 2030. Tradicionalmente, os alemães economizaram principalmente por meio de cadernetas de poupança (*Sparbuch*) de juros baixos, e até a década de 1990 mais da metade das poupanças privadas era depositada regularmente nos bancos. Analistas indicam que o aumento dos ativos privados elevará naturalmente a demanda por oportunidades de investimento. Os clientes, sugerem eles, exigirão produtos individuais que satisfaçam seus objetivos pessoais de investimento e suas expectativas de retorno.

Apesar das oportunidades potencialmente significativas de atender às necessidades de planejamento financeiro dos alemães, os bancos alemães enfraqueceram, a ponto de quase ficarem no último lugar do placar de desempenho, quando comparados com bancos equivalentes em vários outros países desenvolvidos, como os EUA e o Reino Unido. O retorno sobre ativos dos principais bancos do Reino Unido foi mais de quatro vezes superior aos dos grandes bancos alemães do setor privado ao longo do período de 2000-2005; e a relação custo–renda foi inferior a 30%. Em consequência disso, a capitalização de mercado dos bancos alemães tem sido caracteristicamente muito baixa. Os bancos comerciais alemães normalmente atribuem a culpa por sua falta de reestruturação às leis trabalhistas, às políticas de determinação de preços dos concorrentes financiados pelo governo e à pequena disposição dos clientes a tomar empréstimos. Todavia, em vez de acusar o cliente ou o concorrente, a administração deveria concentrar-se em eficiência e inovação para oferecer novos produtos e serviços.

Embora na Alemanha os bancos varejistas estabelecidos tenham sido em sua maioria lentos para reagir às mudanças nas atividades econômicas, concorrentes mais ágeis, como a empresa de consultoria financeira MLP, deram um passo adiante para tirar proveito das novas necessidades apresentadas pelos clientes. Em 2008, o Grupo MLP estava entre as maiores e mais lucrativas empresas de consultoria financeira no setor de serviços financeiros varejistas alemães. Porém, fora de seu país de origem, praticamente ninguém a conhecia. As 262 filiais da MLP e seus 2.613 consultores tornaram-na uma das maiores empresas de serviços financeiros independentes da Europa. Seu retorno sobre o patrimônio após os impostos manteve-se em torno de 21% desde 1998, mais de dez vezes superior ao de seus concorrentes nesse setor. Em alguns anos, seu retorno sobre o patrimônio foi superior a 40%, e a MLP por cinco vezes foi escolhida como **Empresa do Ano Alemã** pela *Manager Magazine*.

Enquanto corretora independente, a visão da MLP é oferecer a clientes esclarecidos serviços financeiros integrados e ser sua melhor aliada em todos os estágios da vida, na aposentadoria, no gerenciamento de ativos e no gerenciamento de riscos. O público-alvo da MLP são profissionais independentes, como médicos e advogados, economistas e cientistas, especialistas em tecnologia da informação (TI), engenheiros e acadêmicos, os quais, segundo a empresa, têm grande potencial de renda no futuro e perfis de risco atraentes. Em princípio, seus principais clientes são homens com formação universitária e mulheres atendidas pela empresa desde o momento em que se formaram na universidade.

Com seu exclusivo modelo de negócio, que reúne um grupo de consultores financeiros altamente empreendedores, a MLP construiu a reputação de ter clientes com necessidades complexas de fundos de pensão, gerenciamento de ativos e gerenciamento de riscos. Mais ou menos no início de 2008, a MLP tinha mais de 721.000 clientes e acreditava firmemente que o envelhecimento populacional e a crise emergente no sistema de aposentadoria da Alemanha ofereciam à empresa uma sólida posição para um futuro sucesso. Segundo o dr. Uwe Schroeder-Wildberg, diretor executivo da MLP:

> *"Alicerçada em um modelo de negócio experimentado e testado, nossa empresa batalhou para se tornar uma fornecedora independente de serviços financeiros e galgar uma excelente posição de mercado, e com isso poderemos nos beneficiar de mudanças de longo prazo no mercado. E um vento ainda mais favorável virá de mudanças demográficas e políticas."*

O setor alemão de serviços financeiros varejistas mudou sensivelmente desde o final da década de 1990. A **desregulamentação**, a **globalização** e a **re-**

forma previdenciária, dentre outros fatores, provocaram uma enorme turbulência em um ambiente outrora conservador e estável. A lentidão da maioria dos bancos varejistas alemães para se adaptar a esses novos desafios provocou um declínio contínuo na lucratividade, embora empresas como a MLP tenham dado um passo adiante para obter clientes e lucratividade. Tal como Madonna, a MLP compreendeu o significado das mudanças no cenário do setor.

Terceira dimensão - potencializar aptidões e superar pontos fracos

Outro importante componente do sucesso de Madonna foi sua capacidade para reconhecer suas **próprias aptidões** e **pontos fracos**. Ao examinar sua esplêndida carreira, não há como não notar que a aptidão mais notável de Madonna é sua competência para **reunir pessoas** com diversos talentos e **manter-se no centro**. Utilizando sua extensa rede de pessoal de apoio, como músicos, técnicos, produtores, dançarinos e estilistas, ela conseguiu solucionar seus pontos fracos e contrabalançá-los.

Logo no início de sua carreira, Madonna percebeu que sua aptidão para a dança e sua voz não eram, por si sós, fortes o suficiente. Ela começou a trabalhar em grupo. Uma de suas primeiras alianças, provavelmente a mais importante e bem-sucedida, teve início em 1982. Ela pegou um voo para Los Angeles para convencer Freddie De Mann, diretor de Michael Jackson, a ajudá-la a lançar sua carreira musical. De Mann fez exatamente isso, e com o tempo abandou Michael Jackson totalmente. Em 1983, seu álbum homônimo, *Madonna*, foi lançado, e o *single* de sucesso, *Holiday*, foi o primeiro *single* de Madonna a ocupar a lista das 20 músicas de maior sucesso em vários países. Outros sucessos de *Madonna* foram *Borderline* e *Lucky Star*. O álbum foi produzido com contribuições de John "Jellybean" Benitez, com quem Madonna também teve um breve romance.

A estreia de Madonna como atriz ocorreu após seu casamento com o ator hollywoodiano Sean Penn e um breve relacionamento com Warren Beatty. O livro *Sex* foi lançado em conjunto com seu álbum *Erotica*, para estrear sua recém-criada parceria com a Time Warner. Elaborado com o apoio de amigos famosos da música, do cinema e da alta-costura, o livro *Sex*, segundo comentários da Time Warner, foi bastante difícil de produzir e exigiu parcerias com várias gráficas e editoras. As fotografias do livro foram tiradas por alguns dos fotógrafos da moda mais famosos do mundo — Steven Meisel, Fabian Baron, Stephen Callaghan e Darren Lew. *Sex* incitou significativa polêmica por apresentar imagens de sexo explícito, mas no prazo de três dias de sua publicação vendeu 1,5 milhão de exemplares ao preço de capa de 50 dólares. Isso o transformou no livro de mesa de mais rápida vendagem de todos os tempos, e milhões de exemplares adicionais foram impressos na França, no Japão e na Itália. Foram exibidas no livro personalidades como a modelo Naomi Campbell, a atriz Isabella Rossellini, os *rappers* Vanilla Ice e Big Daddy Kane, o ator *gay* de filmes pornográficos Udo Kier e a socialite europeia Tatiana von Fürstenberg. Um dia depois do lançamento de *Sex*, a empresa de televisão a cabo MTV transmitiu um documentário denominado *The Day In Madonna*, apresentando o livro *Sex* e o novo álbum *Erotica*.

Em dezembro de 2000, então com 42 anos, Madonna casou-se com o diretor de cinema Guy Ritchie. Em junho de 2001, apareceu em *Star*, um curta-metragem comercial dirigido por Ritchie para a BMW, e em seguida começou a trabalhar em *Swept Away* (*Destino Insólito*). Sua parceria com o DJ britânico Stuart Price no álbum *Confessions on a Dance Floor* foi mencionada antes, e em 2007 ela formou uma parceria com os artistas de renome mundial Justin Timberlake e Timbaland para criar o álbum *Hard Candy*, mudando da música *disco* de *Confessions on a Dance Floor* para o *rhythm & blues*. Com *4 Minutes*, produzido com Timberlake e Timbaland, Madonna alcançou um recorde de 37 músicas dentre os dez melhores *singles* na lista dos 100 mais da *Billboard*, ultrapassando Elvis Presley como o artista com mais canções entre os dez melhores.

Lacunas de capacidade e habilidade podem ser uma barreira decisiva também para o sucesso das empresas. Portanto, os gerentes e executivos precisam conhecer os pontos fortes e fracos e saber desenvolver aptidões por meio de atividades de desenvolvimento, parcerias, redes ou alianças. Quando a VM tentou entrar no setor de telefones móveis do Reino Unido, reconheceu que lhe faltava um recurso extremamente essencial — uma rede móvel. A empresa considerou o valor da licença para entrar no setor móvel como operadora independente proibitivamente caro, e em vez disso procurou uma parceria com um concorrente já consolidado. A VM do Reino Unido foi lançada como uma *joint venture* entre a Virgin e T-Mobile em 1999, e a Virgin operava como uma operadora de rede móvel virtual para oferecer serviços de telefone móvel sem ter direitos de acesso ao espectro sem fio. Para os clientes, a Virgin era uma operadora de telefones móveis como outra qualquer e passava a impressão de que era uma operadora completa e experiente. Entretanto, a empresa não tinha nem operava uma infraestrutura de estação de base. Para a T-Mobile, a principal vantagem nessa parceria com a Virgin foi o acesso aos clientes com os quais ela tinha pouca afinidade de marca, correndo, portanto, pouco risco de se autocanibalizar, e a utilização maximizada de sua capacidade de rede e, por conseguinte, a obtenção de maiores economias de escala.

Enquanto operadora de rede móvel virtual, a Virgin precisava de menos capital. A empresa não foi obrigada a investir em *hardware* de rede. Em virtude de sua parceria com a T-Mobile, ela já tinha acesso, garantido por cláusulas contratuais de longo prazo, a avançados recursos de rede móvel avaliados em bilhões de libras. A empresa desfrutou dos benefícios de escala das operadoras de rede, sem correr riscos com relação aos investimentos e às tecnologias correspondentes. Embora outras operadoras incumbentes pudessem obter benefícios de escala no momento em que sua grande base de custos fixos fosse coberta, a VM tinha uma pequena base de custos fixos em comparação com as tradicionais operadoras de rede móvel — por exemplo, a aquisição de imobilizado da Virgin como porcentagem dos ganhos girava em torno de 2% em comparação com os mais de 20% de algumas incumbentes do setor. Mesmo o assinante adolescente que gastasse apenas algumas libras por mês poderia oferecer valor agregado para a Virgin. De acordo com Tom Alexander, ex-diretor executivo da VM do Reino Unido:

> *"Não há nenhum grande mistério na postura da Virgin Mobile. Somos uma empresa de comércio e serviços: estamos centrados nos clientes, não em engenharia; estamos focados na experiência da marca, não em tecnologia. Oferecemos aos nossos clientes o que eles desejam — não o que para nós é mais fácil oferecer. E o que nossos clientes querem é exatamente o que defendemos — valor pelo preço que pagam, excelente atendimento, ótimos produtos e diversão [...]. Como não somos uma operadora de rede, temos liberdade para nos concentrarmos nas pessoas, e não em tecnologia. Focalizamos nossos funcionários por meio da cultura peculiar da Virgin Mobile; e focalizamos nossos clientes oferecendo o melhor atendimento no setor [...]. Atender às necessidades de nossos clientes — em nosso papel de defensora dos consumidores — está no âmago de tudo o que fazemos."*

Além de contrabalançar seus principais pontos fracos, a VM também conseguiu potencializar seus principais pontos positivos em prestação de serviços e distribuição varejista para entrar no mercado móvel do Reino Unido. Sua distribuição eficaz e direcionada foi fundamental para o sucesso da empresa, e em apenas cinco anos ela conseguiu criar uma rede de distribuição de aproximadamente 6.000 pontos de venda e mais 50.000 pontos de venda de tempo de utilização de celulares. A empresa explorou o valor da marca Virgin abrindo lojas VM exclusivas dentro das 96 megalojas da Virgin em âmbito nacional, muitas delas com vendedores especializados. Todas ofereciam a linha completa de produtos da empresa. Além disso, em

14 A FINA ARTE DO SUCESSO

2005, 104 lojas VM distribuídas por todo o Reino Unido vendiam apenas os serviços da Virgin.

O objetivo das lojas VM era oferecer uma **experiência única aos clientes** — como um ambiente perfeito para exibir seus produtos e serviços. Os clientes deveriam se sentir relaxados e os vendedores deveriam ser simpáticos, e não insistentes. Os "especialistas" das lojas da VM foram treinados para ser abertos, honestos e bem informados e para ajudar a dar vida à VM. Antes de comprar um telefone, os clientes podiam experimentá-lo, para ter certeza de que o aparelho atendia às suas necessidades, e os quiosques interativos de autosserviço exibiam aos clientes os produtos e serviços oferecidos pela VM. De acordo com Tom Alexander: "Nós escolhemos a dedo os vendedores das lojas da VM. Eles são afetuosos e cordiais. Eles sempre dão o que eles têm de melhor, gostam de conversar com as pessoas [...] e por isso nos sentimos orgulhosos!".

A Virgin também utilizou sua experiência em distribuição para criar uma rede de alianças de distribuição. A empresa deu um passo inovador, tornando-se a primeira empresa móvel a oferecer seus produtos por meio de lojas famosas como a Woolworths, Comet, Argos, Sainsbury's, Tesco e Asda, localizadas nas principais ruas das cidades. O canal de lojas localizadas em ruas de prestígio foi particularmente atraente para a Virgin porque esses varejistas normalmente cobravam comissões menores do que os tradicionais canais do setor. A ampla utilização de varejistas por parte da Virgin foi uma diferenciação importante entre seu método de distribuição e o método das operadoras de rede móvel estabelecidas. Por exemplo, os concorrentes Vodafone e O2 divulgaram que 40% a 50% de suas vendas podiam ser atribuídas a canais de varejo próprios em 2005, ao passo que para a VM esse número representava apenas 22%.

Do mesmo modo que Madonna potencializou seus pontos fortes e superou seus pontos fracos, a VM saiu vitoriosa no setor de telecomunicações móveis no Reino Unido adotando uma postura semelhante. O sólido alicerce da empresa em atendimento ao cliente e distribuição varejista era um complemento perfeito para o conhecimento tecnológico oferecido por sua parceira de rede T-Mobile.

Quarta dimensão - implantação consistente

Madonna também conseguiu manter-se no **topo** em virtude de sua surpreendente capacidade para **implantar suas estratégias**. Talvez mais impressionante seja o fato de Madonna não ser produto de nenhuma gravadora — seu sucesso deve-se em grande medida ao seu trabalho árduo e à sua capacidade de realização. Não obstante a crescente predominância de empresas multinacionais no setor de mídia global, como Warner Brothers, Sony, Bertelsmann e Vivendi Universal, Madonna manteve sua independência e ao mesmo tempo ampliou sua influência.

A despeito do sucesso de *Justify My Love* nas rádios em 1990, o conteúdo sexual tanto da letra da música quanto do vídeo foi embargado por executivos da rede MTV. Em resposta, a gravadora de Madonna decidiu vender o vídeo como o primeiro "vídeo *single*" do mundo. Foram vendidos mais de 400.000 cópias do vídeo e mais de um milhão de unidades do CD *single*.

Os interesses de Madonna por entretenimento pertencem e são conduzidos em sua maioria por empresas de sua propriedade. Em 1992, Madonna criou a empresa Maverick, uma *joint venture* com a Time Warner. A Maverick é composta por uma gravadora (Maverick Records), uma produtora de cinema (Maverick Films) e também pelas divisões de publicação de música e livros, televisão e *merchandising*. O contrato de multimídia de sete anos, segundo consta, foi de US$ 60 milhões e concedeu à cantora total controle artístico sobre suas músicas — inclusive sobre seu selo musical. Nesse pacote também estavam incluídos acordos para especiais de TV a cabo, livros e quaisquer outros projetos de livros que ela desejasse desenvolver, mais uma participação nos lucros gerados por outros artistas da Maverick. Em meados da década de 1990, Madonna tornou-se a diretora executiva efetiva do selo Maverick. O rol da Maverick abrangia Me'Shell NdegéOcello, que participou de *Bedtime Stories*, a banda de *grunge rock* pesado Candlebox e Bad Brains.

Madonna anunciou sua saída da Warner Bros. Records em 2007 e um novo contrato de US$ 120 milhões, de dez anos de duração, com a empresa de gerenciamento de eventos Live Nation. Atuando principalmente como promotora de *shows*, a Live Nation "contrata" artistas como "selo musical", mas funciona predominantemente como promotora, e não como "proprietária das músicas". A empresa promove ou produz mais de 22.000 eventos, como *shows* musicais e teatrais e outros eventos, com um séquito total de mais de 50 milhões de pessoas. Por meio de sua parceria com a Live Nation, Madonna tornou-se a artista musical fundadora de uma nova divisão de música, a Live Nation Artists. Em 2008-2009, ela partiu para a turnê *Sticky and Sweet* com o objetivo de promover o álbum *Hardy Candy*, que foi seu primeiro maior empreendimento com a Live Nation. Essa foi a turnê de maior receita bruta de todos os tempos conduzida por uma artista solo com uma renda bruta de US$ 280 milhões, ultrapassando o recorde da turnê *Confessions on a Dance Floor*.

16 A FINA ARTE DO SUCESSO

A implantação é igualmente fundamental para as organizações e também para as pessoas que as integram. A estratégia é a parte fácil. Contudo, como qualquer gestor sensato sabe, o demônio está nos detalhes que envolvem a concretização. Muitas empresas passam meses ou anos elaborando estratégias, mas não desenvolvem a mentalidade, a estrutura e os processos necessários para implantá-las. A Philips, gigante no setor de eletrônicos e tecnologia, levou décadas para reinventar seu modelo de negócio. Não é que faltasse objetivo estratégico para uma série de diretores executivos na sede da empresa na Holanda, mas a implantação de estratégias revelou-se uma tarefa árdua nas empresas da organização cuja operação segue uma orientação notoriamente política.

A implantação eficaz foi fundamental para o impulso da MLP da Alemanha de aproveitar as mudanças no mercado de serviços financeiros varejistas do país. No final de 2008, a MLP empregava 1.800 funcionários, além de seus 2.613 consultores. As operações da matriz oferecem áreas essenciais de suporte funcional, como a de recursos humanos (que inclui recrutamento e treinamento), gerenciamento da qualidade, contabilidade e apoio de vendas e de *marketing*. Outra responsabilidade importante da matriz é a cobrança e o gerenciamento de ativos.

Diferentemente das filiais de seus concorrentes no setor bancário, as sucursais da MLP raramente estão assentadas no andar térreo de ruas movimentadas e prestigiadas. A vasta maioria dos novos clientes empresariais da MLP era obtida por recomendação, e as reuniões com os consultores são quase sempre agendadas. A MLP não se fia em negócios casuais. E na verdade esse tipo de negócio não é incentivado porque a segmentação de clientes da empresa é extremamente focalizada e não pretende atender a nenhum cliente casual que esteja passando pela rua.

Portanto, suas filiais normalmente estão localizadas em lugares convenientes no centro da cidade, e não em ruas famosas. Além disso, a MLP costuma abrir suas filiais em campi universitários. Essa localização estratégica das sucursais oferece outra vantagem para a MLP — os custos de aluguel por metro quadrado normalmente são **bem mais baixos** para os escritórios da empresa do que para os de seus principais concorrentes.

As instalações dos escritórios, embora simples, são adequadas. Elas dispõem de uma área de espera para os clientes e todos os consultores têm uma sala pequena, mas **exclusiva**. Os consultores da MLP alugam os computadores da matriz e pagam por todo o material que utilizam na filial, como material de escritório e de divulgação e o café servido aos clientes. O escritório dos consultores é decorado de acordo com as preferências de cada um, mas é raro ver cartazes de propaganda e prospectos de produtos de investimento. Segundo um cliente da MLP, "É bastante diferente da formalidade de um grande banco. O escritório do meu consultor se parece mais com uma sala pessoal do que com um estabelecimento comercial. Há quadros na parede e fotografias dos filhos sobre a mesa. Não sinto que meu dinheiro está sendo usado para pagar o aluguel."

O gerente da filial normalmente é um consultor com mais de cinco anos de experiência que conseguiu demonstrar sua competência. Ele é responsável pelo desempenho da sucursal. Em geral, o gerente tem de 50 a 80 clientes ativos e recebe uma porcentagem da comissão de seus consultores. Além disso, a empresa designa gerentes regionais para coordenar um grupo de sucursais. Cada sucursal tem um ou dois assistentes administrativos para apoiar os consultores internos e o gerente da filial.

O departamento de suporte às vendas é dividido por grupo de produtos e faz a triagem do mercado para escolher investimentos apropriados para o portfólio de produtos da MLP. Uma área de pesquisa monitora o desempenho dos fundos e de outros produtos e fixa as taxas de comissão e os preços dos produtos. Na área de *marketing*, o departamento de suporte às vendas produz material informativo e de divulgação sobre os produtos que podem ser comprados pelos consultores independentes e monitora o cumprimento por parte dos consultores das diretrizes de marca da corporação.

A MLP investiu 25 milhões de euros anuais em TI (tecnologia da informação) no decorrer da última década. Cerca de um quarto dos funcionários da matriz desenvolve algum trabalho relacionado com TI. A principal prioridade desses funcionários é organizar os dados para que seja possível identificar em qualquer momento as informações provenientes de/ou fornecidas para um determinado cliente. A MLP desenvolveu seus próprios programas de *software* nas áreas de organização de dados, orientações sobre produtos, criação de novos produtos e montagem de planos de poupança com base em diferentes componentes.

Em outras áreas, em que não existe a necessidade de *know-how* especializado, em geral se utiliza um *software* padrão. Para se concentrar no conteúdo e não nos aspectos tecnológicos do gerenciamento de informações, a MLP contrata serviços de TI da Hewlett-Packard. Em vez de utilizar os serviços de um parceiro externo para controlar toda a sua infraestrutura de TI, a MLP transferiu esse encargo para o seu centro computacional e de rede, que tem responsabilidade direta por questões estratégicas, como a utilização eficaz de TI como meio de comunicação com os clientes, ou a opção de trabalhar em parceria em diferentes atribuições.

A MLP desenvolveu cinco aplicações de TI que utilizam o sistema SAP (sistema, aplicações e produtos): **registro de serviços de consultoria** (Clickstream Live), **manutenção de políticas existentes** e **novos negócios** (Policies), **sistema central de informações para todos os sistemas operacionais** (Partner Inventory Live), **solicitação de emprego** e **colocação de candidatos por meio da Internet** (Career Base) e **planejamento e treinamento dos funcionários para oferecer suporte aos estudantes de pós-graduação** (Potential Live). O Potential Live é um aplicativo particularmente importante que possibilita que a MLP calcule o número de estudantes de pós-graduação (em torno de 120.000 por ano) nas categorias ocupacionais visadas pela MLP. Essas informações permitem que a empresa planeje estrategicamente e com grande antecedência pessoal competente para oferecer os melhores serviços possíveis aos estudantes de pós-graduação.

A MLP estabelece o limite de 200 clientes ativos por consultor porque acredita que, quanto **menor** o número de clientes atendidos pelos consultores, melhor atendimento eles poderão oferecer a cada um. Normalmente, os consultores reúnem-s com seus clientes uma ou duas vezes por ano. A MLP defende três princípios básicos em sua atividade de consultoria:

1. **A MLP estabelece um máximo de 200 clientes ativos por consultor** porque quanto menos clientes o consultor tiver, mais tempo e energia terá para investir em cada um.

2. **A MLP disponibiliza aos seus clientes acadêmicos consultores com formação e grau acadêmicos iguais ou semelhantes.** Isso significa que os consultores sabem que direção os clientes desejam tomar e estão mais bem posicionados para ajudá-los a concretizar seus objetivos.

3. **A MLP maximiza o valor adicionado.** O valioso tempo dos consultores é oferecido gratuitamente por meio do suporte do *back office* da MLP, que realiza pesquisas e mantém os consultores informados sobre os últimos acontecimentos nos mercados financeiros.

Os consultores da MLP trabalham duramente para desenvolver sua própria base de clientes. A atividade de *marketing* da empresa na mídia é pequena. A maioria de seus novos negócios provém de indicações diretas e de atividades promocionais empreendidas pelos próprios consultores, que devem comprar todo o material de *marketing* fornecido pelo departamento central de suporte às vendas.

Como os campi universitários são uma fonte fundamental de novos clientes, os consultores da MLP frequentam as comemorações de formatura para encontrar possíveis clientes, realizando atividades e eventos especiais para promover a empresa. As atividades promocionais no *campus* em geral envolvem várias sucursais e dezenas de consultores e são coordenadas cuidadosamente e com a estreita cooperação dos gerentes das filiais.

Os consultores tentam entrar em contato com **novos estudantes de pós-**

-**graduação** um mês depois que eles saem da universidade para marcar uma reunião inicial e falar a respeito do futuro financeiro dos recém-formados. Um "cliente" normalmente só se torna rentável cinco anos depois que começa a trabalhar, embora a MLP ofereça uma conta corrente gratuita e alguns outros serviços para seus clientes-alvo durante a fase de "transição" entre a formatura e o início de sua carreira profissional.

A MLP procura recrutar pessoas com formação superior e especialmente "acadêmicos" e profissionais com experiência. Além disso, a empresa recruta profissionais do setor de serviços financeiros, embora os consultores que procedem do setor bancário e de seguros representem uma pequena parcela do número total de funcionários da empresa. O grau universitário é vantajoso, mas não é essencial — o que a MLP de fato procura é **inteligência**, **empreendedorismo** e **ótimas habilidades sociais**. O empreendedorismo é um atributo particularmente importante porque os consultores da MLP não recebem salário após o período de treinamento inicial — seu sistema de remuneração baseia-se totalmente em **desempenho**.

Durante o curso de treinamento de dois anos destinado aos consultores financeiros da MLP, os candidatos passam por mais de 700 áreas de formação. Nos anos subsequentes, os consultores da MLP continuam ampliando seu conhecimento em todas as facetas dos serviços financeiros por meio de outro programa de formação central. Eles participam de um curso de 72 dias na Universidade Corporativa da MLP no primeiro ano de emprego e subsequentemente de um curso de 27 dias por ano na matriz e 60 dias por ano na sucursal. A Universidade Corporativa da MLP oferece uma capacidade de treinamento total de 270.000 dias por ano. Após dois anos, os consultores tornam-se "consultores seniores" e estão prontos para oferecer toda a linha de produtos da MLP.

Do mesmo modo que a MLP, Madonna conhece a importância de **planejar** e **implantar** o tempo todo — ela só não divulgou esse fato. Certa vez ela admitiu: "Parte do meu sucesso deve-se ao fato de eu ser boa empresária, mas não acho que as pessoas precisem saber disso."

Quinta Dimensão: Renovação Contínua

O quarto ingrediente do sucesso de Madonna é sua capacidade para sempre **renovar sua popularidade**. Um ano depois do fiasco comercial de seu álbum *American Life*, ela partiu para a turnê *Re-Invention World*, durante a qual realizou 56 shows ao redor do mundo. Essa foi a turnê com maior receita bruta de 2004, arrecadando mais de US$ 100 milhões. Compare Madonna e suas habilidades de reinvenção com vários prodígios de um

20 A FINA ARTE DO SUCESSO

único sucesso no setor musical ou com grupos como os Rolling Stones que experimentaram longos períodos de sucesso mas cujos fãs envelheceram ou permaneceram em grande medida os mesmos.

A frequente reinvenção do estilo e das músicas de Madonna indica uma percepção aguçada sobre a mudança constante de estilos, normas sociais e atitudes em um setor em que o relógio voa. Desde o seu visual *punk-pop* no início da década de 1980, seus fãs testemunharam múltiplas reencarnações, que incluíram o visual *glam* rock do final da década de 1980, o *look* retrô de Marilyn Monroe, sua imagem pornô menos agressiva do início da década de 1990 (com o filme documentário *Na Cama com Madonna* e o lançamento de seu best-seller *Sex*, que mostra Madonna como ponto focal em fotografias que retratam várias fantasias sexuais), seu visual *high fashion* em meados da década de 1990 e seu visual *disco* associado com o lançamento de *Confessions on a Dance Floor*. Talvez, por isso, não seja uma surpresa o fato de ela ser conhecida como a **"rainha da reinvenção"** nos círculos musicais.

Alguns dizem que no mundo corporativo não é possível ensinar novos truques a cachorros velhos. Contudo, as empresas que são "pôneis de um truque só", isto é, que sabem fazer bem uma única coisa, devem aguardar um provável descarrilamento no mercado, a menos que consigam se **renovar** e se **reinventar**. Veja os desafios enfrentados ao longo da história por empresas em setores como o de fotografia química, enciclopédias impressas e lojas de departamentos, que lutaram para se reinventar em face de grandes rupturas nas atividades econômicas. Apenas algumas empresas, como a Nokia, da Finlândia, demonstraram excepcional habilidade para redefinir radicalmente seus negócios e reagir a tendências evolutivas nos negócios e nas preferências do consumidor. A Nokia começou suas atividades como fabricante de papel em 1865, mas expandiu seus negócios em setores como borracha, cabos elétricos, eletrônicos de consumo, computadores pessoais, telefones móveis e tecnologias de rede. A incursão mais recente da empresa foi em serviços terceirizados, com o objetivo de administrar as redes móveis das empresas de telecomunicações em mercados desenvolvidos e em desenvolvimento.

Outra empresa que conseguiu adaptar-se às constantes mudanças do ambiente de negócios é a VM do Reino Unido. Como já mencionado, a VM havia conseguido cavar um nicho altamente diferenciado no mercado de telefonia móvel do Reino Unido durante os cinco primeiros anos de sua existência. Enquanto seus principais concorrentes tentavam atender a uma ampla variedade de segmentos de clientes com extensos portfólios de produtos e serviços, a Virgin permaneceu em grande medida concentrada em seu segmento-alvo . Contudo, em meados de 2005, alguns analistas questionaram a sustentabilidade da estratégia da Virgin em face de inúmeros novos acontecimentos. O exemplo mais tangível dessa maior concorrência no Reino Unido foi o lançamento da EasyMobile, uma *joint venture* meio a meio entre o EasyGroup e a TDC, operadora de rede dinamarquesa que enfrentava a concorrência de operadoras de rede móvel virtual de baixo custo no mercado doméstico. O preço da ação da VM teve uma queda de 15% alguns dias depois que o EasyGroup anunciou sua intenção de lançar um produto móvel.

Assim que a EasyMobile foi formada, uma das maiores varejistas de telefones móveis do Reino Unido, a Carphone Warehouse, diminuiu as tarifas de sua operadora de rede virtual móvel Fresh para que ficassem um pouco abaixo das tarifas oferecidas pela EasyMobile. Além da nova pressão na determinação de preços, provocada pela entrada da EasyMobile e pelas tarifas agressivas da Fresh, o mercado do Reino Unido estava sendo pressionado pela agressiva atuação de um novo concorrente, a Hutchison "3", que viu sua participação de mercado crescer rapidamente. Em meados de 2005, a Hutchison "3" estava acrescentando à sua base mais de 60.000 novos clientes por semana e chegou a divulgar uma base de clientes de 3,2 milhões. A Hutchison acreditava que atingiria a marca de quatro milhões de clientes no final daquele ano. A Tesco Mobile, *joint venture* meio a meio entre a rede de supermercados Tesco e a O2, foi outro novo concorrente que havia demonstrado um significativo impulso na obtenção de clientes desde sua fundação no final de 2004, com a adesão de cerca de 750.000 clientes nos primeiros seis meses e a meta de atingir dois milhões até o final de 2005.

As operadoras então criadas ainda não haviam se firmado em virtude da atuação de empresas como a Hutchison "3" e a Tesco. No período de 2004-2005, a O2 ganhou uma participação significativa no mercado de pré--pagos com suas novas ofertas — obtendo 1,1 milhão de novos clientes. A Orange, da France Telecom, também lançou uma série de promoções especiais em 2004 em torno de programas mensais "concebidos sob medida", ao passo que a Vodafone lançou uma campanha de *marketing* orquestrada para atingir o que a empresa chamou de segmento "jovem, ativo e divertido" por meio de seu Vodafone Live! Portal, novos pacotes de pré-pagos e uma campanha de *marketing* com o jogador de futebol britânico David Beckham. A T-Mobile do Reino Unido estava se esforçando para aumentar sua rede de lojas, consolidar sua marca e aumentar sua base de clientes por meio de uma atitude mais agressiva no mercado.

Em virtude da intensificação da concorrência, a porcentagem de novos clientes da VM diminuiu significativamente em 2005 e seus preços estavam sendo solapados pela concorrência. Talvez não seja de surpreender que a Virgin, em vista dessa intensa concorrência, tenha declarado no início de 2005 que os custos de propaganda e de aquisição e retenção de clientes aumentariam e tenha previsto que haveria queda nas margens de lucro. Além disso, as taxas de terminação móvel (o dinheiro que a Virgin recebeu para terminar chamadas de clientes de outra operadora de rede para um de seus clientes) haviam sido cortadas em 30% pela agência regulatória do Reino Unido em setembro de 2004. De acordo com as previsões, isso diminuiria em mais de 10% a margem bruta das chamadas de entrada.

A circunstância competitiva e regulatória relativamente estável que a VM havia experimentado no período de 1999-2005 estava mudando a passos largos, e a administração reconheceu que era necessário fazer alguma coisa se a empresa quisesse manter seu nível de lucratividade e crescimento. A vantagem competitiva é um processo dinâmico, e a administração da Virgin em breve viria a compreender que as mudanças no ambiente competitivo poderiam minar posições de mercado aparentemente exclusivas. Mas o que a empresa deveria fazer para reagir à intensa concorrência que então circundava o setor de telecomunicações móveis do Reino Unido?

Em 2006, Richard Branson anunciou que havia vendido uma participação majoritária na VM para a operadora de rede a cabo NTL por aproximadamente um bilhão de libras. Essa aquisição associou o conhecimento tecnológico da NTL com os pontos fortes da Virgin em atendimento ao cliente. Aliás, a administração da NTL referiu-se à fusão dessas duas organizações como algo mais que apenas um novo nome e logotipo — isso sinalizava um começo completamente novo para a NTL, que antes era conhecida por seus **ótimos produtos** e seu **péssimo foco no cliente**. A nova empresa seria desenvolvida em torno dos valores essenciais da Virgin — valor pelo preço, excelente atendimento ao cliente, ótima qualidade, inovação e diversão. Em 2007, o nome dessa fusão foi alterado para Virgin Media, que se tornou a única empresa de multimídia no Reino Unido capaz de oferecer serviços quádruplos: **telefonia móvel, telefonia fixa, banda larga** (Internet) e **televisão por assinatura**. Isso representava uma transformação estratégica. A Virgin e a NTL estavam saindo de seu setor de telefonia móvel e televisão a cabo para entrar em um segmento de mercado recém-emergente de serviços convergentes de telecomunicação, Internet e mídia. Do mesmo modo que Madonna, essas empresas **reinventaram-se estrategicamente** para ficar à frente da concorrência em um ambiente de negócios dinâmico e de rápidas mudanças.

Conclusão

Alguns defenderiam que Madonna não tem a voz de Anastasia, a capacidade de atuação de Nicole Kidman ou o talento de Justin Timberlake como letrista. Embora indubitavelmente Madonna esteja em excelentes condições físicas, poucos a achariam tão bonita quanto Jennifer Lopez ou Mariah Carey. Seus vários papéis como atriz raramente atraíram outra coisa senão críticas mordazes, e o álbum lançado em 2003, *American Life*, foi surrado pelos críticos, que afirmaram que isso era um sinal de que Madonna **"estava precisando de férias"**, em vista do estresse de sua carreira. Contudo, não obstante as aparentes lacunas em suas habilidades e um ocasional contratempo, Madonna conseguiu reencarnar sua carreira vezes sem conta.

Tal como Madonna demonstrou, estratégia não tem a ver com a elaboração de planos detalhados a serem implantados sem adaptações ou desdobramentos, mas com o estabelecimento de uma direção geral que incorpora cinco elementos-chave: **visão**, **conhecimento sobre os clientes** e o **setor**, **potencialização de aptidões** e **superação de pontos fracos**, **implantação consistente** e ímpeto para **inovar** e **renovar** continuamente. Esses cinco elementos são igualmente importantes tanto para empresas como a Virgin, Nokia e MLP quanto para estrelas *pop* globais. E as organizações que não levam em conta essas **cinco dimensões** correm o risco de serem excluídas do mercado por concorrentes mais ágeis e com maior direcionamento estratégico.

Em meados de 2009, Madonna começou a trabalhar em seu terceiro "maior sucesso", o álbum *Celebrations*, e estava planejando sua próxima turnê mundial, em parceria com a Live Nation. A adoção de Mercy James, sua segunda adoção controversa em apenas dois anos, foi autorizada pelo Supremo Tribunal de Malavi, e a revista *Forbes* a havia classificado como a terceira celebridade mais poderosa do ano. Após duas décadas e meia no auge de sua profissão, havia poucos indícios de que a carreira de Madonna estava perdendo a força.

INGREDIENTES DO SUCESSO DE MADONNA

1. **Visão** – Madonna demonstrou um claro compromisso para com seu objetivo de chegar ao estrelato, objetivo que ela perseguiu com extrema determinação ao longo de toda a sua carreira. Outras dimensões de sua vida ficaram subordinadas ou foram absorvidas por suas metas profissionais. Em vez de aguardar tendências em seu setor, ela tomou a iniciativa de modelar o mundo ao seu redor.

2. **Profundo conhecimento sobre os clientes e o ambiente setorial** – Madonna desenvolveu sua estratégia com base em um conhecimento profundo e criterioso sobre seus clientes e sobre o setor musical. Sua profunda compreensão a respeito dos ingredientes para manter um apelo popular sustentável foi essencial para seu sucesso. A frequente reinvenção de seu estilo e de suas músicas indica uma aguçada percepção sobre as mudanças constantes de estilo, normas sociais e atitudes em um setor em que o relógio não para de correr.

3. **Potencialização de aptidões e superação de pontos fracos** – Madonna conseguiu explorar tanto suas habilidades para desenvolver e projetar sua imagem quanto tendências emergentes, salvaguardando, ao mesmo tempo, seus pontos fracos, os quais foram mais que contrabalançados pela utilização de uma ampla rede de pessoal de apoio, como músicos, tecnologistas, produtores, dançarinos e estilistas. Suas relações pessoais foram muitas vezes fundamentais à construção de sua carreira.

4. **Implantação consistente** – Sem uma implantação consistente, é improvável que até mesmo as melhores estratégias tenham sucesso. Madonna se envolveu com indivíduos e organizações que lhe permitiram concretizar sua visão. Por meio de suas várias empresas, como a Maverick, ela criou organizações que lhe possibilitavam arregimentar com eficácia recursos e competências e reagir rapidamente às mudanças no cenário competitivo.

5. **Renovação contínua** – Um ingrediente fundamental do sucesso de Madonna foi sua habilidade para renovar sua popularidade inúmeras vezes. Ela é conhecida como a "rainha da reinvenção" nos círculos musicais. Compare suas habilidades de reinvenção com vários prodígios de um único sucesso no setor musical ou com grupos como os Rolling Stones que experimentaram longos períodos de sucesso mas cujos fãs envelheceram ou permaneceram em grande medida os mesmos.

Literatura adicional recomendada

Anderson, J. e Kupp, M. MLP AG. *ESMT Case Study*, 2008.

Anderson, J. e Kupp, M. *Virgin Mobile UK*. *ESMT-TiasNimbas Case Study*, 2008 [http://www.forbes.com/lists/2009/53/celebrity-09_The-Celebrity-100_Rank.html].

Anderson, J. e Kupp, M. *Madonna: Entrepreneurship on a Dance Floor*, Business Strategy Review, 17, n. 4, 2006, pp. 26-31.

Anderson, J. e Kupp, M. *Retail Financial Services in Germany*, ESMT Case Study, 2006.

Colunista. *The Celebrity 100*. Forbes Magazine, 3 de junho de 2009.

Colunista. *Madonna on the Dance Floor*. The Sunday Telegraph, 29 de agosto de 2005.

Colunista. *Madonna Is America's Smartest Business Woman*. Business Age, junho de 1992.

Grant, R. M. *Contemporary Strategy Analysis: Concepts, Techniques and Applications*. Oxford: Blackwell Publishers Inc., 2002.

MTV. *Biografia completa de Madonna* [http://www.mtv.com/music/artist/madonna/artist.html].

Popkin, H. A. S. *Just Call Madonna the Recycled-Material Girl*. MSNBC, 11 de outubro de 2006 [http://www.msnbc.msn.com/id/15200899/].

Porter, M. E. *What Is Strategy?* Harvard Business Review, novembro-dezembro de 1996.

Schmidt, V. *Madonna Goes to N. 1 for the 13th Time*. The Times Online, 21 de abril de 2008 [http://entertainment.timesonline.co.uk/tol/arts_and_entertainment/music/article3789058.ece].

Shewan, D. *Madonna Debuts Hard Candy*. Rolling Stones, 1º de maio de 2008.

The Times Online [http://entertainment.timesonline.co.uk/tol/arts_and_entertainment/music/article3789058.ece].

Wing, R. L. *The Art of Strategy: A New Translation of Sun Tzu's Classic The Art of War*. Nova York: Doubleday, 1988.

www.madonnafanclub.com

www.maverickrc.com

www.wikipedia.com

CAPÍTULO 2

Ticiano
Mestre e Intruso: Perspectivas Históricas sobre Inovação Estratégica no Mercado de Arte Veneziano do Século XVI

Introdução

Inovação estratégica é a descoberta de uma estratégia ou de uma maneira fundamentalmente diferente de concorrer em um determinado setor. Tal como discutido em Markides (1997), a inovação estratégica ocorre quando uma empresa identifica **lacunas** no mapa de posicionamento do setor e persegue essas lacunas, que então se tornam grandes mercados. Essas lacunas foram identificadas como: (a) um **novo quem** — segmentos de clientes emergentes ou segmentos existentes que outros concorrentes negligenciaram; (b) um **novo o que** — necessidades emergentes ou existentes dos clientes não atendidas adequadamente por outros concorrentes; e (c) um **novo como** — formas de promover, produzir, oferecer ou distribuir produtos e serviços existentes (ou novos) para segmentos de clientes novos ou existentes.

Já foi demonstrado que os inovadores estratégicos de sucesso são mais bem-sucedidos quando entram com toda a força nos mercados existentes lançando produtos e serviços que enfatizam radicalmente proposições de valor diferentes daquelas destacadas por concorrentes estabelecidos ou adotando configurações de cadeia de valor radicalmente diferentes daquelas prevalecentes no setor. Não surpreendentemente, quanto mais inovadora a estratégia adotada por um novo concorrente em relação a empresas estabelecidas, **maior a probabilidade** de esse novo concorrente ter êxito.

Neste capítulo, demonstramos que a inovação estratégica não é um conceito novo. Na verdade, ela tem raízes profundas históricas. Embora a vasta maioria das pesquisas sobre inovação estratégica tenha se concentrado em estratégias empresariais nas últimas duas décadas, retrocedemos vários séculos para analisar a inovação estratégica no mundo da arte de Veneza no século XVI. Primeiramente, apresentamos uma avaliação sobre como o mercado de arte veneziano evoluiu durante um período que abarca mais de um século e depois avaliamos como o pintor Tintoretto foi capaz de criar um novo segmento de mercado em um setor "maduro" e dominado pelo grande mestre da arte Ticiano. Subsequentemente, refletimos sobre os ensinamentos que as empresas modernas podem depreender das inovações adotadas por Tintoretto quando ele investiu contra a arte veneziana predominante cerca de 500 anos atrás.

A Ascensão de Veneza

Entre os séculos IX e XII, Veneza tornou-se uma cidade-Estado. Sua posição estratégica no mar Adriático transformou Veneza em uma potência naval e comercial quase invulnerável. Centro comercial de especiarias e sedas, a cidade desenvolveu-se, tornando-se um eixo comercial florescente com relações comerciais que se estendiam bem além do Império Bizantino e do mundo islâmico. Veneza adquiriu poder imperial por meio de seu apoio à Quarta Cruzada, que acabou provocando a expansão da esfera de influência política da cidade-Estado. O doge Enrico Dandolo (1107-1205) liderou estrategicamente a cruzada para o Império Bizantino e conquistou Constantinopla em 1204. Ele fundou o Império Latino, expandiu sua esfera de influência e, portanto, atingiu o primeiro pico de poder e riqueza venezianos. No auge da Quarta Cruzada, a cidade empregava 36.000 marinheiros, tinha uma frota de 3.300 navios e dominava o comércio mediterrâneo.

A estrutura política de Veneza estava ancorada no intercâmbio e no comércio. O "Grande Conselho", eleito pelas famílias mais influentes de Veneza, era a principal instituição governamental da cidade. Esse conselho designava todos os funcionários públicos e o Senado, composto por 200 a 300 membros. O Senado elegia o Conselho dos Dez, e esse grupo reservado dirigia a administração da cidade-Estado. Um membro do Grande Conselho era eleito como "doge" ou duque, **chefe cerimonial da cidade dotado de poder executivo**.

As circunstâncias políticas e econômicas do século XVI ofereciam um alicerce para um mercado de arte florescente em Veneza. A enorme riqueza e o grande desejo da cidade-Estado por status foram responsáveis pelos volumosos investimentos feitos em prédios públicos e em grandes palácios. Havia uma exagerada disputa entre famílias venezianas proeminentes para demonstrar sua riqueza e prestígio. Veneza via-se como uma instituição política do mesmo nível que o imperador de Augsburg e o papa em Roma. Portanto, em Veneza, a arquitetura e a arte não eram apenas uma expressão cultural. Elas tinham um objetivo funcional para o Grande Conselho — enfatizar o prestígio da cidade-Estado como equiparável a qualquer outra base de poder da época.

Inovações Técnicas no Mundo da Arte Veneziano

No século XV, o pintor holandês Jan van Eyck (1390-1441) desenvolveu uma viável técnica de pintura a óleo que havia sido explorada pela primeira vez cerca de 100 anos antes. Nessa técnica, os pigmentos de cor eram misturados com óleo para obter uma pasta cremosa. Antes do surgimento da pintura a óleo, os pintores usaram a técnica de têmpera de ovos (uma mistura de ovos, óleo e água) durante quase mil anos. Essa nova técnica permita que os pintores finalizassem as pinturas de uma maneira bem mais precisa e controlável e era perfeita para a produção em ateliês. Além disso, as novas cores a óleo precisavam de um tempo bem maior para secar (às vezes, um ano) e por isso os pintores podiam mediar as partes adjacentes de uma pintura com mais gradações de cor por meio da técnica de pintura líquida ou aplicando finas camadas de cor uma em cima das outras. Alguns pintores usavam mais de 150 camadas, criando, portanto, uma impressão leve e bastante natural. A tela *Mona Lisa* (1505), de Leonardo da Vinci, é um exemplo perfeito de domínio dessa nova técnica de pintura. A **técnica a óleo** oferecia uma aparência original, natural e "moderna" nessa época e novas oportunidades e diferentes formas de produzir obras de arte.

Com a possibilidade de dividir o processo de pintura em etapas de trabalho bem demarcadas, pintores proeminentes do século XVI começaram a criar ateliês em que produziam obras de arte com o apoio de assistentes. O princípio dos ateliês de formação de uma equipe de pintores liderada por um "mestre" havia sido adotado antes para concluir grandes projetos de afresco em igrejas. O complexo processo de produção dos afrescos, que exigia a preparação das paredes para receber a pintura, a transferência dos esboços feitos em ateliê por meio da técnica de punção (os esboços, pintados em cartolina eram puncionados com agulha no estuque fresco e úmido), a preparação das cores no ato da pintura e assim por diante exigiam uma equipe de trabalho e uma meticulosa organização.

Com a evolução da técnica de pintura a óleo, alguns pintores proeminentes passaram adiante os métodos de trabalho em equipe e organizacionais dos projetos de afresco para atender à crescente demanda no mercado de arte que estava sendo gerada pela classe aristocrática. Os aristocratas venezianos solicitavam imensos retratos ou cenas mitológicas para decorar seus palácios em Veneza ou suas casas de campo no continente.

Diferentemente dos projetos de afresco, o mestre de arte agora podia trabalhar em vários projetos ao mesmo tempo em vista do prolongado processo de secagem da pintura a óleo. No sistema dos ateliês, que se transformava gradativamente, os assistentes eram responsáveis por diferentes etapas do processo de produção. Alguns assistentes especializados confeccionavam as telas esticadas e preparavam a base da pintura com uma mistura de giz e cola. Outros preparavam as cores, esfregavam os pigmentos e os misturavam com óleo. Os assistentes com mais habilidades artísticas transferiam para a tela os esboços conceituais da obra de arte elaborados pelo mestre e pintavam o fundo, executando partes menos importantes da produção. O mestre em si era responsável pelo controle do processo e pela pintura de partes mais fundamentais da obra — por exemplo, rostos ou pessoas importantes como o patrocinador da obra ou vistas de cidades famosas. Além das etapas calculáveis de produção técnica, essa nova técnica possibilitava a pintura de telas em formatos maiores em comparação com as obras pintadas em madeira. Ademais, essas obras de arte podiam ser transportadas. Antes, no caso das grandes obras, normalmente era necessário contratar um pintor para executá-la no próprio prédio.

Um dos exemplos mais conhecidos desse novo tipo de arte do século XVI, e que exibiu o enorme potencial das telas esticadas que haviam sido recém-desenvolvidas, foi *A Assunção de Maria* (a assim chamada *Assunta*), pintada por Ticiano para a basilica di Santa Maria Gloriosa dei Frari. Medindo 3,9 x 6,9 metros, o formato da tela *Assunção* nunca havia sido visto no mundo da arte.

Motivos econômicos também estavam impulsionando a expansão da produção de grandes pinturas em tela; muitas igrejas precisavam ser decoradas com pinturas para cobrir as paredes (em sua maioria paredes laterais) da obra arquitetônica. A pintura em madeira era muito cara e sem dúvida inadequada para os grandes projetos de decoração da época. A técnica de estuque era igualmente muito cara para partes menos importantes da igreja e suscetível à grande umidade de Veneza. As pinturas a óleo dos mestres venezianos ofereciam um valor (relativamente) bom pelo preço que custavam, eram resistentes à umidade e podiam ser transportadas.

A Ascensão da Arte Colorista de Veneza

O mercado de arte veneziano era famoso no século XVI também pela qualidade da composição de cores utilizada pelos pintores, que havia sido desenvolvida ao longo de vários séculos. A condição especial de Veneza, circundada por água, criava uma iluminação única e específica. Ao sol radiante do meio-dia, as cores desvaneciam, ao passo que à sombra ou no reflexo das águas das vias e dos canais da cidade as cores tendiam a oferecer uma atmosfera intensamente quente. Esse ambiente exigia um conhecimento bastante avançado sobre a utilização das cores, e os pintores venezianos ficaram famosos em toda a Europa por sua habilidade de trabalhar com o espectro de cores. Os pintores venezianos diferenciavam-se de seus concorrentes, como os pintores que trabalhavam em Roma, e tinham competência para estabelecer esse uso específico de cores como um importante fator de "marca". Bellini foi um dos primeiros pintores venezianos a ganhar amplo reconhecimento na Europa, seguido por pintores como Giorgione, Veronese ou Ticiano. Sobre os ombros de mestres venezianos que o precederam, Ticiano desenvolveu o mais sólido conhecimento sobre composição de cores que veio a influenciar vários pintores no final do século XIX. A reputação dos pintores venezianos relativamente à composição de cores era tão grande, que o pintor alemão Albrecht Dürer (1471-1528), dentre outros, viajou a Veneza (1505 a 1506) para estudar os grandes mestres do *Colorit*.

Não foram apenas a mudança cultural e o desenvolvimento de inovações técnicas que ajudaram o mercado de arte florescer em Veneza durante o século XVI — foi também a ascensão do poder comercial e político de Veneza. Outras cidades-Estado, como Roma e Florença, eram grandes concorrentes comerciais de Veneza, e os enormes investimentos da cidade nas artes hoje poderiam ser interpretados como uma forma pioneira de *marketing* empregado por essa cidade-Estado. A cidade-Estado de Veneza precisava de grandes pinturas para **realçar seu *status* político** e **econômico**, e essa necessidade ancorou o desenvolvimento das artes ao longo do século XVI. Inúmeros pintores venezianos, como Ticiano, Veronese, Giorgione e Pordenone atenderam a essa demanda e, ao fazê-lo, influenciaram gerações subsequentes de pintores.

Florescimento do Grande Mestre

"Ilustre doge! Prezados senhores superiores! Desde a minha infância, eu, Ticiano de Cadore, tentei aprender a mestria da arte, não pela cobiça, mas mais para ganhar alguma glória [...]. E embora eu tenha sido solicitado enfaticamente, na presença de Sua Santidade o Papa e de outros importantes senhores, a me juntar a eles e servi-los, eu sempre tive como objetivo nobre o desejo de deixar um monumento de herança para esta famosa cidade."

— De uma petição de Ticiano para o Conselho dos Dez, em 1513

34 A FINA ARTE DO SUCESSO

Ticiano (1490-1576) é amplamente reconhecido como o mestre preponderante do mundo da arte veneziano no auge da ascensão da cidade-Estado. Profundamente enraizado na escola colorista veneziana, o estilo de Ticiano intensificou significativamente a utilização dinâmica das cores em comparação com pinturas de períodos anteriores. Ticiano foi aprendiz de Giovanni Bellini (1430-1516), o pintor mais importante de sua época e igualmente o pintor dos Estados venezianos. De Bellini, que criou a referência para as pinturas de Nossa Senhora na Renascença, Ticiano aprendeu a usar delicadamente as cores, criando um estilo quente e harmonioso e uma interação entre cores que representavam na tela uma intensa composição dramatúrgica. Ele desenvolveu logo de início uma percepção sobre disputa e não perdeu nenhuma oportunidade para ressaltar sua pessoa no decorrer dos novos avanços artísticos. O jovem Ticiano participou dessas disputas, dos assim chamados **"duelos"**, bem cedo na vida. Ele chegou a disputar até mesmo com amigos jovens e íntimos como Giorgione (1478-1510). Em 1507, Ticiano trabalhou lado a lado e em parceria com Giorgione em um projeto de redecoração, pintando o estuque da fachada à beira-d'água do escritório de comércio alemão que se incendiara em 1505 (Fondaco dei Tedeschi). Tempos depois, Ticiano não hesitou em desapossar Bellini de sua posição de pintor dos Estados venezianos. Bellini morreu em 1516. Consequentemente, como o amigo e talentoso Giorgione havia morrido antes de Bellini, Ticiano tinha pouquíssimos novos rivais no mercado de arte de Veneza, um deles foi Pordenone (1484-1539), que ele conheceu em torno de 1520, e posteriormente Paulo Veronese (1528-1588).

A ascensão de Ticiano como pintor de renome e extremamente bem-sucedido teve início em 1518, quando um dos mais incríveis objetos de arte na história da arte foi então revelado. Era uma obra de arte do tipo que nunca havia sido visto antes. O tamanho da tela era descomunal — 3,9 ´ 6,9 metros. A própria confecção desse formato era em si uma invenção técnica. A composição seguia um novo conceito; em vez de uma composição estática, Ticiano dividiu a pintura em duas partes. A parte inferior mostrava o grupo de apóstolos de mãos erguidas em direção a Maria. Acima dos apóstolos, o céu azul os separava do nível seguinte da pintura, onde Maria aparecia em um círculo formado por nuvens, figuras de pequenos anjos e uma imagem de Deus no alto. A única ponte entre essas duas partes, não em termos físicos, mas mais em termos espirituais, eram a mão de um apóstolo quase tocando o círculo de nuvens em que Maria estava posicionada e um pequeno anjo tocando a cabeça de um dos apóstolos.

Nesse primeiro marco de sua obra, Ticiano criou uma interpretação sofisticada desse tema religioso. O observador podia mudar de perspectiva e, portanto, sua interpretação a respeito da obra de arte. Em um momento, começando a observar a obra de baixo para cima, parecia que os apóstolos erguiam Maria aos céus e para próximo de Deus, e nesse caso ela precisava deles para se transformar. De um ponto de vista diferente, começando a observar a pintura de cima para baixo, parecia que Maria e Deus surgiam para os apóstolos. Nessa perspectiva, os apóstolos precisavam de Maria para ter consciência de si mesmos e de seu papel espiritual no mundo.

Essa forma de construção ambivalente e única de contar a história bíblica era nova. Quando essa pintura foi levada para os monges franciscanos da basílica de Santa Maria Gloriosa, eles ficaram em dúvida sobre a visão radicalmente nova apresentada por Ticiano — o imenso formato da tela, as cores brilhantes e a liberdade da composição. Somente quando o embaixador do imperador foi até lá e propôs-se a comprar a tela e levá-la para Viena é que eles decidiram ficar com ela. *A Assunção de Maria* foi contemplada pelo domínio de Ticiano de novos processos técnicos e de produção.

Com a ampla aclamação recebida por essa pintura extraordinária, Ticiano conseguiu conquistar uma posição de domínio no mundo da arte de Veneza, que ele manteve durante mais de 60 anos. Ticiano foi "**o**" pintor retratista de sua época e atendeu a clientes que pertenciam ao mais alto nível da sociedade.

Pintor dos Nobres

"Não havia praticamente nenhuma pessoa de posição de destaque, nem príncipes nem nobres senhoras, cujo retrato Ticiano não estivesse pintando; nessa parte de sua obra, ele era um mestre absolutamente inigualável."

— *Vasari, historiador de arte, 1568*

Desde o momento em que Ticiano concluiu *A Assunção de Maria*, sua fama propagou-se entre os líderes políticos e religiosos da época. Havia relações bastante estreitas entre os centros de poder de Veneza, Roma, Nápoles, Ferrara, Madri e Augsburg, e em 1530 ele começou a pintar o retrato do imperador Carlos V. Esse mecenato real durou 26 anos e ajudou Ticiano a estabelecer relações com nobres de outros Estados abastados. Durante os últimos 26 anos de sua vida (de 1550 a 1576), ele trabalhou para Filipe II, o filho de Carlos V que o sucedeu no trono.

A extraordinária reputação de Ticiano e seus vínculos exclusivos com ambos os imperadores são evidenciados pela seguinte história: uma vez Ticiano pintou o retrato de Carlos V e seu pincel caiu no chão enquanto o imperador posava para ele. Para espanto dos membros da comitiva real, o imperador ajoelhou-se e pegou o pincel do pintor e prestou nessa posição a maior deferência ao antigo mestre. A relação profissional de Ticiano com Carlos V e Felipe II consolidou sua reputação e durante sua longa carreira ele trabalhou para um grande número de aristocratas, políticos e representantes da Igreja, todos importantes e de renome. Ele pintou retratos do doge de Veneza, da família Ferrara de Farnese, do papa Paulo III e de muitas outras proeminentes personalidades da época.

A genialidade artística de Ticiano atraía todos esses nobres, visto que ele era capaz de criar um tipo de metarrealidade da pessoa retratada. Os retratos de Ticiano não apenas exibiam a imagem da pessoa de uma maneira inacreditavelmente realista. Ticiano era também conhecido por conseguir capturar a essência humana em seus retratos e lhes acrescentar um fator emocional. Seu amigo Pietro Aretino, também pintor, assim escreveu em uma carta à imperatriz Isabella de Portugal, em 1537: "O mundo inteiro ama Ticiano, seu estilo dá vida aos retratos, e a natureza em si o odeia, porque ele imbui nas pessoas vivas seu espírito artificial."

Em vista do prestígio de Ticiano, e do círculo fechado de clientes aristocratas que dominavam o mecenato das artes venezianas, talvez não seja de surpreender que fosse difícil para qualquer outro pintor desafiar sua posição como **"o"** grande mestre de Veneza. Havia apenas duas opções para trabalhar em grandes projetos de arte em Veneza na época de Ticiano. Uma era se juntar ao seu ateliê e trabalhar como assistente. A outra, quase inimaginável, era trabalhar em uma obra que o desafiasse, um feito conseguido por um jovem pintor arrivista chamado Tintoretto.

O Intruso Heterodoxo: Tintoretto

Tintoretto (1519-1594) provavelmente é uma das personalidades mais ambíguas do mundo artístico veneziano do século XVI. Suas pinturas radicalmente heterodoxas não podem ser classificadas com facilidade. Sua maneira de entrar no mercado, em um ambiente com tantos pintores extraordinários ao seu redor, foi algo que nunca havia sido testemunhado até então. Para se tornar parte do mercado veneziano, Tintoretto escolheu inúmeros lances estratégicos heterodoxos, com relação ao seu método técnico, estilo de pintura, estratégia de preços e acesso ao cliente.

Nascido em Veneza, primogênito em uma família de 21 filhos, Tintoretto foi criado no florescente mundo artístico de sua cidade natal.

Aos 15 anos, seu pai o levou ao ateliê de Ticiano para ver se ele poderia aprender a pintar e tornar-se pintor. A carreira de pintor parecia bastante promissora para uma pessoa jovem naquela época, visto que o mercado de arte veneziano estava em franca ascensão. Havia uma imensa demanda por retratos que apresentassem o *status* da aristocracia veneziana, bem como por grandes projetos para decorar o ambiente arquitetônico sempre crescente de Veneza.

Tintoretto iniciou sua carreira como pupilo de Ticiano, mas permaneceu como assistente do grande mestre **por apenas dez dias**. Segundo Ticiano, ele o havia expulsado de seu ateliê em virtude do grande talento de Tintoretto e porque ele temia apoiar o desenvolvimento de um futuro concorrente. Além disso, os desenhos que Tintoretto concretizou no ateliê de Ticiano mostravam tamanha independência de estilo, que Ticiano chegou à conclusão de que o jovem nunca seria um pupilo adequado, disposto a se adaptar a seu estilo. Ticiano tinha total razão: no espaço de uma década, Tintoretto viria a se tornar um dos seus mais importantes rivais.

Posteriormente, quando Tintoretto foi reconhecido como um mestre da pintura, ele e Ticiano sempre mantinham certa distância um do outro. Não obstante, Tintoretto continuou sendo um confesso e entusiástico admirador de Ticiano.

Prestezza: Uma Nova Maneira de Pintar

Depois que foi expulso do ateliê de Ticiano, Tintoretto investiu em sua carreira independente expondo suas pinturas na ponte Rialto. Ele não hesitava em copiar o estilo de seus rivais. Em vez de posicionar suas obras como grande arte, ele explorava seu dom para pintar como uma forma de habilidade artesanal e acostumou-se a atender à demanda de um amplo espectro de clientes. Desde o início, ele aprendeu a adaptar sua arte às necessidades dos clientes e respectivos recursos econômicos e era contratado para trabalhos pequenos e modestos, como pintura de móveis, afrescos de fachadas e até trabalhos menos significativos para a associação comercial dos peixeiros.

Desde o princípio, e em virtude da pressão da concorrência, Tintoretto desenvolveu uma técnica de pintura inovadora, diferente do estilo tradicional, que lhe permitia pintar mais rapidamente do que seus colegas. Esse método ligeiro, chamado de ***prestezza***, seguia três passos gerais. Primeiro, o pintor aplicava uma camada de tinta marrom na tela, utilizando uma cor que era usada para o método de gravura a água-forte. Depois, ele utilizava o branco para fazer um rafe, muitas vezes como um esboço. Só então o processo de pintura em si se iniciava.

Ao contrário da técnica de Ticiano, que exigia primeiramente a pintura de várias camadas ralas de cor, Tintoretto usava uma forma de pintar mais **"rude"**, às vezes trabalhando com pinceladas mais largas. Em várias de suas pinturas, a camada de tinta original reflete luz e, dessa forma, faz parte da obra de arte. Essa técnica inovadora, que associa a qualidade de esboço de Michelangelo e a qualidade luminosa do uso da cor de Ticiano, criou um novo estilo artístico.

Muitos outros pintores e críticos de arte, como o historiador de arte veneziano Vasari, eram bastante ambivalentes com respeito à técnica de Tintoretto. Em comparação ao estilo maduro de Ticiano, eles viam certa falta de qualidade e às vezes reagiam muito negativamente porque, segundo eles, Tintoretto estava destruindo a grande reputação da arte e erodindo a estrutura de preços do mercado com sua produção artística mais barata.

Havia uma justificação econômica para a rapidez da técnica de pintura de Tintoretto. Ao contrário de seu abastado concorrente, Tintoretto era pobre no início de sua carreira. Para ganhar a vida, ele procurava clientes que não podiam arcar com o preço e o *status* de Ticiano: e esse é um dos motivos por que hoje em dia é possível encontrar tantas pinturas de Tintoretto em Veneza.

Embora Ticiano tenha iniciado sua carreira com um contrato de pintura de afrescos bem remunerado, no Fondamente Tedesco (Fondaco dei Tedeschi), com seu famoso colega Giorgione (1478-1510), Tintoretto começou sua carreira nas ruas, vendendo seus primeiros trabalhos em lugares como a famosa ponte veneziana Rialto. Tintoretto posicionou-se no mercado em uma variedade de áreas de produção artística, e não hesitou em pintar e decorar paredes ou mobílias residenciais. Ele pintou algumas de suas primeiras pinturas antes mesmo de ser solicitado a produzi-las. Essa postura era incomum na época. E sua disposição para produzir antecipadamente tornou-se um marco na estratégia comercial de Tintoretto. Isso pode ser visto como uma estratégia de *"marketing"* pioneira (e um tanto quanto moderna) para testar produtos e estimular a demanda por parte de novos clientes.

Quando Tintoretto recebeu suas primeiras encomendas (sua primeira e prestigiosa encomenda veio de um jovem patrício veneziano que solicitou um conjunto de 16 pinturas para tetos octogonais em 1541), ele aceitou praticamente todas, o que o pressionou ainda mais a desenvolver técnicas mais rápidas de pintura. No decorrer de sua longa carreira, e além de suas primeiras obras menos importantes, Tintoretto produziu mais de 650 encomendas para o mercado veneziano — mais de duas vezes o número de obras de arte concluídas no ateliê de outros pintores venezianos, como Veronese, Ticiano ou Pordenone.

Outra tática comercial utilizada por Tintoretto, e um verdadeiro marco de seu sucesso, foi a oferta de pinturas bem abaixo do preço de outros pintores proeminentes, especialmente do preço de Ticiano. Esse método foi ao mesmo tempo determinado pela demanda crescente e refletia-se na demanda dos clientes de Tintoretto, que costumavam vir da classe patrícia e não da aristocrática. Em vez de arriscar uma concorrência direta com Ticiano, que já tinha uma reputação consolidada e podia elevar o preço das pinturas sempre que quisesse, Tintoretto mantinha os preços de seu ateliê acessíveis.

Obras Radicais

Havia outros motivos compelindo Tintoretto a buscar um **papel inovador** e **diferenciado** enquanto pintor. A concorrência direta com Ticiano por encomendas de retratos entre a aristocracia veneziana praticamente não fazia sentido, visto que Ticiano era reconhecido e bastante procurado. Por isso, Tintoretto sentia-se obrigado a mostrar alguma diferença significativa em seu estilo artístico para obter novos clientes e aumentar a demanda.

Ao longo de sua carreira, Tintoretto tornou-se uma personalidade pioneira no desenvolvimento do estilo maneirista no mercado de arte de Veneza. Influenciado por Michelangelo, suas imagens mostravam muitas abreviações. Além disso, ele não hesitava em mostrar dois aspectos cronológicos distintos de uma história em uma determinada pintura. Na obra *Apresentação da Virgem no Templo* (1552-1553), pintada para a igreja Madonna dell Orto, Tintoretto teve o talento de exibir a história duas vezes em uma mesma pintura. A pequena Maria é vista em três situações diferentes. Primeiramente, quando ela é levada por seus pais, Ana e Joaquim, ao templo (Joaquim no canto esquerdo da pintura, Ana no canto direito, conduzindo Maria); segundo, quando Ana mostra a filha aos padres na subida da escada; terceiro, quando ela fica em frente ao grupo de padres. A imagem tríplice de Maria é uma ideia extremamente única e visionária. Foi somente com a invenção do cinema no início do século XX que os pintores criaram a ideia de **"várias imagens"** em uma única obra.

Contudo, *Apresentação da Virgem no Templo* é também única em outros sentidos, e um bom exemplo de como Tintoretto ocupava sistematicamente os nichos de mercado. Essa pintura foi criada para a capela lateral da igreja em um ponto extremamente alto, cerca de 5 metros acima do chão. Ela podia ser vista apenas de uma distância mínima de 4 a 5 metros. Montar um painel de 4,29 x 4,80 metros a uma altura dessa exigia uma nova solução em termos de composição e perspectiva, porque o observador fica praticamente abaixo da pintura e olha bem para o alto. A parte inferior da escadaria estende-se da esquerda para a direita da pintura e daí em diante estreita-se acentuadamente para a parte superior. Tintoretto mostrou imagens de pessoas sentadas e em pé à esquerda e à direita da escada com tamanho talento, que criou um efeito de atração que levava o observador a olhar diretamente para o topo da pintura e para sua parte mais importante, onde Maria é reconhecida pelos padres.

A abordagem de Tintoretto, para ser semelhante e ao mesmo tempo diferente de seu concorrente Ticiano, era bastante visível em *Apresentação da Virgem no Templo*. As cores quentes do dourado e vermelho usadas por Tintoretto eram uma referência deliberada à paleta (opção de cores) e à técnica de Ticiano, mas a composição em si era uma destemida afirmação de Tintoretto em contraposição à versão original de Ticiano, pintada em 1534 a 1538 para o museu Accademia. Por meio da expressiva e sensacional perspectiva de Tintoretto, o observador tornava-se literalmente parte da pintura. Contudo, na versão de Ticiano, o observador é confrontado com uma horizontalidade estática e autocontida, em que ele olha mais de uma perspectiva externa e observa a situação bem mais como um palco.

As pinturas de Tintoretto eram tão espetaculares, que eram amplamente discutidas na Veneza daqueles tempos. Sua obra dividia até mesmo seus próprios clientes em dois grupos de admiradores. De um lado estavam aqueles que viam associações com a técnica madura e a solidez das obras de Ticiano; do outro, aqueles que se deleitavam com suas novas técnicas controversas e ousadas.

Com base nesta análise, parece claro que tanto a técnica quanto o estilo artístico de Tintoretto o tornaram **único no mundo da arte veneziano**. Seu estilo de pintura com o tempo o levou a desenvolver obras imensas para decorar grandes projetos arquitetônicos em Veneza. O trabalho mais espetacular da carreira de Tintoretto foi a decoração completa da Scuola San Rocco (1564 a 1588).

Uma Tática Profissional Incomum

Tintoretto conquistou progressivamente um mercado importante ao longo de sua carreira e no devido tempo desafiou Ticiano com projetos que o "grande mestre" provavelmente considerou como obras pertencentes ao segmento inferior de seu mercado de elite. O passo pioneiro de Tintoretto para obter encomendas mais importantes ocorreu em 1564. A essa época, a vida econômica em Veneza estava organizada em torno principalmente das assim chamadas *scuole*. Essas organizações desempenhavam um papel político significativo. Por motivos de influência social e econômica, era importante ser membro de uma organização desse tipo, mas as regras para afiliação eram rigorosas. Uma das mais famosas era a *Scuola Grandi de Veneza*, que foi fundada em 1478 em homenagem ao santo da peste, são Roque.

A *Scuola Grandi de Veneza* construiu um prédio representativo no período de 1516 a 1550 e perfeitamente adequado para um grande projeto de decoração pictórica. Em 1560, a *Scuola* convidou Tintoretto e três outros pintores importantes para um concurso. Ticiano não participou e estava muito envolvido com encomendas de retratos fora de Veneza. O grupo de pintores foi solicitado a apresentar esboços para a pintura do centro oval da entrada principal. O tema proposto foi *A Glorificação de São Roque*. Embora os outros pintores tenham produzido ensaios de pequeno formato, Tintoretto tirou a medida original (240 ´ 360 cm) do centro oval, esboçou o desenho em uma grande tela e o pintou com sua usual rapidez. Ele fez isso sem deixar que ninguém soubesse o que estava fazendo, mas no final causou grande impressão. Além dessa tática brilhante, as pinturas de Tintoretto referiam-se em grande medida à famosa *Assunção* de Ticiano. A estrutura de composição, com o aparecimento de Deus na parte superior da pintura e o uso vibrante de cores, era bem parecida com a pintura de Ticiano. No entanto, diferentemente de Ticiano, Tintoretto pintou o tema de uma maneira bem mais moderna, usando amplamente a técnica barroca de abreviação.

Na manhã em que a comissão da Scuola reuniu-se para ver os diferentes ensaios e escolher o premiado, percebeu que Tintoretto havia concluído totalmente o trabalho e o tinha colocado no lugar pretendido, no **centro do teto**. A reação exasperada da comissão, dizendo que a escola havia lhe solicitado um primeiro esboço e não que executasse a obra em si, foi contestada pelo pintor, com a explicação de que aquele era o seu método de desenhar e que não sabia como proceder de outra maneira para atender às exigências do concurso. Depois, ele afirmou que os desenhos e modelos de trabalho deveriam sempre ser apresentados dessa forma, pois assim ninguém poderia ser enganado por um resultado diferente do primeiro esboço. Tintoretto encerrou sua explicação dizendo que, se a *Scuola* não quisesse lhe pagar pelo trabalho, ele o daria de presente à escola. A pintura continua lá até os dias de hoje.

Os outros participantes do concurso protestaram contra essa postura "desleal" e desistiram da competição, e Tintoretto, portanto, foi escolhido pela *Scuola*, na falta de outra opção. Ele sabia que a doação da pintura, com tamanha devoção a são Roque, não poderia ser recusada. Além disso, ele ofereceu todas as pinturas para o restante do prédio pela **metade do preço habitual**. Em troca de sua generosidade, ele queria ser aceito como membro da Scuola.

Essa estratégia radical revelou-se um enorme sucesso, pois a Scuola concedeu a Tintoretto adesão plena. O pintor então começou a trabalhar na decoração do prédio inteiro da Scuola e também na igreja de são Roque, ali ao lado. A Scuola di San Rocco é amplamente reconhecida como o projeto mais espetacular da carreira de Tintoretto e lhe proporcionou o que deseja-va — ser aceito como membro da Scuola, sabendo que isso ajudaria a elevar sua reputação como pintor e cidadão veneziano.

O método heterodoxo de Tintoretto de estipular preços dava a entender que ele tinha uma gama bem maior de encomendas que Ticiano (ou outros colegas pintores). Por exemplo, em 1583, ele pintou um altar para um clien-te rico, recebendo para tanto 400 ducados. No ano seguinte, ele trabalhou para a *scuola* de tecelões e comerciantes de linho e entregou uma obra por apenas 20 ducados. As práticas comerciais de Tintoretto, que usava uma variedade de preços ou deixava o cliente decidir sobre o valor em questão, eram totalmente coerentes com os hábitos de outros pintores ou artesãos venezianos. Contudo, a maneira como ele interpretou e manipulou essa prática amplamente empregada era bem mais agressiva, se comparada com a postura de qualquer outro artista veneziano proeminente de sua época.

A encomenda de uma pintura para o palácio do doge, concluída por Tintoretto já quase no final de sua carreira em 1592, oferece um vislumbre do quanto sua estratégia de preço era radical. Quando lhe pediram para dar seu preço, Tintoretto deixou essa tarefa para as autoridades do palá-cio, sabendo que eles lhe pagariam apropriadamente. No entanto, mesmo quando os compradores propunham um valor apreciável, Tintoretto re-cusava parte dele. Isso não apenas o ajudava a reforçar sua humildade, mas diferenciava sua postura daquela de Ticiano, que algumas vezes era acusado de ganância. A **estratégia de preço** de Tintoretto irritou e per-turbou muitos pintores contemporâneos, que afirmavam que ele estava arruinando a reputação das artes e acabando com as referências de preço. Entretanto, sua postura comercial pode ser igualmente interpretada como uma **forma agressiva de concorrência**, e é também possível supor que Tintoretto tivesse consciência de que ele jogava sementes e cultivava o mercado de arte **como um todo**.

Ciclos de Inovação

Tintoretto iniciou sua carreira artística em pequenos projetos de de-coração e conquistou vagarosamente o mecenato real por meio de clientes patrícios (principalmente) que solicitavam pinturas menores para decorar determinados cômodos da casa. Quando os projetos das *scuole* tornaram-se uma parte mais sólida de seus negócios, ele começou a obter encomendas mais importantes. Como essas mudanças para a faixa superior do mercado exigiam **inovação**, Tintoretto desenvolveu, reestruturou e testou sua técnica *prestezza* (rapidez) em encomendas cada vez mais complexas. Em comparação com Ticiano, que pintava apenas um número limitado de projetos de grande formato, como *A Assunção de Maria*, a obra de Tintoretto engloba dezenas de pinturas de larga escala.

Ainda que Tintoretto tenha sido inovador em termos de técnica e estilo, ele não demonstrava criatividade artística em todas as obras. Em muitas delas, ele recombinava imagens e composições de outras pinturas de sua autoria e não hesitava em utilizar composições semelhantes às de seus concorrentes. Esse comportamento fazia parte de seu método de negócios — oferecer aos clientes algo familiar aos seus rivais, a um preço razoável, mas mantendo seu estilo exclusivo. A obra de Tintoretto chegou a incluir retratos, mas a pintura de retratos não era seu principal ramo de negócios. Nessa área, ele era um concorrente direto de Ticiano e não tinha capacidade para disputar a reputação do grande mestre.

Reação de Ticiano contra Tintoretto

Não obstante a fama obtida por Tintoretto em uma fase posterior de sua carreira, ainda assim ele permaneceu na sombra de Ticiano. Somente depois da morte de Ticiano, Tintoretto foi designado **pintor da cidade-Estado de Veneza**. Aliás, Ticiano conseguiu defender relativamente bem sua predominância contra a ascensão de Tintoretto, e para isso ele reagiu de várias formas contra seu audacioso rival.

A primeira medida de defesa de Ticiano foi expulsar o adolescente Tintoretto de seu ateliê. Ticiano enxergou um incrível potencial no jovem pintor e tentou interceptar as oportunidades de aprendizagem para distanciar aquele possível rival da reputação de seu ateliê. Desde esse momento Tintoretto foi forçado a construir sua própria carreira. Durante os primeiros anos de exibição de suas pinturas na rua e de oferecer seu talento artístico como uma habilidade artesanal, ele não concorreu com o grande mestre. Ao expulsá-lo mais que depressa de seu ateliê, Ticiano conseguiu evitar (pelo menos por um tempo) que Tintoretto se tornasse conhecido junto à nobreza para a qual ele pintava. Uma evidência disso é que os poucos retratos presentes na obra completa de Tintoretto mostram principalmente clientes da classe inferior da sociedade veneziana.

Outra tática eficaz para controlar o segmento superior do mercado foi a relação bastante estreita de Ticiano com o influente escritor Pietro

44 A FINA ARTE DO SUCESSO

Aretino (1492-1556). Em vista de seu sofisticado talento para escrever, Aretino tinha acesso aos mais altos escalões da nobreza de Veneza, como o doge Andrea Gritti. Aretino era temido pelo que escrevia e poderia ser descrito como um dos primeiros colunistas sociais. Ele tinha competência para argumentar contra e a favor das pessoas e não hesitava, por exemplo, a escrever um tratado conta o papa em Roma. Ao longo da iminente carreira de Tintoretto, debatia-se muito a respeito de sua técnica de pintura, a *prestezza*. Na comunidade artística dominante, muitos suspeitavam dessa técnica, por achar que ela depreciava a reputação da arte. Esses críticos favoreciam a "maturidade" do estilo veneziano de Ticiano, e Aretino foi um dos proeminentes defensores do grande mestre, também seu amigo.

Aretino havia dirigido críticas severas a Tintoretto. Entretanto, um determinado dia, quando ambos se encontraram, Tintoretto convidou Aretino para uma visita ao se ateliê, dizendo-lhe que pintaria seu retrato. Enquanto Aretino pousava, Tintoretto de repente puxou um punhal de sua túnica. Aretino, assustado, pensou que ele estivesse procurando vingança e gritou, perguntando o que ele queria. "Não se mexa. Estou tomando suas medidas", respondeu Tintoretto, friamente. Convenientemente intimidado pelo incidente, Aretino nunca mais dirigiu críticas a Tintoretto, e eles acabaram se tornando amigos.

Já havia passado quase quatro anos da morte de Aretino na época em que Tintoretto conseguiu ser contratado pela Scuola di San Rocco. Só depois de mais de dez anos da morte de Ticiano é que Tintoretto conseguiu a incumbência que "coroaria" seu trabalho, a imensa obra *O Paraíso*, pintada para o grande salão do palácio do doge e concluída em 1592.

O desenvolvimento de relacionamentos constantes e em grande medida bem-sucedidos com seus clientes mais importantes, Carlos V e Felipe II, também ajudou Ticiano a predominar no segmento superior do mercado, particularmente em relação a encomendas da nobreza local e internacional. Contudo, deve-se reconhecer também que, reagindo ao sucesso de Tintoretto, Ticiano privou-se do que poderia ser chamado de contratos de nível médio no mercado veneziano em que seu rival era especialmente forte. Embora tenha sido convidado, Ticiano não participou do concurso na Scuola di San Rocco em 1560. Já na casa dos 70, ele preferiu concentrar sua energia em projetos lucrativos para seus mecenas da realeza.

Pode-se argumentar que Ticiano perdeu participação de mercado para Tintoretto posteriormente em sua carreira, mas essa perda deve ser vista no contexto do crescente mercado de arte de Veneza, especialmente de projetos pequenos e médios nos quais as inovações de Tintoretto ampliaram a demanda como um todo. É necessário também reconhecer que, como pintor da cidade-Estado de Veneza até o momento de sua morte, aos 86 anos de idade, Ticiano ocupou o posto mais importante que um pintor poderia ter na cidade-Estado — e seu ateliê manteve-se como um empreendimento altamente lucrativo durante toda a sua carreira.

Conclusão

Pesquisas anteriores demonstraram que a inovação estratégica é particularmente eficaz para as pequenas empresas ou para quem está começando a entrar em um determinado setor. Como essas empresas precisam concorrer com concorrentes bem estabelecidos, elas não podem simplesmente enfrentá-los, na expectativa de "superar competitivamente" seus maiores rivais. Elas precisam empregar "táticas de guerrilha" para evitar a concorrência de igual para igual e frontal. O sucesso de Tintoretto em sua incursão no mercado de arte "maduro" de Veneza, no século XVI, é um exemplo das táticas que um novo concorrente pode utilizar para inovar estrategicamente.

O primeiro grande lampejo de Tintoretto foi a percepção de que não era apenas a aristocracia que queria consumir arte de alta qualidade — ele descobriu um novo **quem**. Havia demanda por obras de arte também entre patrícios, escolas e igrejas que não podiam arcar com o alto preço do grande mestre Ticiano. Ao enxergar o potencial dos clientes superatendidos ou que ainda não consumiam arte, ele conseguiu criar um novo segmento de mercado para a sua obra e, ao mesmo tempo, ampliou significativamente o mercado como um todo.

Tintoretto também introduziu um novo **o que** — obras de arte com preços acessíveis, mas de alta qualidade, com um tempo de entrega relativamente pequeno. Antes, as obras de arte de alta qualidade exigiam um estilo refinado e despesas significativas. Entretanto, como ele dominava a técnica *prestezza*, Tintoretto educou os clientes a aceitar pinceladas grosseiras e certo nível de abreviação, mas os compensava com o uso intensificado de cores vibrantes por um preço substancialmente menor. Com essa postura, ele criou novas dimensões para clientes que estavam dispostos a fazer concessões e romper com a tradição. Embora esse afastamento do *status quo* artístico e da referência de preços tenha sido ridicularizado por vários de seus contemporâneos, sua proposição de valor era convincente para vários consumidores de arte.

No caso de Ticiano, suas encomendas mais importantes ocorriam em virtude das relações pessoais e da reputação que ele havia levado anos para desenvolver. Tintoretto conseguiu uma via rápida de sucesso por meio de um novo **como** — inundando o mercado com inúmeras obras de arte de elevada qualidade —, mesmo que essas obras não tivessem sido solicitadas pelos destinatários pretendidos. Seu estratagema para obter o trabalho da Scuola di San Rocco é um bom exemplo da utilização de táticas de guerrilha para intensificar sua visibilidade em Veneza e com o tempo foi responsável por sua designação para o cargo de pintor da cidade-Estado após a morte de Ticiano.

Além disso, Tintoretto inovou em relação ao **como** da tradicional cadeia de valor da produção de arte. Diferentemente de Ticiano, que tinha um rígido controle sobre a produção de seu ateliê, Tintoretto era mais tranquilo quanto à produção de seu ateliê e dava maior liberdade artística aos seus assistentes para conseguir lidar com sua enorme produção. Ele também eliminou determinados passos no processo de pintura e por meio de sua nova técnica conseguiu diminuir significativamente o tempo necessário para concluir suas obras de arte. Isso também lhe permitiu desenvolver um novo estilo artístico (o novo **o que** mencionado antes) e, portanto, evitar a concorrência frontal com Ticiano, desafiando sua predominância no cenário de retratos de Veneza.

A resposta de Ticiano a Tintoretto também oferece ensinamentos importantes para as empresas do século XXI. Ticiano postergou a ascensão de Tintoretto à fama ao impedi-lo de desenvolver suas habilidades em seu ateliê e fechando qualquer acesso à sua base estabelecida de clientes. Ele aproveitou o relacionamento com o escritor Pietro Aretino para minar a credibilidade do estilo de pintura de Tintoretto entre várias pessoas da comunidade artística dominante de Veneza e utilizou sua influência política para manter Tintoretto afastado dos mais altos escalões dos cargos públicos até bem depois de sua morte. Ticiano evitou progressivamente qualquer concorrência direta com Tintoretto concentrando suas iniciativas no atendimento da nobreza veneziana e ampliando sua reputação entre a aristocracia europeia mais ampla — uma base de clientes mais exigente e preocupada com *status* junto à qual Tintoretto na verdade nunca obteve aceitação. Em resumo, evidências levam a crer que Ticiano contra-atacou para retardar a ascensão de Tintoretto enquanto concorrente, mas, ao mesmo tempo, concentrou-se em seu principal negócio, isto é, na pintura de grandes projetos e de retratos para a nobreza, a fim de evitar confronto direto em segmentos de mercado em que seus preços mais elevados o colocavam em desvantagem.

TABELA 2.1 Inovação estratégica na Veneza do século XVI: Tintoretto *versus* Ticiano

	Ticiano	Tintoretto
Quem	Estabeleceu como público-alvo a nobreza e líderes políticos venezianos e internacionais, fixando-se nos grandes projetos que realizou para as igrejas e nos projetos da cidade-Estado encomendados pelo Grande Conselho.	A princípio, concentrou-se no mercado de massa por meio da venda de obras nas ruas de Veneza, antes de passar a desenvolver um mercado para a classe burguesa veneziana.
O que	Pinturas da grande arte para transmitir *status* e poder. Predominantemente retratos da aristocracia e da elite política e religiosa, como o doge de Veneza, a família Ferrara de Farnese e o papa Paulo III.	A pintura como forma de habilidade artesanal. A princípio produzia pinturas menores para decorações domésticas, antes da obtenção de encomendas de pintura de móveis e afrescos de fachada e projetos para igrejas menores e organizações comerciais como as escolas.
Como	Profundamente enraizado na refinada escola colorista. Invenção e originalidade artística como fator de diferenciação. Controle mais rígido sobre a produção dos assistentes em seu ateliê. O ateliê procurava atender a um baixo volume de produção de retratos extremamente detalhados e tinha um modesto número de encomendas por ano. Os novos negócios provinham de suas relações e redes pessoais mais íntimas. Preços altos.	Desenvolveu a escola maneirista, que influenciou a nova técnica da *prestezza*. Não imprimia a inventividade artística em todas as obras. Em vez de impor, orientava a produção dos assistentes de seu ateliê. Seu ateliê estava voltado para um alto volume de produção de uma série de obras de arte de baixo custo. Seus novos negócios em muitos casos eram originados por técnicas heterodoxas de venda e marketing. Os preços eram estipulados de acordo com o cliente.

Fonte: Markides (1997).

Em suma, o sucesso de Tintoretto na Veneza do século XVI pode oferecer uma lição sobre humildade para gestores e executivos do século XXI. Embora Ticiano e Tintoretto sempre tenham mantido certa distância um do outro, Tintoretto sempre foi um confesso e entusiástico admirador de seu concorrente, o grande mestre, admiração expressa na inscrição que colocada à entrada de seu ateliê: *Il disegno di Michelangelo ed il colorito di Titiano* (O desenho de Michelangelo e o colorido de Ticiano).

Literatura adicional recomendada

Charitou, C. e Markides C. *Responses to Disruptive Strategic Innovation. Sloan Management Review*, 44, n. 2, inverno de 2003, pp. 55-63.

Dobni, C. B. *Achieving Synergy between Strategy and Innovation: The Key to Value Creation. International Journal of Business Science & Applied Management*, 5, n. 1, janeiro de 2010, pp. 48-58.

Hetzer, T. *Titian Geschichte seiner Farbe*. Frankfurt am Main: Vittorio Klostermann Verlag, 1969.

Kim, C. e Mauborgne, R. *Value Innovation: The Strategic Logic of High Growth. Harvard Business Review*, janeiro-fevereiro de 1997, pp. 103-112.

Markides C. *Strategic Innovation. Sloan Management Review*, 38(3), primavera de 1997, pp. 9-23.

Millson, M. R. *Wilemon, Designing Strategic Innovation Networks to Facilitate Global NPD Performance. Journal of General Management*, 34(2), inverno de 2008/2009, pp. 39-56.

Nicols, T. *Tintoretto: Tradition and Identity*. Londres: Reaction Books, 1999.

Wolf, N. *I, Titian*. Munique: Prestel Verlag, 2006.

CAPÍTULO 3

Hirst
O Tubarão está Morto — Como se Autoconstruir em um Novo Mercado

Introdução

Nos dias 15 e 16 de setembro de 2008, mais de quatro séculos e meio depois da grande inovação de Tintoretto, o artista britânico Damien Hirst quebrou todas as regras do mercado de arte. Ele ignorou todos os canais de distribuição convencionais — *marchands* e proprietários de galeria — ao formar uma parceria direta com a casa de leilões Sotheby's, e com sua ajuda conseguiu vender mais de 200 peças de sua coleção. A Sotheby's leiloou obras de arte com menos de dois anos de existência, outra ruptura com a tradição. Hirst ganhou mais de 110 milhões de libras com o leilão, em meio a uma crise econômica global e no mesmo dia em que a empresa Lehman Brothers Investment foi à falência. Esse leilão abalou profundamente a confiança da comunidade da arte "estabelecida". Algumas pessoas chegaram a afirmar que o método de Hirst acabaria minando o papel histórico das galerias na comercialização e distribuição de obras de arte sofisticadas. Por meio do leilão da Sotherby's, Hirst tornou-se um dos artistas vivos mais ricos. Ele conseguiu esse feito ao desafiar tradições consagradas em torno do significado da arte e dos processos e estruturas do próprio setor artístico.

Nas duas décadas anteriores ao leilão da Sotherby's, as obras de Hirst exploraram principalmente os processos de vida e morte. Seu trabalho foi agrupado em três grandes áreas: **escultura**, **pintura** e **obras em tanques de vidro**. Suas esculturas eram representadas particularmente por sua série de armários, em que Hirst exibia coleções de utensílios cirúrgicos ou prateleiras com centenas de garrafas com comprimidos ou mesmo a recriação de uma farmácia em tamanho natural. As pinturas foram divididas em pinturas de pontos e giratórias. As pinturas de pontos eram discos do tamanho de um pires com pontos coloridos distribuídos aleatoriamente e as pinturas giratórias foram produzidas em uma mesa giratória para que cada obra fosse criada pela força centrífuga. Os tanques de vidro normalmente incluíam animais mortos e às vezes dissecados — vacas, ovelhas ou tubarões —, preservados em formol. Recentemente, Hirst diversificou, apresentando interpretações modernas de obras de arte *memento mori* (lembrança da morte), que foram originalmente criadas séculos atrás.

Neste capítulo, analisamos a vida de Hirst enquanto artista, empresário, empreendedor e inovador, e propomos que sua ascensão e proeminência devem ser interpretadas com relação à sua habilidade para não se sujeitar a normas consagradas e preconcebidas do mundo da arte — tal como Tintoretto foi capaz de inovar em Veneza há mais de quatrocentos anos, antes de Hirst reconhecer que no final do século XX o mundo consolidado da arte havia se tornado vítima de um fenômeno que os psicólogos chamam de "cegueira não intencional" — quando a atenção está extremamente direcionada para uma atividade ou conduta específica, os seres humanos com frequência não percebem acontecimentos ou estímulos aparentemente significativos que podem apresentar tanto ameaças quanto oportunidades. Hirst foi capaz de romper com as lentes espessas e opacas da tradição no mundo consagrado da arte e, ao fazê-lo, liberou uma luz deslumbrante de inovação. A mentalidade inovadora de Hirst, por sua vez, viu o surgimento de um novo segmento de mercado, no qual ele foi o primeiro proponente inconteste e a marca dominante. Ao longo deste capítulo, recorremos aos ensinamentos de Hirst para falarmos sobre inovação em outros setores estabelecidos e oferecemos exemplos e estudos de caso de empresas contemporâneas que conseguiram inovar estrategicamente em seus segmentos de mercado.

BOX DE TEXTO A: O QUE É CEGUEIRA NÃO INTENCIONAL?

Imagine a seguinte experiência: você está procurando uma vaga para estacionar o carro em uma movimentada manhã de sábado. Depois de ficar rodando durante 10 a 15 minutos, você por fim encontra uma vaga. Na segunda-feira, uma colega de trabalho lhe pergunta por que você a tratou friamente. Ela havia acenado para você na calçada, mas ao que parece você a ignorou. Esse fenômeno é chamado pelos psicólogos de **"cegueira não intencional"** — quando a atenção é desviada para uma atividade, atitude ou processo específico, os seres humanos muitas vezes não percebem novos estímulos. E é esse fenômeno de cegueira não intencional que pode levar mesmo os gestores e executivos mais experientes a ignorar oportunidades para inovar — identificar novos segmentos de clientes, descobrir novos produtos ou serviços ou inventar novas formas de oferecer valor.

Damien Hirst: O Menino Cruel da Arte Contemporânea

Damien Hirst nasceu em Bristol em 1965. Seu pai trabalhava como mecânico de motores e sua mãe no Escritório de Aconselhamento aos Cidadãos. Na juventude, ele se inscreveu na Faculdade de Arte e Design de

Leeds, mas foi recusado. Depois disso, antes de começar a estudar na Faculdade de Ourives, na Universidade de Londres, entre 1986 e 1989, trabalhou ao longo de dois anos em canteiros de obra londrinos.

Depois de dois anos na Faculdade de Ourives, Hirst, ainda estudante, organizou uma exposição independente com seus colegas, denominada *Freeze* (*Congelamento*). A contribuição de Hirst foi uma escultura, composta por caixas de papelão pintadas com tinta caseira. A mostra foi realizada em um prédio vazio recém-construído na área portuária de Londres e foi visitada por Charles Saatchi, que na época era um dos principais colecionadores de arte ingleses e cofundador, com seu irmão Maurice, da agência global de propaganda Saatchi & Saatchi. Além de seu trabalho na área de publicidade e propaganda, Charles Saatchi é conhecido no mundo inteiro como colecionador de arte e proprietário da galeria Saatchi. Hirst desenvolveu uma relação profissional com Saatchi, relacionamento que se tornou um dos primeiros pilares de sua carreira.

Após sua formatura, Hirst foi curador de duas mostras realizadas em "armazém" – *Modern Medicine* (*Medicina Moderna*) e *Gambler* (*Apostador*) –, na companhia de seu amigo Carl Freedman. Novamente, Saatchi visitou a exposição e disse ter ficado de boca aberta quando viu a primeira grande instalação com animais montada por Hirst, *A Thousand Years* (*Mil Anos*), um grande tanque de vidro contendo larvas e insetos que se alimentavam da cabeça de uma vaca em putrefação. As larvas incubadas em uma caixa branca menor transformavam-se em moscas e então se alimentavam do sangue da cabeça da vaca no assoalho da caixa de vidro. As moscas saíam e ficavam zumbindo em torno da caixa branca. Muitas encontravam a morte no eletrocutor de insetos; outras sobreviviam para procriar e continuar o ciclo. *A Thousand Years* foi reverenciada pelo renomado artista britânico Francis Bacon, que, em uma carta enviada a uma amiga um mês antes de sua morte, escreveu sobre sua experiência ao ver a obra de Hirst. "É como se Bacon, pintor sem nenhum herdeiro direto nesse meio, estivesse passando o bastão para uma nova geração", ressaltou Margarita Coppack, renomada crítica de arte. Hirst reconheceu publicamente sua dívida para Bacon, absorvendo desde cedo as imagens e obsessões muitas vezes violentas e sanguinolentas do pintor e dando-lhes existência concreta em forma escultural. Não obstante, por meio de tanques como *A Thousand Years*, Hirst fez uma interpretação artística extremamente diferente da obra de Bacon, utilizando pela primeira vez seres vivos como parte de uma escultura.

Os Anos com Saatchi: 1991-2003

Quando Saatchi começou a trabalhar com Damien Hirst, ele lhe deu "carta branca" e se propôs a financiar qualquer obra que o artista produzisse. O resultado disso foi apresentado em 1992 na primeira exposição *Young British Artists* (*Jovens Artistas Britânicos*) na galeria Saatchi. A primeira obra financiada por Saatchi foi *The Physical Impossibility of Death in the Mind of Someone Living* (*A Impossibilidade Física da Morte na Mente de Alguém Vivo*), um imenso tubarão preservado em formol em um tanque de vidro. O tubarão havia sido capturado por um pescador contratado na Austrália e custou 6.000 libras. O custo total de produção foi de aproximadamente 50.000 libras. Por essa mostra, Hirst foi indicado ao prêmio Turner daquele ano, mas o prêmio acabou sendo concedido a Grenville Davey.

Em 1993, a primeira grande apresentação internacional de Hirst ocorreu na Bienal de Veneza, com a obra *Mother and Child Divided* (*Mãe e Filho Divididos*), uma vaca e um bezerro serrados ao meio e expostos em tanques de vidro distintos. Ele foi curador da exposição *Some Went Mad, Some Ran Away* (*Alguns Ficaram Loucos, Outros Escaparam*) em 1994, na galeria Serpentine, em Londres, onde ele expôs *Away from the Flock* (*Fora do Rebanho*), uma ovelha preservada em um tanque de formol. No dia 9 de maio, Mark Bridger, artista de Oxford então com 35 anos de idade, entrou na galeria e despejou tinta preta no tanque, mudando o título para *Black Sheep* (*Ovelha Negra*). Ele foi processado em seguida, a pedido de Hirst, e recebeu a pena de dois anos de prisão em liberdade condicional. A escultura foi restaurada, a um custo de 1.000 libras.

Com o total apoio financeiro de Saatchi, as mostras de Hirst tiveram sucesso contínuo e, em 1995, ele ganhou o prêmio Turner. Foi nesse mesmo ano que as autoridades de saúde pública de Nova York baniram a obra de Hirst *Two Fucking and Two Watching* (*Dois Copulando e Dois Olhando*), que exibia uma vaca e um touro em putrefação, por temer que os "visitantes vomitassem". Isso levou a mídia nos EUA dar ampla cobertura à exposição de Hirst. A exposição *Sensation* (*Sensação*), realizada na Academia Real Inglesa em 1997, foi levada para uma turnê mundial altamente aclamada. *A Thousand Years* e outras obras de Hirst foram incluídas nessa turnê. Em 1998, sua autobiografia (com 33 anos na época) e livro de arte *I Want to Spend the Rest of My Life Everywhere, with Everyone, One to One, Always, Forever, Now* (*Quero Passar o Resto da Minha Vida em Todos os Lugares, com Todas as Pessoas, Uma a Uma, Sempre, Para Sempre, Agora*), foi publicado. Em 2000, a escultura *Hymn* (*Hino*), que, segundo consta, foi comprada por Saatchi por 1 milhão de libras, recebeu posição de liderança na mostra *Ant Noises* (*Ruídos de Formiga*) na galeria Saatchi.

A relação profissional entre Saatchi e Hirst começou a desenrolar no momento em que a galeria Saatchi foi transferida em abril de 2003 para um novo espaço no prédio County Hall, em Londres, com uma exposição que incluía uma retrospectiva de Hirst. O artista se dissociou dessa retrospectiva, a ponto de não a incluir em seu currículo, e ficou furioso com o fato de um minicarro, decorado para finalidades filantrópicas com sua marca, estar sendo exposto como arte séria. Além disso, essa mostra arruinou uma retrospectiva de Hirst para o museu Tate Modern, de Londres, que ainda não havia sido anunciada. Em resposta à retrospectiva no County Hall, Hirst acusou Saatchi de ser "infantil" e declarou: "Eu não sou macaco de realejo de Charles Saatchi [...]. Ele só reconhece a arte com o que tem na carteira [...] ele acha que ele pode influenciar os valores da arte com seu poder aquisitivo, e continua acreditando que é possível fazer isso."

Após o rompimento entre os dois, Hirst começou a empreender um trabalho para se tornar mais independente de Saatchi, que ainda detinha um terço de suas primeiras obras. Em setembro de 2003, ele abriu a exposição *Romance in the Age of Uncertainty* (*Romance na Era da Incerteza*), na galeria White Cube, de Jay Jopling, em Londres, que aumentou seus bens, avaliados em 11 milhões de libras, para mais de 35 milhões de libras. Segundo consta, uma escultura, *Charity* (*Caridade*), havia sido vendida por 1,5 milhão de libras a um sul-coreano, Kim Chang-il, que pretendia exibi-la na galeria de sua loja de departamentos em Seul. A escultura de 6,7 metros e 6 toneladas baseou-se no modelo da instituição de caridade Spastic Society da década de 1960 — uma garota com aparelho ortopédico no joelho segurando uma caixa de coleta. Na versão de Hirst, a caixa de coleta é mostrada aberta e vazia.

Charity foi exposta no centro de Hoxton Square, em frente à White Cube. No andar térreo da galeria havia 12 vitrinas representando os apóstolos de Jesus. As caixas continham principalmente artigos repulsivos, em muitos casos manchados de sangue, pertinentes a cada apóstolo. Ao final, havia uma vitrina vazia, representando Cristo. No andar superior encontravam-se quatro caixas de vidro, todas com uma cabeça de vaca com tesouras e facas enfiadas. Essa mostra foi descrita como uma "experiência extraordinariamente espiritual", de acordo com a tradição da imagética católica.

Para controlar melhor a forma como sua obra poderia ser exibida e vendida, Hirst comprou de volta, por meio de Jay Jopling, 12 obras da coleção de Saatchi, que, segundo consta, lhe custaram mais de 8 milhões de libras. Hirst havia vendido essas peças para Saatchi no início da década de 1990 por um valor consideravelmente inferior. Em julho de 2004, Hirst fez o seguinte comentário a respeito de Saatchi: "Eu respeito Charles. Não existe na verdade uma rixa. Se topo com ele, conversamos, mas na verdade nunca fomos companheiros de copo." A longa e extremamente bem-sucedida relação entre Hirst e Saatchi chegara ao fim.

Os Anos Pós-Saatchi

Após o rompimento com Saatchi, Hirst começou a administrar e a conduzir sua própria carreira. A provocação foi o estilo pelo qual Hirst ficou conhecido, mas esse estilo criou seus próprios dilemas. Desde que a provocação não confrontasse com dogmas religiosos e políticos profundamente enraizados, Hirst tinha consciência sobre o poder de sua arte de atrair atenção sem correr o risco de provocar reações adversas. Em 10 de setembro de 2002, na véspera do primeiro aniversário dos ataques terroristas de setembro de 2011 ao World Trade Center, Hirst disse o seguinte em uma entrevista à *BBC News Online*:

> *"A questão com relação ao 11 de setembro é que esse acontecimento é por si só uma espécie de trabalho artístico [...]. É óbvio que é visualmente atordoante, mas até certo ponto temos de dar mão à palmatória, porque eles conseguiram uma coisa que ninguém nunca teria imaginado possível – particularmente em um país tão grande quanto os EUA. Por isso, de certa forma, eles meio que precisam ser congratulados, o que muitas pessoas esquivam-se de fazer, o que é uma coisa bastante arriscada."*

Na semana seguinte, depois da indignação pública perante seus comentários, ele divulgou uma declaração por meio de sua empresa, a Science Ltd:

> *"Sem reserva, peço desculpa por qualquer transtorno que eu tenha provocado, particularmente às famílias das vítimas dos acontecimentos desse dia terrível."*

Hirst acabou percebendo que as pessoas acostumam-se com provocações e impactos e que ele teria de encontrar uma maneira de dar maior credibilidade às suas obras de arte. Para estabelecer e garantir um mercado, uma postura já bem testada para um artista é construir uma ponte entre sua nova abordagem artística com referências relevantes da história da arte. Um artista será reverenciado e reconhecido pela **renovação** que está apto a fazer. Contudo, para que os consumidores de fato aceitem um artista, eles precisam ser tranquilizados quanto ao valor futuro esperado de seus investimentos nesse artista comparativamente a seus pares e predecessores históricos. Poder-se-ia dizer que, se é o artista que **quebra as regras**, é a história da arte que estabelece a **continuidade**. Essa combinação é fundamental para se ter sucesso duradouro no mercado de arte.

Em dezembro de 2004, *The Physical Impossibility of Death in the Mind os Someone Living* foi vendida por Saatchi para o colecionador americano Steve Cohen, por US$ 12 milhões (6,5 milhões de libras), em um acordo negociado por Gagosian, agente de Hirst em Nova York. Cohen, diretor de fundos *hedge* em Greenwich, emprestou a obra para o Museu de Arte Moderna de Nova York. *Sir* Nicholas Serota queria adquiri-la para a galeria Tate e Hugo Swire, ministro-sombra (paralelo) para as Artes, colocou em pauta a dúvida sobre se o governo permitiria que a obra fosse mantida no país. Contudo, os regulamentos de exportação do Reino Unido no que se refere a obras de arte não se aplicam a artistas vivos.

Após sua ruptura com Saatchi, Hirst parecia extremamente consciente da necessidade de ancorar sua reputação. Para esse intento, Hirst contou com o apoio de seu amigo e proprietário de galeria Jay Jopling, que o incentivou a trabalhar com obras de arte mais ambiciosas. Em junho de 2006, Hirst exibiu sua obra ao lado da obra de sir Francis Bacon (1909-1992) na galeria Gagosian, na Britannia Street, em Londres. Ao lado de uma série de trípticos de Bacon, Hirst expôs, dentre outros trabalhos, uma nova obra em formal intitulada *The Tranquility of Solitude* (*A Tranquilidade da Solidão*), que foi influenciada por Bacon. Utilizando o subtítulo "For George Dyer", uma referência a um famoso tríptico de Bacon, Hirst associou novamente sua obra à tradição britânica. Por meio dessa mostra, Hirst deu um grande passo em direção ao segmento estabelecido do mercado — clientes que podiam comprar uma obra de arte sua que associava temas novos e tradicionais.

Pelo Amor de Deus: O Projeto do Crânio Humano

Em maio de 2007, Hirst fez uma nova experimentação por meio da exposição *Beyond Belief* (*Inacreditável*) na galeria White Cute, em Londres. O destaque da mostra foi um crânio humano recriado em platina e adornado com 8.601 diamantes, no valor de aproximadamente 15 milhões de libras, um custo de produção que alargou as fronteiras da produção de arte contemporânea. *For the Love of God* (*Pelo Amor de Deus*), título atribuído a essa obra, foi oferecida por 50 milhões de libras. O crânio não foi vendido imediatamente. Porém, em 30 de agosto de 2008, um consórcio que incluía o próprio Hirst e a galeria White Cube o comprou.

O projeto do crânio permitiu que Hirst inovasse em duas dimensões. Primeiramente, ele relacionou sua obra com um dos temas mais populares da história da arte, o *memento mori*. Contudo, ele foi bem mais além do que qualquer outra obra *memento mori* já criada, no que diz respeito ao custo e à extravagância. As artes *memento mori*, originalmente criadas como lembretes da mortalidade dos seres humanos, foram bastante populares nos séculos XVIII e XIX. No entanto, raras vezes as obras desse tipo incorporaram pedras preciosas ou metais. Em segundo lugar, depois de vender o crânio para o consórcio, ele foi exibido em uma das casas mais bem estabelecidas da arte tradicional — o museu Rijks, em Amsterdã.

A mostra completa de *For the Love of God* no Rijks seguiu uma política de *marketing* bem planejada. A exposição foi divulgada na cidade inteira por meio de pôsteres e no museu o crânio foi apresentado em outra sala, ao lado dos ícones da história da arte Rembrandt, Vermeer e outros artistas holandeses famosos. Os visitantes tinham de aguardar na sala de Rembrandt até obter permissão para entrar. Depois de ver *For the Love of God*, eles eram encaminhados para outra sala, onde o artista havia organizado uma mostra em torno do tema *memento mori* utilizando obras clássicas do depósito do museu Rijks. Todas as obras *memento mori* receberam legendas com comentários do próprio Hirst, posicionando-se como um especialista do mesmo nível que os curadores do museu.

Ao sair das salas de exposição, os visitantes passavam pela loja do museu, onde podiam ver uma série de produtos relacionados com a mostra de Hirst. De camisetas a distintivos (*buttons*), de pôsteres a xícaras, Hirst oferecia uma linha completa de produtos, tornando *For the Love of God* acessível a todos os bolsos. A exposição parecia um empreendimento de ganho mútuo para Hirst e para o museu. No caso de Hirst, a honra e afirmação de expor no museu Rijks; no do museu, a possibilidade de atrair milhares de novos visitantes.

A Dança em Torno de Um Bezerro de Ouro: O Leilão da Sotheby's

Em meados de 2008, Hirst anunciou um novo e extraordinário lance, preterindo as galerias consagradas para sua mostra subsequente, *Beautiful Inside My Head Forever* (*Bonito para Sempre em Minha Mente*), em favor da casa de leilões Sotheby's. A galeria Gagosian, que havia vendido as obras de Hirst durante 12 anos, afirmou que participaria e daria lances e completou: "Como há muito tempo somos a galeria de Damien, aprendemos a esperar o inesperado."

As obras mais importantes foram *The Golden Calf* (*O Bezerro de Ouro*), um animal com chifres e cascos de ouro de 18 quilates, mantido em formol, e *The Kingdom* (*O Reino*), um tubarão-tigre em formol; havia outros animais preservados em formol, como uma zebra e um "unicórnio". As vendas incluíram pinturas de pontos e borboletas, muitas das quais com ouro e diamantes, que haviam começado a atrair a atenção dos críticos. Eles questionavam se essas peças seriam de fato obras de Hirst, tendo em vista a utilização cada vez mais crescente de assistentes de produção. Hirst defendeu-se, dizendo que o verdadeiro ato criativo é a concepção da arte, não a produção artística, e que, como **progenitor da ideia**, o artista **era ele**.

Em setembro de 2008, cerca de 21.000 pessoas visitaram as obras em oferta da Sotheby's. A primeira noite de venda do leilão, programado para durar dois dias, restringiu-se a 656 clientes com ingresso. Todos os 56 lotes em oferta na primeira noite foram vendidos por um total de 70,5 milhões de libras, superando a estimativa da Sotheby's de 65 milhões de libras. Os 10,3 milhões de libras obtidos com a venda da obra *The Golden Calf* bateram o recorde do leilão anterior de Hirst. A peça *The Kingdom* foi vendida por 9,6 milhões de libras, mais de 3 milhões de libras acima da estimativa. O segundo dia de venda, que ocorreu pela manhã e à tarde, levantou 42 milhões de libras, obtendo um total de 111 milhões de libras (198 milhões de dólares) para 218 peças. Só sobraram três peças (duas outras foram vendidas pessoalmente após o leilão). O sucesso do leilão superou as expectativas, **marcando um recorde mundial no leilão de obras de único artista**.

Ensinamentos para Gestores e Executivos

Durante toda a sua carreira, Damien Hirst quebrou as regras do setor de arte convencional e seu sucesso oferece inúmeros ensinamentos que podem ser aplicados pelas empresas. Grande parte das teorias e abordagens já consolidadas sobre estratégia competitiva concentra-se na forma como a empresa pode analisar as dinâmicas de um determinado setor e, em seguida, desenvolver uma abordagem para se posicionar **nesse** setor. Busca-se compreender em profundidade a concorrência estabelecida e desenvolver abordagens para superar as empresas incumbentes em dimensões como custos mais baixos ou maior diferenciação. De modo idêntico, as empresas são incentivadas a identificar a demanda de consumo existente e a atender a essa demanda mais rapidamente ou adequadamente do que as outras empresas. Embora essas abordagens sejam fundamentais, elas podem levar mesmo os gestores e executivos mais experientes a ignorar oportunidades para criar um segmento de mercado completamente novo. Tal como analisamos no capítulo sobre Tintoretto e o mercado de arte do século XVI, para uma em-

60 A FINA ARTE DO SUCESSO

presa identificar novos oportunidades de inovação estratégica, ela precisa fazer três perguntas, de acordo com a proposição de Markides (1997):

1. **Quem** são os clientes que no momento não estamos enxergando?
2. **Quais** são os produtos e serviços que não estamos percebendo?
3. Estamos cegos para novas **formas** (**"como"**) de conduzir nossos negócios?

Uma das primeiras rupturas de Hirst e Saatchi foi o reconhecimento de que o final do século XX havia visto o surgimento de consumidores de arte "não tradicionais" — um novo **quem** cujo atendimento por parte do mundo da arte contemporânea de artistas, *marchands*, curadores e galerias apresentava lentidão. Eram clientes, muitos dos quais de uma classe abastada relativamente nova do Oriente Médio, da Ásia e de outros mercados emergentes, que não compravam pelo prazer em si — eles investiam e esperavam obter uma boa margem de lucro quando decidissem revender a obra de arte. Tanto Hirst quanto Saatchi perceberam que uma questão em grande medida legítima para esses compradores no segmento superior do mercado de arte era o retorno esperado sobre o investimento — o grau de certeza com que uma obra de arte poderia ser vendida por um valor superior ao preço pelo qual havia sido adquirida. E a única forma de oferecer esse grau de certeza sobre o retorno esperado era criar produtos que tivessem uma marca sólida e especial.

Um dos clientes mais proeminentes de Hirst, que tinha consciência sobre o valor do investimento, foi Steve Cohen, o bilionário que comprou *The Physical Impossibility of Death in the Mind of Someone Living*, a escultura de Hirst do tubarão. "A ideia de que Steve Cohen, corretor norte-americano de fundos *hedge*, distante de uma forma hipnotizada de esnobismo cultural, pagaria, tal como foi anunciado, US$ 12 milhões por um terço de tonelada de um tubarão, em estado avançado de decomposição, é tão risível, que chega a ser impossível imaginar", escreveu o crítico de arte Robert Hughes em 13 de setembro de 2008 no jornal *Guardian*. "É claro que o valor de US$ 12 milhões não seria nada para Cohen, mas a ideia de pagar esse preço por peixe pútrido é uma verdadeira indecência". Mesmo que se critique o valor pago por esse tubarão (que nesse ínterim já havia começado a se decompor e foi substituído por um novo exemplar), Cohen tinha convicção do retorno sobre seu investimento, enquanto reconhecimento cultural do mais alto nível, se doasse a obra para o Museu de Arte Moderna.

Essa é uma questão importante que vale a pena avaliar. Uma observação extremamente cuidadosa e quase investigativa sobre clientes em potencial, e não sobre os existentes. Quem são os clientes mal-atendidos ou já saturados pelas ofertas do mercado existente ou que ainda não foram percebidos pelo concorrente já estabelecido no mercado? Pense na abordagem empregada pela MAN Ferrostaal de atender a um novo segmento de clientes, de seguradoras e de investidores de capital de risco, até aquele momento mal-atendidos. A MAN Ferrostaal é uma empresa internacional que fornece serviços e sistemas industriais para o mercado mundial. Fundamentada em suas várias décadas de experiência e apoiada por uma rede mundial de subsidiárias e parcerias, a MAN Ferrostaal, atuando tanto como empreiteira ou consorciada, especializou-se no fornecimento de equipamentos extremamente caros e prontos para uso para indústrias petroquímicas, indústrias metalúrgicas e instalações do setor de gás e petróleo bruto. Por tradição, os clientes desse setor são produtores de gás, petróleo ou produtos químicos de capital fechado ou empresas estatais.

A MAN Ferrostaal identificou a oportunidade de investir em um novo segmento de clientes quando foi procurada pela Colonial Life Insurance Company (Trinidad) Limited (CLICO). A CLICO estava buscando oportunidades de investimento em Trinidad. A MAN Ferrostaal, como empresa contratante e de engenharia financeira, criou um projeto, que envolvia planejamento, financiamento e operação de uma fábrica de metanol e com o tempo a comercialização dos produtos correspondentes. Ela tinha capacidade para acrescentar valor a esse projeto não apenas administrando a parte financeira, mas também formando uma parceria e assumindo o controle acionário e, portanto, criando um modelo de negócio totalmente novo.

Isso só foi possível por meio de um entendimento comum e um método de parceria bastante afinado entre a MAN Ferrostaal como empreiteira, a CLICO como cliente, a PROMAN como gerenciadora de projetos e empresa de construção e a Kreditanstalt fuer Wiederaufbau (KfW), responsável pelo esquema de financiamento customizado dos projetos. Hoje, a transferência do "modelo de Trinidad" para outros mercados é uma das atividades centrais da MAN Ferrostaal, e a empresa está trabalhando ativamente para identificar e aproximar-se de seguradoras e investidores de capital de risco do mundo inteiro.

Outro lampejo inicial de Hirst foi o reconhecimento do fato de que, ao final do século XX, o mundo estabelecido da arte passou a definir as "obras de arte" de uma maneira um tanto quanto estreita. Nos primeiros anos da carreira de Hirst, tanto ele quanto seu colaborador Charles Saatchi identificaram a necessidade de criar um novo **"o que"** — imagens, símbolos e sinais que os compradores reconhecessem como únicos, independentemente de sentirem atração por eles. Essa tática foi refinada por Saatchi por meio de sua experiência como diretor de uma agência de publicidade e propaganda e encaixou-se perfeitamente bem no potencial extrovertido e provocativo de Hirst enquanto artista.

62 A FINA ARTE DO SUCESSO

Embora a exposição de animais — **vivos** e **mortos** — em museus, aquários, jardins zoológicos e em mostras científicas já existisse há séculos, o mundo da arte ainda se mantinha em grande medida cego à possibilidade de incorporar elementos biológicos. Ao utilizar animais e partes de animais em suas esculturas e em outros objetos de arte, Hirst tirou "a venda" da tradição artística e criou um estilo artístico nunca visto. Quando organizou a mostra *Freeze*, Hirst, ainda um artista jovem, disse: "Não vejo a hora de atingir uma posição em que possa produzir obras artísticas verdadeiramente malvadas e me dar bem com isso. No momento, se eu produzisse determinadas coisas, as pessoas olhariam, avaliariam e então diriam 'sai fora'. Porém, depois de algum tempo a gente consegue se dar bem."

A escultura do tubarão de Hirst tornou-se um ícone da arte britânica da década de 1990 e símbolo dos artistas jovens britânicos no mundo inteiro. Mesmo se o tubarão pudesse ser visto em um aquário ou como um espécime preservado em uma exposição zoológica, qualquer artista que tentasse reproduzir o conceito de Hirst seria visto até certo ponto como um plagiador conceitual. Com o projeto

For the Love of God, parecia que Hirst não estava apenas tentando criar uma associação mais íntima de sua obra com a tradição — ele estava também testando os limites do próprio mercado. Seria possível o mercado aceitar uma obra com uma nova concepção artística e um custo de produção de 15 milhões de libras, superior ao custo de praticamente qualquer outra obra de arte até aquele momento, por um preço de tabela de 50 milhões de libras, que representava um aumento de **230%**?

O grau de resistência à obra de Hirst indicava o grau de cegueira do mundo estabelecido da arte para as grandes oportunidades comerciais que então surgiam do novo **"o que"** criado por Hirst e Saatchi durante a década de 1990. O proeminente crítico de arte Robert Hughes criticou Hirst, afirmando que ele era responsável "pelo declínio da arte contemporânea", e o renomado político britânico Norman Tebbit, ao comentar sobre a mostra *Sensation*, escreveu: "Será que eles endoideceram por completo? As obras do 'artista' são massas informes de animais mortos. Milhares de artistas jovens não tiveram oportunidade de sucesso, presumivelmente porque sua obra era muito atraente para pessoas lúcidas. Os especialistas em arte moderna nunca aprendem." Entretanto, Hughes, Tebbit e muitos outros críticos altamente respeitados da arte **estabelecida** pareciam cegos para uma realidade emergente — em um momento em que a quantidade de arte em produção estava explodindo, a exploração comercial bem-sucedida da arte não dizia mais respeito, essencialmente, à transferência do significado interior do artista.

A ideia de Hirst não era produzir acima de tudo um corpo de obras sólido e sustentável, como os artistas Paul Klee, Picasso ou Barnett Newman.

Mesmo as modernas táticas de produção de Andy Warhol e sua fábrica ou de Jeff Koons não pareciam atraentes para Hirst no início de sua carreira. Aliás, ao que tudo indica, o principal objetivo de Hirst era estabelecer uma marca própria por meio de **provocações diretas** e em muitos casos **chocantes**. O que ele demonstrou, e o que deixou vários críticos perplexos, foi o fato de existir um mercado multimilionário para obras artísticas que incorporavam carne em decomposição, larvas de mosca, ovelha morta e toda a sorte de matérias-primas "exclusivas" que alargavam as fronteiras do significado da arte. O mundo da arte contemporânea parecia afastar a possibilidade de utilização desses materiais de sua consciência coletiva.

No caso das empresas, essas mesmas perguntas e observações servem como ponto de partida. O que o cliente de fato deseja? O cliente é capaz de falar sobre e expressar suas necessidades? Fazer essas perguntas aos clientes é apenas uma das formas de identificar novos produtos ou serviços. É igualmente importante desenvolver uma profunda percepção sobre o negócio do cliente e sobre como ele está atendendo às necessidades de seus próprios clientes. Nesse sentido, a empresa pode pensar à frente e identificar novos serviços para oferecê-los antes mesmo que os clientes pensem a respeito. É claro que você pode observar o cliente, como ele está utilizando ou não seus produtos atuais, adaptá-los à situação do cliente etc. Pense nas empresas holandesas Douwe Egberts e Philips, que juntaram forças para introduzir no mercado uma das cafeteiras mais bem-sucedidas de todos os tempos — a **Senseo**.

Em meados da década de 1990, a Douwe Egberts estava enfrentando dificuldades com a receita do café para coador *Roodmerk*. Diante disso, a empresa conduziu uma pesquisa de mercado junto a um grupo representativo de apreciadores de café. Embora a pesquisa tenha demonstrado que os consumidores finais gostavam de café, foram constatadas com uma frequência notável três menções: o desejo de ter um sistema que produzisse uma única xícara de café, a vontade de que a experiência de tomar café em casa fosse semelhante a tomar café fora e o desejo de ter um sistema conveniente que exigisse apenas o pressionamento de um botão. Essas questões não significavam necessariamente que era preciso mudar o sabor do café, mas que a forma de tomar café e o comportamento dos clientes da Douwe Egberts haviam se transformado. De acordo com Margret, uma das integrantes da equipe de gerentes de produtos da Douwe Egberts na época:

"Nós já tínhamos um café de alta qualidade. Mas sabíamos que só faríamos diferença se pudéssemos servir esse café para um novo tipo de cliente, de uma maneira completamente nova — um conceito que criaria uma revolução no mercado e seria tão diferente, que pelo menos durante alguns anos a Douwe Egberts seria a única empresa a atender o mercado com esse conceito."

64 A FINA ARTE DO SUCESSO

Ao examinar os resultados dessa pesquisa de mercado, o departamento de *marketing* da Douwe Egberts vislumbrou a possibilidade de criar valor por meio de um novo produto (um novo **o que**). Refletindo cuidadosamente sobre um conceito que vinculasse os resultados a uma imagem abrangente de produto, eles conseguiram pensar em uma "cafeteira" completa, que chamaram de *Senseo*. Projetada em parceria com a divisão de eletrodomésticos da Philips, a cafeteira *Senseo* foi concebida para aquecer a água a uma temperatura adequada e dispensar o café depois de preparado utilizando uma pressão suave e uma pulverização especial para produzir uma camada de espuma exclusiva. Essa camada, semelhante a um expresso, criava a sensação de estar tomando café fora de casa. A aparência da máquina também se distinguia claramente das máquinas de café comuns e era fácil de operar — tinha apenas três botões para ligar/desligar e escolher o tipo de café. Outra característica exclusiva da cafeteira era a possibilidade de remover o reservatório de água. Assim, ficaria mais fácil enchê-lo embaixo da torneira. Esse reservatório destacável, com capacidade para 750 mililitros de água, permitia que os consumidores fizessem cinco xícaras de café sem precisar enchê-lo novamente. Contudo, essa máquina representava apenas metade do sistema. A outra exigia o desenvolvimento de sachês especiais de café contendo uma medida para uma única xícara de café. Originalmente, havia três opções de sachê para a máquina *Senseo* da Douwe Egberts: suave, normal e forte e também descafeinado.

Por meio do desenvolvimento e do lançamento do sistema completo da *Senseo*, a Douwe Egberts e a Philips assumiram sua base de clientes e poderiam então crescer; os tomadores de café casuais seriam atraídos pela facilidade do sistema e assim os tomadores de café individuais ou "desacompanhados" — no escritório ou em casa — poderiam passar a consumir mais café em vista da possibilidade de fazer só uma única xícara. E a equipe de desenvolvimento da cafeteira *Senseo* estava certa — as vendas reais do sistema completo superaram todas as expectativas. Catorze meses após o lançamento, cerca de 2,2 milhões de sistemas *Senseo* da Philips foram vendidos e as vendas anuais subsequentes giraram em torno de 2 milhões de unidades em média. Com um preço de varejo médio de 80 libras, esse sistema arrecada uma receita anual de vendas de 160 milhões de libras. Para a Douwe Egberts, o crescimento foi também impressionante: a receita da venda de sachês no primeiro ano foi superior a 30 milhões de libras, crescendo rapidamente para um montante anual de vendas de 100 milhões de libras no espaço de três anos. Ao oferecer aos seus clientes um novo **"o que"** — **uma cafeteira doméstica completa, com preço acessível e fácil de usar** —, a Philips e a Douwe Egberts conseguiram se diferenciar dos concorrentes e colheram lucros significativos.

Hirst, contudo, não questionou apenas os fatores **"quem"** e **"o que"** do mundo estabelecido da arte. Ele também contestou as abordagens estabelecidas da forma **como** as obras de arte deveriam ser expostas, produzidas e vendidas. Desde o começo, Hirst adotou um caminho diferente para acessar os consumidores de arte. Em vez de utilizar somente a forma tradicional de distribuição de obras por meio de *marchands*, ele adotou igualmente o papel de curador.

Embora antes o papel do curador fosse selecionar e com frequência interpretar as obras de arte redigindo classificações, ensaios de catalogação e outros conteúdos de apoio para as exposições, o surgimento de artistas que também organizavam exposições e de curadores-*marchands* que possuíam galerias estava mudando esse papel. Hirst percebeu essa nova importância do curador, particularmente do marchand-curador em um mercado em que faltava transparência e em que predominavam relações comerciais de longo prazo. Ao identificar essa tendência, Hirst assumiu um duplo papel, sendo ao mesmo tempo o curador e o artista que criava as obras de arte para suas mostras. Conquanto esse conceito não fosse totalmente novo, Hirst o elevou para um novo patamar e o aplicou de maneira distinta.

A adoção de Hirst do papel de curador parece ter sido uma resposta à mudança de poder no setor de arte. Por volta da década de 1990, a arte contemporânea do segmento superior era comercializada de duas formas: por meio de um mercado "primário" de *marchands* privados e *marchands*-curadores que ofereciam obras provenientes diretamente do ateliê dos artistas por intermédio de salas de exposição próprias, galerias privadas e mostras de arte como a Bienal de Veneza, a Exposição de Arte da Basileia e a Exposição de Arte Frieze de Londres; e por meio de um mercado "secundário" de marchands e casas de leilões que revendiam objetos de arte. Alguns marchands primários também haviam começado a abrir empresas secundárias de revenda no "fundo" de suas salas de exposição e galerias para seus artistas favoritos. Era fundamental para o sucesso dos marchands primários ter capacidade para gerenciar uma complexa rede bilateral — de um lado estavam os artistas consagrados e de alto potencial e, do outro, um grupo de colecionadores abastados e influentes.

Praticamente ainda não se tinha ouvido falar de artistas que ofereciam suas novas obras diretamente nos leilões, e o mercado secundário de leilões e *marchands* concentrava-se na revenda da obra de artistas que já haviam estabelecido uma reputação no mercado primário. Para as casas de leilões e marchands secundários, o fator-chave de sucesso era obter e vender obras de arte de alta qualidade, e eles atraíam vendedores porque tinham habilidade para vender para uma rede global de colecionadores e conseguir preços altos.

66 A FINA ARTE DO SUCESSO

A importância crescente de proeminentes marchands-curadores, como o londrino Jay Jopling, dono da galeria White Cube, no sentido de influenciar o mercado primário e definir os parâmetros de talento artístico restringiu a possibilidade de os artistas individuais construírem **marcas pessoais**. Além disso, a explosão do número de artistas formados e qualificados no Reino Unido era um indício da dificuldade crescente de construir um nome respeitado. Ainda que dez ou vinte anos antes o mercado primário de marchands tivesse atendido aos artistas com o objetivo de promover os aspectos exclusivos de sua obra, no início da década de 1990 os *marchands*-curadores começaram a usar os artistas para salientar seus próprios conceitos e moldar tendências artísticas por meio de galerias abertas ao público. Nesse sentido, os *marchands*-curadores e as galerias privadas proeminentes ganharam poder crescente com respeito à sua habilidade para transformar um talento artístico promissor em "sucesso ou fracasso".

O complexo processo de filtragem pelo qual os artistas ganharam aceitação no segmento superior do mercado da arte contemporânea foi chamado pelo setor de "legitimação" e, sem o endosso de *marchands*-curadores proeminentes e de galerias privadas, era praticamente impossível os artistas jovens conseguirem expor nas principais mostras de arte e serem colocados em um museu público de arte moderna como o Museu Metropolitano de Arte de Nova York ou o Tate Modern de Londres — o selo máximo de aprovação. Portanto, em um mercado em que faltava transparência e predominavam relações comerciais de longo prazo, havia necessidade de redefinir as regras com o objetivo de criar um novo segmento de mercado.

Percebendo que uma exposição de arte poderia ser aproveitada como uma experimentação artística em si, Hirst criou conceitos de exposição de marca e usou seus colegas artistas para contribuir e construir o **conceito** que ele tinha de uma determinada mostra. Hirst percebeu que precisava redefinir as regras para criar um novo segmento de mercado. Para isso, começou a fazer exposições como curador e em seguida aproveitou essas mostras para "legitimar" sua própria obra — uma abordagem original que contestou as regras estabelecidas tanto de artistas quanto de curadores.

Hirst criou um novo **como** em termos de produções artísticas. Muito já foi escrito sobre o uso inovador de Hirst de "novos" materiais, especialmente de animais, mas ele também inovou em relação aos métodos de produção. Embora Hirst tenha participado fisicamente da produção de suas obras iniciais, ele sempre precisou de assistentes. Contudo, no final da década de 1990, o crescente volume de produção passou a exigir uma "fábrica". Hirst começou então a trabalhar de perto com sua principal empresa de produção artística, a Science Ltd. Ainda que a produção de "fábrica" tenha sido usada por outros artistas proeminentes ao longo da história, Hirst talvez tenha sido

HIRST – O TUBARÃO ESTÁ MORTO **67**

único com relação à sua contribuição mínima para várias de suas obras. Em 1999, ele disse publicamente que havia pintado cinco unidades ou mais de suas 300 pinturas de pontos porque "não tinha saco para isso"; ele descreveu seus trabalhos como uma "merda" — "Eles são uma merda em comparação com [...]. A melhor pessoa que já pintou pontos para mim foi Rachel [Howard]. Ela é brilhante. Absolutamente brilhante. A melhor pintura de pontos que alguém pode obter de mim é a pintada por Rachel." Com relação ao valor artístico de suas pinturas giratórias em *Life and Death and Damien Hirst* (*Vida e Morte e Damien Hirst*), ele declarou: "Elas são brilhantes e ao mesmo tempo simplórias — mas no final das contas não há praticamente nada nelas." Hirst uma vez contou uma história sobre uma pintora assistente que estava indo embora e lhe pediu uma de suas pinturas de pontos: "Eu lhe disse para que ela mesma fizesse uma. E ela me respondeu: 'Não, eu quero uma sua'. Mas a única diferença entre uma pintada por ela e uma minha é o valor."

Hirst acreditava que os artistas modernos estavam em grande medida cegos para um novo **como** — a venda de arte contemporânea por meio de casas de leilões mundiais. Em meados de 2008, Hirst anunciou um passo extraordinário, preterir os marchands/galerias primários já estabelecidos em favor de sua mostra *Beautiful Inside My Head Forever*, que contou com a cooperação da casa de leilões Sotheby's. Essa atitude foi um choque para os *marchands* primários — durante várias décadas seguiu-se um modelo tradicional, em que os *marchands* vendiam as obras para colecionadores, para que estes (em algum momento) as vendessem para casas de leilões e para que estas as vendessem para *marchands* "secundários", que então as venderiam para colecionadores ou galerias públicas. Os colecionados "sérios" do mercado primário normalmente vendiam as obras por um dentre três motivos — morte, divórcio ou dívida (conhecidos no setor como os 3Ds, de **death**, **divorce** ou **debt**). O interesse dos *marchands* primários era construir a carreira de um grupo de artistas individuais, ao passo que o objetivo das casas de leilões e dos *marchands* secundários normalmente era tentar obter o maior preço possível.

O "consumo" de arte já existe há milênios. Entretanto, na virada desse último milênio, foi possível definir três níveis de consumo de arte: **observadores**, **colecionadores** e **investidores**. Os observadores apreciavam a arte em galerias públicas e privadas, mas não compravam obras de arte assiduamente, em especial no segmento superior do mercado. Os colecionadores as compravam com frequência e as possuíam por prazer, como uma forma de consumo pessoal, e podiam ser classificados de acordo com sua fortuna. Os indivíduos com grande patrimônio líquido até então sempre haviam sido um segmento importante de colecionadores, e os "novos" colecionadores em geral provinham da classe de novos-ricos empreendedores e de econo-

68 A FINA ARTE DO SUCESSO

mias emergentes como a Rússia, China e Índia. Estava surgindo também o que o setor chamou de "segmento de massa afluente", que comprava obras de arte no valor de 3.000 libras ou menos. Os investidores, tanto os individuais quanto os institucionais, compravam obras como uma forma alternativa de investimento e a expectativa de obter lucro por meio do movimento ascendente dos preços das obras ao longo do tempo. Eles podiam procurar retornos de longo prazo mantendo um objeto de arte por muitos anos ou agir de uma maneira mais especulativa "lançando ao ar" uma obra logo após a compra, tal como uma moeda, para obter um retorno a curto prazo.

Os colecionadores que compravam no mercado primário em geral tinham "disposição para assumir riscos", estimulados pela perspectiva de adquirir uma obra-prima, ou eram colecionadores que queriam ter acesso preferencial à produção de um artista estabelecido. Os colecionadores primários que rapidamente "lançavam ao ar" a obra comprada para obter lucro em um leilão não eram vistos com bons olhos e muitas vezes podiam ser impedidos de acessar novas obras no futuro. Os *marchands* privados do mercado primário normalmente davam tratamento preferencial aos colecionadores dispostos a comprar um grande número de obras de um determinado artista, e esse tratamento com frequência incluía acesso direto aos próprios artistas, em jantares promovidos pelos artistas ou em visitas ao seu ateliê. A arte é um produto cujo *status* é influenciado pelo *status* ou pela reputação dos donos. Por isso, os *marchands* primários tinham interesse em fazer de tudo para que a obra de um artista específico fosse posicionada corretamente.

Os *marchands* primários tinham especial interesse em posicionar as obras em galerias públicas de arte moderna. Nesse caso, a galeria Metropolitana de Arte Moderna de Nova York era o juiz supremo do reconhecimento de um artista. Contudo, a influência de instituições como o Tate Modern no Reino Unido e o Centre Pompidou na França era também crescente. Por seu poder e influência, as galerias públicas tinham condição para pedir "descontos" aos *marchands* primários. Por isso, aos olhos de muitos *marchands*, o comprador ideal era um colecionador privado abastado, com recursos para pagar o preço integral de mercado de uma obra de arte, e que houvesse manifestado o interesse de doar toda ou parte de sua coleção para um museu de arte público respeitado. Obter acesso a um museu de arte público importante representava não apenas um reconhecimento do mais alto nível para um artista, mas também um repositório final de uma obra, visto que a venda posterior dessa obra para galerias públicas de renome era coisa rara. Por seu turno, a "saída" de uma obra do mercado aumentava a escassez de obras em circulação, influenciando positivamente as vendas futuras do artista e do *marchand* primário.

No mercado de *marchands* secundários, os colecionadores tendiam a considerar o mercado primário sombrio ou moroso ou então eram investidores que gostavam da tranquilidade oferecida por um mercado mais transparente. Todavia, o papel dos *marchands* secundários erodiu por algum tempo e os compradores finais do mercado secundário passaram a participar cada vez mais de leilões. As casas de leilões também haviam estabelecido atividades de venda privada (isto é, não relacionadas aos leilões) — em 2007, a Christies arrecadou em vendas privadas US$ 542 milhões e a Sotheby's, US$ 720 milhões. E segundo alguns analistas do setor as vendas privadas poderiam vir a representar mais de 20% das receitas das casas de leilões por volta de 2010. Tanto a Sotheby's quanto a Christies ofereciam serviços de consultoria para clientes abastados com o objetivo de fortalecer seus portfólios de obras de arte, do mesmo modo que o fizeram muitos bancos privados. Ao se pronunciar a respeito do leilão da Sotherby's, Hirst disse o seguinte: "É uma maneira bastante democrática de vender arte e parece uma evolução natural da arte contemporânea. Embora haja algum risco, eu aceito o desafio de vender minha obra dessa forma." Após o leilão da Sotheby's, Hirst deixou implícito em inúmeras entrevistas que acreditava que a arte contemporânea havia se tornado exageradamente cara — inclusive sua própria obra. Ao final de 2008, os contratos foram renovados para apenas 5 dos 25 assistentes que haviam trabalhado com Hirst na Science Ltd., em vista da conclusão programada de determinadas séries artísticas, como os armários de remédio e as pinturas giratórias e de borboletas. Alguns críticos de arte sustentaram que isso estava ocorrendo por causa da oferta excessiva, que havia começado a influenciar negativamente os preços de algumas das obras de Hirst de "produção em massa", e que isso quase sem dúvida impulsionaria o valor das obras nos futuros leilões.

A questão sobre a forma como uma empresa oferece valor ao cliente é fundamental e pode apresentar várias saídas para a inovação estratégica. Basta refletir sobre os métodos de distribuição que você utiliza, os métodos de estoque, os métodos de produção/fabricação ou os métodos de *marketing*. Em cada uma dessas dimensões você tem oportunidade de quebrar as regras do jogo, conceber um método ou abordagem radicalmente diferente e, portanto, inovar estrategicamente. Pense, por exemplo, na zopa.com, plataforma londrina de empréstimo de pessoa para pessoa. Um bom exemplo dessa abordagem foi a entrada da Route Mobiel (ou Mobile) no mercado de assistência automotiva nas estradas, na Holanda. A Route Mobiel foi fundada pelos empreendedores Michel Muller e Marc Schröder, que eram conhecidos na Holanda como "concorrentes monopolizadores". Eles já tinham tentado entrar em um setor estabelecido, e em 2000 lançaram a cadeia de postos de gasolina baratos com bombas de autosserviço, sem funcionários, sob a marca Tango. Eli-

70 A FINA ARTE DO SUCESSO

minando os elementos que elevam os custos, como pessoal, eles conseguiram diminuir o preço da gasolina e entrar na briga com concorrentes estabelecidos. Por volta de 2004, havia mais de 100 postos de gasolina Tango, sem nenhum funcionário.

A Route Mobiel entrou no mercado holandês para desafiar o quase monopólio da ANWB, que havia dominado o setor durante décadas como um quase monopólio. Até 2004, a ANWB nunca havia experimentando um ano em que tivesse perdido algum membro. Porém, com a entrada da Route Mobiel, a associação viu dezenas de milhares dos membros refugiarem-se na concorrência ou simplesmente descontinuarem sua afiliação. O novo concorrente anunciou que ofereceria assistência à beira da estrada com a "mesma qualidade" da ANWB por um preço **42% inferior**. Para cumprir essa promessa, a Route Mobiel foi obrigada a dispor de um modelo de negócio que tivesse um preço radicalmente baixo, com apenas dez funcionários em tempo integral, em comparação com os 4.300 da ANWB.

O setor de serviços de assistência automotiva nas estradas foi tradicionalmente dominado pela ANWB, e não havia nenhuma alternativa real em nível nacional para os motoristas de automóvel até meados da década de 1990. Basicamente, havia três opções de assistência nas estradas: tornar-se membro da ANWB, chamar o serviço de assistência automotiva oferecido pelas marcas (por exemplo, a assistência da Volvo) ou procurar uma oficina local. A ANWB e algumas marcas de automóveis eram os únicos prestadores de serviços de assistência automotiva nas estradas de todo o país. Dos seis milhões de automóveis existentes na Holanda por volta de 2004, cerca de quatro milhões eram membros da ANWB.

A proposição de valor da ANWB para o cliente estava ancorada em um bom nível de atendimento e qualidade e na imagem de um grupo confiável e fidedigno com vários anos de experiência no setor de serviços de assistência automotiva. A ANWB oferecia cobertura em todo o país por meio de uma ampla rede de telefones à beira das estradas e utilizava mecânicos treinados internamente para oferecer esses serviços. A ANWB mantinha 1.100 carros em tempo integral, equipados com todos os tipos de ferramenta e peças sobressalentes. Quando enfrentavam algum problema, os membros entravam em contato com a central de atendimento e um veículo de assistência era encaminhado pela central para consertar o carro no local. Quando não era possível consertá-lo, a ANWB rebocava o veículo até a oficina de serviços de assistência automotiva afiliada mais próxima. A central de atendimento da ANWB estava preocupada em otimizar a comunicação com os clientes, tanto por telefone quanto por *e-mail*. Foram processados mais de 300.000 *e-mails* e mais de 1.000.000 de chamadas telefônicas em 2003. Uma pesquisa de mercado revelou que cerca de 70% dos membros da ANWB mantinham a assinatura principalmente por causa dos serviços de socorro aos carros quebrados.

Além da assistência básica e dos serviços de emergência à beira das estradas, a ANWB também oferecia o Logicx, um serviços 24 horas para o transporte de veículos quebrados e locação de curto período de carros de substituição. Esse departamento trabalhava de perto com a central de emergência da ANWB e tinha em torno de 850 carros para locações de curto período. Adicionalmente, a empresa fornecia uma série de produtos de seguro automotivo e não automotivo, vendidos por sua subsidiária Unigarant, e serviços de viagem nacionais e internacionais, oferecidos pela ANWB Travel. A publicação da revista, dos mapas e de outros conteúdos informativos da ANWB era administrada pelo departamento Multimedia Publishing (MMU) da empresa, embora a demanda por mapas e outras informações impressas estivesse diminuindo gradativamente com o uso crescente de sistemas de navegação por satélite de preços acessíveis, da Internet e de ferramentas *on-line* como o Google Maps. Os membros da ANWB também tinham acesso aos serviços jurídicos oferecidos pela empresa, em caso de processos jurídicos relacionados com os carros. As aulas de direção eram oferecidas pela ARO, autoescola da ANWB, que concorria com autoescolas privadas.

Quando a Route Mobiel entrou no mercado holandês de **serviços de assistência nas estradas**, a empresa posicionou-se em grande medida como fornecedora de serviços de baixo custo voltada exclusivamente para serviços de assistência à beira das estradas. A empresa oferecia um serviço básico de assistência automotiva, por uma taxa de 50 euros por ano, bem abaixo dos 82 euros que a ANWB estava cobrando. A proposição de valor da Route Mobiel para o cliente estava ancorada em um serviço de assistência básico, com vários aspectos flexíveis para atender às necessidades de diferentes clientes, que podiam firmar contratos mais adequados às suas necessidades pessoais. Além disso, eles só pagavam pelos componentes que haviam escolhido. Ao mesmo tempo, a Route Mobiel criou um modelo de negócio com pouco investimento, aproveitando recursos e serviços de terceiros, o que lhe permitiu manter os preços baixos. Na época em que entrou no mercado, a empresa empregou apenas dez pessoas.

Os serviços oferecidos inicialmente pela Route Mobiel eram bem mais limitados se comparados aos do pacote básico da ANWB, visto que não oferecia revistas, mapas, afiliação a clubes de golfe, aulas de habilitação e assim por diante. Com a maior penetração dos telefones móveis, não era necessário investir e manter uma infraestrutura telefônica como a que a ANWB possuía. Muller e Schröder visavam principalmente aos clientes interessados apenas nos serviços de assistência nas estradas e pretendia eli-

72 A FINA ARTE DO SUCESSO

minar os serviços "complementares" por acreditar que eles não ofereciam o recurso funcional básico — a **assistência nas estradas**. Com essa postura, poderia oferecer um serviço mais barato.

A Route Mobiel concebeu uma forma de terceirizar o serviço para o qual a empresa havia sido criada — assistência nas estradas. Diferentemente da ANWB, que possuía 1.100 veículos com serviços completos, a Route Mobiel criou um relacionamento comercial com um grupo de oficinas independentes, formando um único empreendimento, a Europ Assistance, que também podia oferecer rápida assistência nas estradas. A princípio, a Europ Assistance foi criada primordialmente para remover os carros com defeito ou danificados das rodovias. Entretanto, no início de 2000, já tinha contratos com várias empresas de locação de automóveis para oferecer serviços de reparo nas estradas. Por meio dessa relação com a Europ Assistance, a Route Mobiel poderia acessar 1.300 mecânicos em 180 locais da Holanda, sem nenhum investimento direto em veículos de apoio ou no treinamento de mecânicos. Nos casos em que não era possível consertar o veículo à beira da estrada, os carros com defeito eram levados para uma oficina ou à residência do afiliado. A Route Mobiel só precisava pagar à Europ Assistance o valor correspondente aos serviços fornecidos e, portanto, podia adaptar seus custos à flexibilidade nas vendas. A ANWB, em contraposição, tinha em sua folha de pagamentos uma equipe permanente de mecânicos.

A ampla rede de mecânicos da Route Mobiel permitia que os agentes da empresa oferecessem assistência nas estradas em menos de 30 minutos, em mais de 90% dos casos. Um teste realizado pela organização de defesa do consumidor (*Consumentenbond*) demonstrou que a Route Mobiel na verdade era mais rápida do que a ANWB. Em 71% dos casos, os agentes da Route Mobiel chegavam ao local da prestação de assistência em 30 minutos, em comparação com os 64% da ANWB. Além de prometer preços mais baixos e maior rapidez no tempo de atendimento, a Route Mobiel oferecia uma flexibilidade bem maior com relação ao cancelamento e à duração dos contratos, ao número de motoristas de um mesmo carro, ao leque de coberturas, bem como deduções em caso de não utilização dos serviços e taxas mais baixas para afiliados que possuíam um segundo carro. Esse conceito era bastante novo para um mercado em que antes havia uma abordagem única para todos os casos. A Route Mobiel ofereceu a possibilidade de os clientes obterem serviços por um período mínimo de três meses, sem a obrigatoriedade da taxa de afiliação exigida pela ANWB. A Route Mobiel começou com a oferta de contratos flexíveis (de três ou doze meses). Na ANWB, os membros eram obrigados a aceitar determinados serviços que talvez não fossem necessários, e sempre pelo período de um ano.

A Route Mobiel oferecia serviços de assistência automotiva na Europa sem obrigar o afiliado a também adquirir serviços de assistência na Holanda. Além disso, a empresa lançou serviços para as férias de verão, ao constatar que na Holanda muitas famílias viajam de carro para outros países (da Europa) somente uma vez ao ano e, portanto, não deveriam pagar pelo restante do ano. O preço correspondente aos meses de junho, julho e agosto era 14,50 euros e cobria 44 países. Nesse sentido, a Route Mobiel conseguiu oferecer um preço mais baixo para serviços que os clientes valorizavam mais.

Outra diferença é que os serviços de assistência automotiva oferecidos pela ANWB eram cobrados por pessoa. A Route Mobiel cobrava suas taxas por "placa de automóvel" e oferecia também deduções para quem não usasse os serviços ao longo do ano (até 15%). Contudo, se fossem usados vários serviços no decorrer do ano, esses custos poderiam ser cobrados do cliente e o contrato poderia ser rescindido. A Route Mobiel também oferecia aos novos clientes o serviço de cancelamento de contrato com a ANWB. Em 2004, essa estratégia foi discutida na Câmara dos Deputados da Holanda porque a ANWB não aceitaria os cancelamentos da Route Mobiel. Isso provocou grande agitação em torno da marca na mídia holandesa, que foi vista positivamente pela Route Mobiel. O clímax dessa disputa ocorreu exatamente antes de 15 de novembro, data de vencimento das afiliações anuais da ANWB.

Em 2004-2005, a ANWB perdeu mais de 127.000 membros para a Route Mobiel, que previa atingir 250.000 membros até o final de 2007 e 500.000 até o final de 2009. O diretor executivo da ANWB, G. van Woerkom, declarou: "Realmente devemos ficar preocupados com isso e também com o nosso emprego." Embora a ANWB com o tempo tenha conseguir estabilizar a perda de afiliados, isso ocorreu à custa de suas margens de lucro, visto que a empresa precisou concorrer mais agressivamente em matéria de preço. Em 2006, o diretor executivo anunciou um novo plano para cortar custos, enxugar suas atividades e melhorar o desempenho financeiro da ANWB. Cerca de 300 mecânicos perderam o emprego e tiveram de trabalhar de acordo com um modelo de franquia, a estrutura organizacional formal com as unidades de negócios foi mudada e, em 2007, a empresa entrou em um acordo com os sindicatos trabalhistas sobre um novo contrato de emprego coletivo para os funcionários de várias unidades de negócios. Entretanto, a despeito dessas medidas, em 2007 e 2008 a empresa estava atolada em prejuízos financeiros.

Conclusão

A estratégia adotada por Hirst, que a princípio recebeu o apoio de Saatchi e foi amplamente financiada por ele, testemunhou o surgimento de um novo segmento de mercado em que Hirst era **pioneiro** e **único**. Embora o mundo da arte tradicional não tivesse ignorado conscientemente esse novo mercado criado por Hirst, o foco do setor sobre as fronteiras tradicionais do **quem-o que-como** da arte havia criado um grau significativo de cegueira para novas oportunidades. Isso não ocorreu porque os artistas, curadores, marchands e outras pessoas da comunidade artística dominante fossem tolos, mas porque eles passaram a admitir como natural a maneira pela qual o setor funcionava e quase ninguém questionava essas pressuposições profundamente enraizadas. Em vários aspectos, a abordagem de Hirst era comparável com a abordagem utilizada por Tintoretto 450 anos antes, quando o jovem veneziano também desafiou as fronteiras estabelecidas do mundo da arte.

Tanto Saatchi quanto Hirst perceberam plenamente que o sucesso no mercado da arte do final do século XX poderia ser definido por um posicionamento pioneiro quanto aos fatores **quem-o que-como**. Não obstante os insultos de Hirst a Saatchi após a ressentida separação da dupla, Charles Saatchi sempre foi um defensor convicto de Hirst. Chamando-o de gênio, Saatchi declarou: "Os livros de arte genéricos de 2105 serão tão cruéis em sua revisão editorial a respeito do final do século XX quanto o são com relação a todos os outros séculos. Todos os artistas, com exceção de Jackson Pollock, Andy Warhol, Donald Judd e Damien Hirst, passarão para as notas de rodapé." O sucesso de Damien Hirst tem implicações importantes para os gestores e executivos ativos. Eles precisam reconhecer que sua experiência pode torná-los desavisadamente cegos para as oportunidades latentes de criação de um novo segmento de mercado. Além disso, eles devem se perguntar se estão cegos para novas oportunidades relacionadas aos fatores **quem-o que-como**. O que poderia ser interpretado aos olhos modernos como algo indistinto e distante pode ser visto no futuro como um nítido e esclarecido lampejo de sabedoria. O desafio para os gestores e executivos modernos é nada menos que remover a catarata de sua empresa com relação à inovação.

Literatura adicional recomendada

Abell, D. *Defining the Business: Th Starting Point of Strategic Planning.* Englewood Cliffs, NJ: Prentice-Hall, 1980.

Hughes, R. *Day of the Dead. The Guardian*, 13 de dezembro de 2008.

Kim, C. e Mauborgne, R. *Creating New Market Space. Harvard Business Review*, janeiro-fevereiro de 1999, pp. 83-93.

Kim, C. e Mauborgne, R. *Value Innovation: The Strategic Logic of High Growth. Harvard Business Review*, janeiro-fevereiro de 1997, pp. 103-112.

Markides, C. (1997) *Strategic Innovation, Sloan Management Review,* 38 (3 Spring): 9-23.

Simons, D. J. e Chabris, C. F. *Gorillas in Our Midst: Sustained Inattentional Blindness for Dynamic Events. Perception*, 28, 1999.

Stacey, D. *Who Forgot to Pay Damien Hirst. Bad Idea Magazine*, 7 de novembro de 2008 [*on-line*].

Vogel, C. *Bull Market for Hirst in Sotheby's 2-Day Sale. New York Times*, 16 de setembro de 2008.

CAPÍTULO 4

Beuys
Compreendendo a Criatividade — Todo Diretor É um Artista?

"Sempre tentei demonstrar a intrínseca relação que a arte tem com a vida. Somente da arte pode-se formar um conceito novo de economia, em termos de necessidades humanas, não no sentido de uso e consumo, política e propriedade, mas sobretudo em termos de produção de bens espirituais."

— *Joseph Beuys*

O Portal para o Novo

O termo **criatividade** é amplamente empregado no contexto de estratégia, inovação, desenvolvimento organizacional e liderança. Com frequência, quando os métodos analíticos se esgotam, as pessoas recorrem à criatividade. No momento em que os gestores e executivos percebem que diversos problemas de liderança, questões estratégicas e situações organizacionais complexas não são manejáveis corriqueiramente com a ajuda dos fatos, de uma estrutura segura e de um rígido controle, iniciam sua busca por uma abordagem diferente. Quanto mais uma situação tende a ser nova, no sentido de que os gestores não enfrentaram essa situação ou mesmo uma situação semelhante e, portanto, não podem se valer da experiência ou de práticas estabelecidas, maior a necessidade de uma abordagem nova e criativa para a resolução de problemas. Desse modo, a criatividade é vista quase como um pré-requisito para responder a situações novas e inesperadas e também para gerenciar mudanças e renovações.

A criatividade, portanto, é uma habilidade fundamental para líderes e organizações, não apenas como forma de adaptação a mudanças rápidas no mercado, mas também como meio de modelar proativamente o contexto em que um setor específico se encontra. Não obstante, para promover verdadeiramente a criatividade nas organizações, devemos reconhecer duas dimensões diferentes: a **individual** e a **coletiva**. No plano individual, o gestor ou funcionário deve ser capaz de perceber seu potencial criativo e de colocar a criatividade em prática. A criatividade coletiva é determinada pela forma como os funcionários interagem para identificar novas soluções, inovar e solucionar problemas. Ambas as dimensões muitas vezes não estão apenas estreitamente interligadas. Elas estão também entrelaçadas, porque um tipo de criatividade necessita de outro para colher plenamente seu potencial.

Basta imaginar um grupo de pessoas talentosas e pensadores brilhantes de uma organização cujas ideias sempre são aniquiladas por um gestor dominador e bitolado. Com o tempo, essas pessoas criativas podem deixar de gerar ideias ou talvez até abandonar a empresa. Invertendo a óptica, seria difícil para um gestor brilhante concretizar suas ideias se não estivesse cercado de colegas e subordinados de mente aberta.

Tanto pesquisadores acadêmicos quanto gestores e executivos praticantes têm demonstrado um crescente interesse pela criatividade nos últimos anos porque ela foi reconhecida como um dos principais recursos por meio dos quais uma empresa pode manter vantagens competitivas no ambiente empresarial. As publicações acadêmicas e populares estruturam a criatividade predominantemente através de três lentes inter-relacionadas:

1. Técnicas de criatividade.

2. Histórias sobre o comportamento de pessoas criativas.

3. Descrições sobre o processo criativo.

Embora essas abordagens possam auxiliar as empresas a gerenciar a criatividade, elas são limitadas para nos ajudar a avaliar o potencial criativo inerente das pessoas. Por mais que os artigos e publicações nessas três áreas descritas sejam em sua maioria de boa qualidade, eles tendem a se restringir, definindo a criatividade bem mais de fora para dentro do que de dentro para fora.

A ênfase deste capítulo recai sobre a mentalidade necessária para desatrelar a criatividade individual nas empresas, sobre estímulos que ajudam a liberar a criatividade pessoal por meio de novos modelos de processos sociais e sobre a preservação da criatividade coletiva em um contexto organizacional mais amplo. Para compreender a fundo as fontes de criatividade individual e coletiva, analisamos a carreira do artista Joseph Beuys (1921-1986), que se dedicou a compreender os parâmetros fundamentais da arte, o processo criativo e o modo como as pessoas podem desabrochar seu próprio potencial criativo. Afirmando que "todo ser humano é um artista", e por meio de sua postura radical acerca da filosofia e da dinâmica interpessoal da criatividade, Beuys tornou-se um dos artistas mais controversos de seu tempo. Nesta discussão a respeito do comportamento de Beuys com respeito à criatividade, oferecemos ideias práticas para fomentar a criatividade nos indivíduos e promover a criatividade coletiva nas empresas.

O Ponto de Partida

Joseph Beuys nasceu em 1921 em Krefeld, na Alemanha, cidade industrial na região do baixo Reno, próxima à Holanda, sendo filho do comerciante Joseph Jakob Beuys e Johanna Maria Margarete Beuys. Como desde criança Beuys já exibia um aguçado interesse por ciências naturais, considerou a possibilidade de seguir a carreira médica. Em 1938, teve uma experiência que lhe abriu os olhos para a arte — a oportunidade de ver algumas obras do escultor alemão Wilhelm Lehmbruck (1881-1919). A obra de Lehmbruck é dedicada a esculturas figurativas. Algumas das imagens de sua obra mais recente enfatizam o aspecto mental da condição humana. Por exemplo, muitas de suas esculturas apresentam a cabeça como parte mais proeminente e importante, caso em que normalmente o corpo perde seu significado. É isso o que Lehmbruck queria dizer, que o ato de pensar é o âmago da condição humana. Ao refletir através das lentes da obra de arte de Lehmbruck, Beuys percebeu não apenas os princípios da obra escultural, da arte e da criatividade. Por meio do trabalho de Lehmbruck, ele percebeu especificamente o que ele afirmou mais tarde serem os princípios gerais da vida: "Tudo (na vida) é escultura". Os pensamentos e o ato de pensar é em si um processo escultural. A experiência com Lehmbruck foi um parêntese artístico na vida de Beuys. Em 1985, 11 dias antes de sua morte, Beuys foi homenageado com o prestigioso prêmio Wilhelm Lehmbruck. Em seu discurso, sabendo que sua morte em breve chegaria, Beuys utilizou a expressão **"levar adiante a chama"** em referência à sua primeira experiência com Lehmbruck.

Em 1940, Beuys apresentou-se voluntariamente à força aérea alemã. Ele começou seu treinamento militar como rádio-operador de voo em 1941, mas frequentava as aulas de biologia, botânica, geografia e filosofia quando estava de licença. Beuys quase morreu quando seu aeroplano, um bombardeiro *Junkers 87*, caiu no norte da África em 1944. Ele foi resgatado por nômades, um fato que influenciou sua postura artística nos anos subsequentes. Beuys utilizou essa situação posteriormente para associar sua experiência a matérias-primas esculturais pelos quais ele ficou famoso, como a **gordura** e o **feltro**.

Após a guerra, Beuys conheceu o escultor Walter Brüx e o pintor Hanns Lamers, que o incentivou a se tornar artista. Ele se matriculou na Kunstakademie Düsseldorf em 1947 e, depois de mudar de turma, passou a estudar com Ewald Mataré. Beuys começou a ler assiduamente, expandindo suas ideias a respeito de ciência, arte, literatura, filosofia e espiritualidade. Ele concluiu sua educação formal em 1951, tornando-se aluno de mestrado de Mataré. É difícil dizer quando a vida profissional de Beuys enquanto artista se iniciou. Para a publicação de uma exposição em 1964, ele reelaborou seu currículo usando o título "Joseph Beuys — obras completas = *curriculum vitae*". Com isso, ele declarou que, para ele, não havia distinção entre **trabalho**, **vida** e **arte**.

A mentalidade de Beuys a respeito de arte poderia ser descrita como um trabalho de pesquisa sobre as fontes de criatividade. Esse artista considerava a criatividade como o "verdadeiro capital dos seres humanos". Ele estava buscando um tipo de arte em que questões básicas da personalidade humana e seus parâmetros de criatividade são centrais. Para Beuys, criatividade é primeiramente um processo mental e depois um processo de moldagem de material como ato consciente. É fácil de compreender, portanto, por que ele via as ideias, que conduziam à materialização, também como material. Com essa abordagem ampla, Beuys era capaz de trabalhar como artista em vários campos. Ele chegou a ampliar seu trabalho para as esferas política, econômica e educacional moldando situações sociais como uma forma de interação qualificada e de estrutura expressiva. Por exemplo, Beuys foi um dos primeiros membros e um dos fundadores do partido político ambientalista Os Verdes no final da década de 1970.

FIGURA 4.1 Joseph Beuys, *Diretrizes para uma Nova Sociedade*, 1977 (instalação montada para uma conversa interativa com os visitantes)

Desde o princípio de sua carreira, Beuys questionava a interpretação tradicional de arte. Por meio de sua produção, ele pretendia realçar uma interpretação antropológica em que a arte torna-se um instrumento de ciência da vida.

Nesse sentido, ele via suas obras de arte como um fórum, onde as pessoas podiam encontrar-se umas com as outras para expressar ideias implícitas a respeito de criatividade, condições da humanidade e questões sociais. Em vez de apresentar a arte como um produto para ser admirado, Beuys estava mais interessado em um diálogo que fosse provocado por um objeto de arte. Ele achava que esse diálogo podia ser moldado, em termos da qualidade da interação dos processos comunicacionais, para fazer com que diferentes perspectivas ficassem mais claras e criassem um entendimento comum. Para Beuys, esse processo era em grande medida parecido com a modelação de uma escultura física. O diálogo era para Beuys o aspecto social de uma escultura. Muitas de suas obras transmitiam essa ideia e eram estrategicamente produzidas para despertar um diálogo. Dois exemplos demonstram até que ponto ele alargou essa ideia e viveu esse conceito.

As Obras de Arte como Emissárias: Palavras-Chave e Matéria-Prima

Em 1974, quando Beuys foi convidado para exposição *Arte Dentro da Sociedade — Sociedade Dentro da Arte*, no Instituto de Artes Contemporâneas em Londres, lhe perguntaram que tipo de espaço ou material ele precisaria. **Nada específico**, ele respondeu. Tudo o que ele levou para a exposição foi alguns quadros-negros antigos e tripés. Em vez de apresentar uma obra de arte acabada, ele iniciou um diálogo com os visitantes da exposição sobre sua interpretação de arte e criatividade. Por meio de palestras contínuas, ele falou sobre seu conceito de criatividade, segundo o qual todo o ser humano é um artista, ideias gerais a respeito de renovação da sociedade e a interpretação fundamental de um modelo democrático diferente. Ao longo de suas conversas com os visitantes, Beuys sempre desenhava diagramas e escrevia palavras nos quadros-negros para ilustrar suas ideias. Algo muito parecido com uma preleção em sala de aula. Assim que os quadros eram preenchidos, Beuys os lançava ao chão, o que ele chamou de *Ação de Arremesso* (*Wurf Aktion*). Com diálogos e arremessos contínuos, depois de algum tempo os quadros-negros cobriram todo o chão. O que Beuys fez literalmente

84 A FINA ARTE DO SUCESSO

foi lançar ideias ao chão. Ao fazê-lo, ele criou uma imagem convincente, de que os quadros-negros, cobertos de ideias e conceitos sociais, eram a nova base, sobre a qual as pessoas podiam pisar, começar a retirar ideias e trabalhar em sua renovação.

Essa atuação, chamada de *Richtkräfte für eine neue Gesellschaft* (*Força Desviadora para Uma Nova Sociedade*) não terminou com a exposição. Na verdade, Beuys aproveitou várias oportunidades durante outras exposições para trabalhar com os visitantes nessa mesma obra. Ele a concluiu em 1977 e manteve os quadros-negros, os tripés e alguns outros materiais como uma instalação. Essa é uma das peças centrais do artista, que mostra relíquias de um intenso diálogo.

Agora, quando examinamos essa obra de arte, não sabemos dizer ao certo o que Beuys estava falando, mas algumas partes dos quadros-negros e de seus desenhos funcionam como relíquias que nos levam a imaginar o que pode ter ocorrido. O segredo desse trabalho é que, sem o diálogo, a obra de arte em si não existiria. Beuys utilizou essas ideias, que surgiram ao longo do diálogo, como "material" para suas apresentações e afirmou que o diálogo em si poderia ser visto como uma escultura, uma escultura que existe verdadeiramente no campo social.

Beuys usou esse princípio em várias outras obras. Outro exemplo é a instalação denominada *Honigpumpe* (*Bomba de Mel*), que ele criou para a exposição *Documenta* em Kassel em 1977. Essa instalação foi uma visualização do processo de desenvolvimento de consciência social e da necessidade do positivo — de calor — nas interações humanas. A exposição era composta por um motor, instalado no térreo do prédio, embebido de gordura, alguns contêineres de mel e um longo sistema tubular. Esse sistema transportava o mel por todo o prédio da exposição até o telhado, onde terminava na peça chamada *Kopf Stück* (*Capacete*), um tubo de cobre em forma de U. Beuys usou a instalação *Honigpumpe* como uma imagem do sistema de circulação sanguínea humano, o motor como metáfora do coração e o capacete para representar a cabeça. De modo semelhante ao sistema de circulação sanguínea, o mel flui rapidamente ao motor e praticamente para quando chega à cabeça.

Por representar ideias sobre a condição humana e questões a respeito de construção de comunidades, Beuys, portanto, utilizou a instalação *Honigpumpe* para conversar com os visitantes da exposição *Documenta* (que durou 100 dias) sobre o "verdadeiro capital dos seres humanos" — a **criatividade** —, a interpretação de um conceito de arte relacionado ao ser humano e ideias sobre como renovar o sistema social e político. Novamente, do mesmo modo que na instalação dos quadros-negros, Beuys proclamou o diálogo como a escultura real e a obra de arte física como apenas um veículo de comunicação. Ele disse explicitamente que a própria instalação não deveria ser concluída antes que os visitantes entrassem no espaço da exposição e começassem a conversar sobre o que viam e a respeito das ideias desencadeadas por sua percepção daquela obra.

A escolha da matéria-prima, como gordura, feltro, cera ou mel de abelha, com frequência estava relacionada às reflexões de Beuys acerca da condição humana. Por exemplo, a gordura e o feltro, que ele conheceu quando foi resgatado na guerra pelos nômades, refletiam a necessidade de os seres humanos manterem o calor do corpo (o feltro) e fornecerem energia (gordura) ao corpo. O mel refere-se ao enxame de abelhas, descrito por cientistas naturais como um sistema organizacional eficaz, representando, portanto, seu valor para a construção de comunidades humanas.

Tornando os Segredos Produtivos: Todo Ser Humano É um Artista

As ideias fundamentais de Beuys sobre criatividade podem ser percebidas em sua declaração mais citada: **"Todo ser humano é um artista"**. Quando ele fez essa declaração no mundo privativo da arte no início da década de 1960, provocou um choque. A essa época, Beuys já era bem conhecido nesse então crescente mercado. O poder provocativo dessa declaração era tal, que a comunidade artística, os marchands e os compradores, todos partícipes de um novo mercado de arte que pela primeira vez seguia um direcionamento estritamente financeiro, ficaram com medo de perder **exclusividade**. Essa declaração foi uma contestação à visão de arte predominante: se tudo é **arte**, então **toda** e **qualquer pessoa poderia produzir arte e dizer o que a arte é?**

"Todo ser humano é um artista" não se refere à dedicação às artes visuais ou a trabalhos literários (embora possa ser isso também). Na verdade, refere-se à mobilização das habilidades criativas latentes em todos nós — empregar as palavras, as ações e os pensamentos criativos de uma pessoa e expressar essa criatividade de uma maneira significativa para moldar e formar algo onde quer que isso seja necessário. Nesse sentido, essa declaração toma um sentido mais profundo se acrescida da frase "se você se coloca na discussão". Isso significa identificar em que área sua criatividade está mais desenvolvida. Segundo Beuys, todo indivíduo pode ser criativo se perguntar a si mesmo o que é e que habilidade possui verdadeiramente — ele pode ser um artista em sua própria área de atuação profissional.

86 A FINA ARTE DO SUCESSO

Através de suas atuações, esculturas e ensinamentos, Beuys oferecia conceitos com os quais as pessoas podiam trabalhar ativamente para acessar melhor seu potencial criativo. Um bom exemplo de como Beuys conseguiu alargar esse conceito é a instalação *Zeige Deine Wunden* (*Mostre Sua Chaga*). Na parte central da instalação havia duas macas. Essa instalação poderia ser considerada uma forma moderna de *memento mori*, tendo em vista suas relações com a **doença**, a **debilidade** e o **fim da vida**. Beuys via essa instalação como uma enfermaria, onde o observador confronta-se com sua própria mortalidade, apontando para a ideia de que o observador, mostrando imaginativamente suas feridas, pode lidar com seu passado até o momento em que conseguir a cura. Beuys dizia com frequência que o ser humano deveria lidar com seu estado mental porque essa era uma boa maneira de se preparar para a vida. Dizia também que, por meio da reflexão interior, a pessoa poderia ter acesso ao seu potencial criativo, quase do mesmo modo como preparamos a argila antes de começar a moldar uma escultura. Durante essa reflexão, dizia o artista, você pode identificar pontos que foram feridos no passado, mas reconhecer essas feridas ou questões centrais de sua própria vida com frequência revela em que ponto se encontra seu maior potencial de criatividade.

Por meio de seu corpo de obras, Beuys evoca três conceitos fundamentais do caminho para a criatividade. Esse caminho inicia-se de dentro, da criatividade pessoal, para fora, com a introdução da criatividade no contexto social. Esses três conceitos são:

1º) A forma criativa de pensar: a criatividade pessoal.

2º) A teoria escultural: o processo criativo.

3º) A escultura social: a criatividade coletiva.

Analisemos então cada um desses conceitos.

1. Criatividade Pessoal: A Forma Criativa de Pensar

*"O primeiro produto da criatividade humana é o pensamento [...]. Gosto de tornar essa ideia, e seu processo de origem, literalmente visível para as pessoas, como um objeto. E depois digo: pense que isso é uma escultura. As formas ativas de pensamento são a intuição, a inspiração e a imaginação. A palavra imagem está presente nesse conceito. Imaginação significa imagem — **imago** [...] precisamos falar sobre isso para que o pensamento possa ter tal poder pictórico."*

— *Joseph Beuys*

A maioria dos nossos pensamentos diários, disse Beuys, é corriqueiro. Repetimos padrões e propomos soluções que já conhecemos. Imagine uma situação em que você esteja parado em um semáforo, aguardando para atravessar uma avenida. Ninguém fica ali imaginando o quanto a luz do semáforo é linda; nossa postura habitual é aguardar a luz verde para atravessar.

Entretanto, o que fazemos quando queremos gerar novas ideias para inventar ou reinventar processos e produtos? Esse é o ponto em que o pensamento deve mudar. Para gerar novas ideias, precisamos abandonar padrões de pensamento familiares e soluções antigas. Precisamos adotar o que Beuys chama de forma dinâmica de pensamento. Por isso, ele menciona três áreas: **inspiração**, **intuição** e **imaginação**. De que maneira essas três áreas se inter-relacionam?

Inspiração – Comecemos pela inspiração, que poderia ser considerada o momento em que distinguimos algo novo ou obtemos a primeira centelha (*insight*) de uma ideia. É comum as pessoas falarem sobre o "clique", "ahá" ou "heureca" relacionado ao momento exato desse lampejo. Uma experiência também comum é ficar empacado quando estamos pensando sobre um problema que precisamos resolver. Uma forma prática de retomar a inspiração é relaxar e desviar o pensamento para outras coisas. Com essa atitude, começamos a deixar as ideias aflorarem, em vez de ficarmos batendo na mesma tecla. A ideia pode vir à tona em um momento em que você não espera e talvez seja bastante indistinta. Contudo, para aumentar a inspiração e ficar aberto para ideias verdadeiramente novas, é fundamental resistir a esse momento de incerteza. Querer aperfeiçoar muito rapidamente essa primeira ideia pode nos fazer recorrer a conceitos antigos. Primeiro, precisamos "descarregar" ou soltar todos esses padrões e soluções antigos.

O indivíduo que está acostumado com o fluxo desse primeiro lampejo de ideias normalmente é considerado **o "proponente da ideia"** ou o **visionário da equipe**. Essas pessoas em geral têm um ótimo acesso ao que poderíamos chamar de "campo" de ideias, ideias que é possível relacionar de uma maneira associativa (não funcional) com o tema sobre o qual estamos pensando.

O modo como Beuys sempre renovava sua postura diante de suas obras, nunca reutilizando o mesmo recurso visual para uma ideia, foi uma prova do grau de inspiração de sua mente, que era capaz de reexaminar constantemente seu principal tema artístico — a **criatividade humana** — sob diferentes ângulos.

Intuição – Por meio da intuição começamos a perceber o que uma determinada ideia pode ser e a desenvolver um sentido emocional. Essa segunda etapa representa o que a maioria das pessoas pode experimentar nitidamente na vida cotidiana e é uma parte importante do processo criativo.

88 A FINA ARTE DO SUCESSO

As pessoas muito intuitivas tendem a perceber e sentir a qualidade de uma ideia que está surgindo antes mesmo de analisá-la pormenorizadamente.

Pesquisas recentes sobre intuição e tomada de decisões revelaram que os participantes que tendiam a tomar decisões espontâneas ficavam, em média, bem mais satisfeitos com suas decisões do que os participantes muito analíticos. Portanto, poderíamos propor que a intuição torna uma ideia atraente porque está mais intimamente relacionada com os sentidos emocionais. Ampliamos a primeira centelha de uma ideia e ela se torna um "corpo" emocional. "Sentimos" a ideia e, por isso, podemos considerá-la mais atraente para nós e os outros.

Quando topamos com pessoas extremamente bem-sucedidas e lhes perguntamos qual é o segredo de seu sucesso, em geral elas respondem que, no processo de resolução de um problema, elas sentem mais do que pensam. É provável que elas digam: "Eu segui minha intuição ou meu instinto." Elas confiaram em sua intuição. Os diretores executivos de empresas que são familiares em geral são bastante competentes para tomar decisões intuitivas, porque costumam ter um profundo elo emocional com o contexto empresarial em que se encontram.

Beuys brincou com esse conceito de intuição quando produziu a obra *Intuitionskiste (Caixa de Intuições)* em 1968. Na qualidade de instrutor de seu público, Beuys declarou que a caixa deveria ser utilizada como um receptáculo e preenchida com coisas de necessidade diária, ou metaforicamente falando, com novas ideias.

Imaginação – A imaginação é a etapa final — o que aflora como uma primeira centelha de ideia e torna-se mais real quando sentido por meio da etapa da intuição cristaliza-se então como uma imagem. No processo de criatividade, começamos a deixar a imagem florescer até que ela se torne o máximo possível concreta e sólida e, portanto, **comunicável**. Nas empresas, as pessoas com grande potencial imaginativo normalmente conseguem visualizar mudanças. Por exemplo, elas conseguem ver um processo em seu ponto final, como se ele já tivesse sido concluído. Ao criar uma imagem, elas tornam um processo complexo visível e, por isso, mais fácil de ser percebido e compreendido.

Beuys conhecia muito bem o poder de criar imagens para conceitos complexos. Ele caracterizou toda a sua obra como instrumento para falar sobre as condições da humanidade. Em sua obra *Straßenbahnhaltestelle (Parada de Bonde)*, de 1976, ele mostrou a importância da tomada de decisões, vinda do passado em direção ao futuro, utilizando um pesado comutador de bonde que permitia seguir em duas direções diferentes na instalação.

Implicações para Gestores e Empresas

A forma dinâmica de pensar, de acordo com Beuys, é a pedra angular da criatividade. É em grande medida um processo intrinsecamente induzido. Entretanto, a complexidade desse conceito é que na maioria das vezes as três etapas — inspiração, intuição e imaginação — desenvolvem-se tão rapidamente, que é difícil percebê-las. As pessoas criativas que utilizam essa forma dinâmica de pensamento com frequência nem percebem que seguiram esse caminho. Portanto, para pensarmos criativamente, mas de uma maneira propositada, precisamos da **metacognição** — capacidade para pensar sobre os processos de pensamento.

Pesquisas recentes sobre o cérebro agora podem comprovar como Beuys conseguiu ampliar o tema da forma dinâmica de pensamento. Gerhard Roth, da Universidade de Bremen, afirma o seguinte: "Todas as decisões no final das contas baseiam-se em emoções, que são o fundamento de nossa motivação." Em um artigo conciso para a *Annual Review of Psychology*, publicado em 2006, a pesquisadora Elizabeth Phelps, da área de pesquisas sobre o cérebro da Universidade de Nova York, declarou: "Para compreendermos o pensamento humano, precisamos levar em conta as emoções." Um número crescente de pesquisadores começou a examinar um fato que Beuys conhecia bem: **quem deseja pensar deve primeiro sentir!**

Embora a inspiração, a intuição e a imaginação estejam estreitamente interligadas e sejam, sobretudo, uma questão de aptidão pessoal, as empresas podem trabalhar com esse conceito para despertar a criatividade entre seus funcionários e executivos.

Inspiração – Como a inspiração é o primeiro momento do processo de criatividade, são necessários dois fatores que talvez pareçam contraditórios. A inspiração precisa de estrutura, de uma ideia aproximada sobre a direção a ser seguida e da atitude desprotegida de não ter nenhum objetivo claro. A estrutura, que poderia ser vista como grandes trilhos paralelos, cria a tensão. Queremos conseguir algo que não sabemos exatamente o que, para ter uma direção e seguir adiante. Ter uma atitude desprotegida ou aberta significa parar de se preocupar em criar um espaço em que as ideias se desenvolvam e encontrem seu devido lugar. A dinâmica de parar e seguir adiante é essencial para aumentar a inspiração e dar oportunidade para que as ideias entrem nesse espaço.

Tome como exemplo a Pixar, que produziu seu primeiro filme cinematográfico *Toy Story* em 1995, ao qual se seguiram outros filmes, como *Monstros S.A.* e *Encontrando Nemo*.

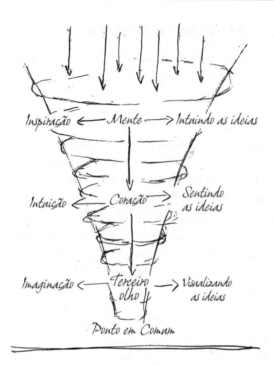

FIGURA 4.2 Desenho representativo da inspiração, intuição e imaginação

O sucesso dos filmes da Pixar não é apenas uma consequência da sofisticação da técnica de animação, à qual o público adaptou-se muito rapidamente. Por saber que seu público desejava ser constantemente surpreendido de um filme para outro, a Pixar não abusou dos efeitos técnicos, embora seja especialista em efeitos especiais. A empresa percebeu precisamente que sua principal área de atividade é **contar histórias** e que precisava, portanto, de uma ideia nova e extraordinária em praticamente todas as cenas dos filmes, algo que sempre surpreendesse o espectador. Ainda que o enredo dos filmes da Pixar não sejam tão complexos, o que também é parte de seu grande sucesso, as cenas individuais são únicas com relação à forma como foram criadas. Três anos e meio antes do lançamento do filme *Encontrando Nemo*, a equipe da Pixar começou a criar os primeiros esboços sequenciais. Quase metade do tempo de produção foi dedicada à solução de elementos ínfimos da história. Todas as cenas têm inúmeros detalhes, como a criação e o esboço dos personagens, das cores, da luz e assim por diante. A Pixar sabe que a simples piscadela de um peixe pode emocionar o espectador e fazer a diferença.

As equipes de produção da Pixar criam regularmente milhares de ideias, ainda que a maioria delas nunca venha a ser utilizada. Esse processo é uma pesquisa contínua por algo verdadeiramente **"novo"**. Conquanto a Pixar forneça aos animadores as técnicas de animação necessárias para a criação dos filmes, a empresa dá a todas as suas equipes de produção liberdade para explorar novas ideias dentro de um amplo arcabouço criativo. A administração da Pixar reconhece prontamente que a maioria das ideias não surgiria se os gestores não admitissem a possibilidade de incerteza e abertura.

Para estimular a inspiração, a empresa deve ter, acima de tudo, gestores capazes de perceber a dinâmica dessa energia criativa específica, que é **mais fácil ser destruída** do que **construída**. Além disso, esses gestores precisam entender a interação dramatúrgica própria da exploração de novas ideias. Essa dramaturgia tem mais a ver com a escolha cuidadosa de uma pergunta genérica norteadora, fundamental para a qualidade do processo que visa destravar a inspiração, e a liberdade de deixar as coisas acontecerem, em vez de controlá-las.

Intuição – A intuição é o lado emocional da forma dinâmica de pensamento. Em várias empresas, é incomum tomar decisões com base na intuição, porque isso é considerado irracional e uma postura que não combina com a "forma apropriada" de lidar com as dificuldades empresariais. As empresas controladas pelas famílias normalmente têm uma cultura mais aberta para isso.

Wendelin von Boch, diretor executivo da fabricante de cerâmica Villeroy & Boch, declarou em uma entrevista que **85%** das decisões dos clientes são tomadas com base na intuição. Ele afirmou que essa constatação, sobre a tomada de decisões intuitivas, é um fator essencial para o sucesso da Villeroy & Boch quando a empresa introduz novas linhas de produtos no mercado. Ele diz que a proposição de valor exclusiva da empresa é o design, que não pode ser avaliado racionalmente.

As empresas podem apoiar sistematicamente a intuição criando uma atmosfera confiável e respeitável em que os funcionários não sejam forçados a se explicar e justificar de acordo com a forma que a maioria aprova. A intuição, enquanto segundo elemento do processo criativo, exige que os indivíduos tenham liberdade de virar um problema de cabeça para baixo a fim de conseguir explorar e avaliar todas as diferentes soluções. Em especial nas grandes empresas, pelo menos na maioria delas, a cultura que se fundamenta notadamente em análises estruturadas, em manobras políticas e na racionalidade é o fator que mais interfere no **estímulo da intuição**. Em vez de pensar e transmitir livremente a parte emocional das decisões, os funcionários tendem a se fixar na estrutura hierárquica da empresa e com frequência tentam racionalizar suas ideias. Se você perguntar a uma pessoa por que ela não apresentou sua ideia, normalmente sua resposta será: "Achei que meu chefe não gostaria da ideia" ou "Eu não tinha nenhum argumento racional para defender minha ideia". Muitas ideias e insights importantes são facilmente perdidos quando não existe nenhuma cultura para lidar com o lado emocional das necessidades organizacionais e a intuição.

Os gestores podem pensar em uma solução para abordar de uma maneira distinta determinadas decisões importantes. Eles podem convidar a equipe de administração para uma reunião, com o objetivo de encontrar o que poderia ser a direção correta, apresentando conceitos diferentes. Em vez de solicitar opiniões claras logo de saída analisando racionalmente os conceitos, o gestor pode pedir para que sua equipe use primeiro a **intuição** e converse sobre os conceitos intuitivamente. Ele pode convidar os membros da equipe a refletir individualmente por um momento e depois pedir para que ofereçam sua contribuição e falem sobre como enxergam e sentem esses diferentes conceitos. Eles podem responder: "Parece bom, porque tem a ver com..." ou "Não gosto da ideia, porque na última vez em que experimentamos isso enfrentamos muitos problemas". Ao permitir que as pessoas contribuam e compartilhem verdadeiramente o que sentem, o gestor abre espaço para a intuição. Isso tem dois efeitos. Ao ouvir sua equipe, os gestores podem tomar conhecimento das oportunidades e dificuldades de um ponto de vista diferente, e não analítico. Primeiro, as equipes podem lidar com a incerteza dos gestores com soluções incomuns e, segundo, é possível abordar de várias maneiras diferentes os problemas em pauta. Isso pode ajudar a reassegurar e a ajustar a intuição do gestor e a visualizar mais amplamente a pergunta estratégica para a tomada da decisão final.

Imaginação – A última etapa do processo para melhorar a criatividade é a **imaginação**, a capacidade de visualizar o futuro desejado. O poder desse passo é tal que ajuda as pessoas a superar possíveis obstáculos.

Pense novamente na Pixar. Para fortalecer a capacidade imaginativa dentro da Pixar, a empresa mudou a missão das equipes de desenvolvimento. Em vez de apresentarem novas ideias para os filmes, como a maioria dos estúdios faz, as equipes eram responsáveis por montar pequenas equipes incubadoras para ajudar os diretores a refinar suas ideias e transformá-las em visões/imagens convincentes de possíveis filmes. Essas ideias eram em seguida apresentadas ao conselho de administração. A Pixar não avalia as equipes com base no material que elas produzem durante o estágio de incubação, mas de acordo com sua imaginação e a dinâmica social que elas criam por meio dessa visão comum sobre o futuro, que as ajudam a solucionar os problemas e a seguir em frente.

A imaginação talvez seja uma das competências mais importantes para os gestores que lidam com ambientes do mercado em que as mudanças são constantes. Não basta apenas imaginar quando e como a empresa precisará mudar. É necessário criar significados por meio de uma imagem que os funcionários da empresa compreendam, com a qual interajam e a qual estejam dispostos a levar adiante. O processo de imaginação e comunicação das imagens que surgem é fundamental para a cooperação dentro da empresa.

2. Processo Criativo: A Teoria Escultural

Um aspecto fundamental do conceito de Beuys sobre criatividade e para compreender suas obras é a **teoria escultural**. Beuys acreditava que todo material podia estar em algum ponto entre dois polos: o **polo da estrutura** e o **polo do movimento**.

Ele relacionava o polo do movimento com atividade, calor (afeto), energia, mobilidade, pensamento intuitivo, mas também com desordem e caos. Quanto ao polo da estrutura, ele o relacionava com forma, frio (frieza), organização, sistematização, pensamento racional e estrutura. Beuys acreditava que tudo, dos pensamentos à matéria-prima real, oscilava entre esses dois polos.

Vejamos como ele utilizou esse conceito em sua obra. Por exemplo, ele usou cera e gordura em sua famosa escultura *Unschlitt/Tallow* (*Sebo*). Essa escultura foi criada para a primeira exposição *Projetos Esculturais*, em Münster, na Alemanha, em 1977. Era uma escultura gigantesca (10x3x2 metros) em forma de cunha que o artista queria colocar em uma passagem subterrânea para pedestre cuja arquitetura era extremamente técnica e ordenada. Beuys considerava esse espaço demasiadamente estruturado, quase frio, e queria utilizar algum material que transmitisse a ideia de intensa energia e calor. Por isso, ele optou por combinar cera e gordura nesse projeto a fim de equilibrar, como ele mesmo disse, o nível de energia do lugar. O curioso foi que a escultura **não foi colocada** nesse lugar durante a exposição. Ela foi produzida em uma oficina de fundição. Depois que a mistura de cera e gordura tomou forma, levou meses para que esfriasse. Desse modo, quando ela foi retirada do molde, a exposição já havia terminado. Beuys usou a situação e deu destaque para sua experimentação artística. Como o próprio Beuys com frequência afirmava que era necessário dar mais calor (qualidade emocional) ao processo de pensamento, ele produziu um armário de vidro contendo parte do material da escultura e escreveu a seguinte frase: "Beuys produziu uma escultura que não esfria."

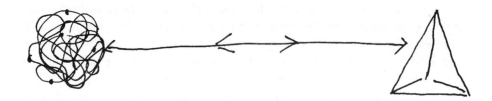

FIGURA 4.3 Desenho dos dois polos da criatividade

Em outra obra, intitulada *Das Ende des 20. Jahrhunderts* (*Fim do Século XX*), Beuys utilizou pedras de basalto. Ele as montou como um campo flutuante de colunas de pedra e acrescentou uma empilhadeira de paletes. A instalação como um todo parecia uma oficina. Utilizando esse material frio e bem estruturado, Beuys questionou o que poderia ocorrer após um século em que a humanidade enfatizara tanto o significado de racionalidade e estrutura.

Beuys declarou que esse princípio não era relevante apenas para a produção artística. Ele disse que ele se aplicava a todos os processos, inclusive a processos no contexto social e a processos comunicacionais. De acordo com sua interpretação do conceito ampliado de arte, o material poderia ser também o que as pessoas pensam, dizem ou oferecem a um processo específico.

O processo de criatividade, segundo Beuys, é a **moldagem dinâmica** de uma situação (acrescentando mais estrutura ou caos). Não tem a ver com controle. Nesse sentido, o próprio processo torna-se criativo. Para conduzi-lo, é necessário observar de perto a situação e avaliá-la com base em sua tendência em direção à estrutura ou ao caos. Imagine uma situação comum no processo de inovação de uma empresa, em que o gestor tem de lidar com situações complexas e com ideias diferentes de pessoas diferentes. Às vezes, ao longo do projeto, é possível perder o foco e a situação tornar-se demasiadamente caótica ou desestruturada. De acordo com Beuys, nesse caso você deve acrescentar mais estrutura sem interromper o processo. No sentido oposto, a situação tende a empacar. Se a comunicação for superestruturada, a equipe poderá ficar sem ideias. Nesse caso, é hora de acender novamente a fogueira e estimular as pessoas a repensar o problema de um ângulo diferente ou introduzir especialistas externos. O foco global de um gestor não deve ser tanto sobre a contribuição em si, mas muito mais sobre a qualidade da comunicação. E ter uma percepção vigilante é uma competência fundamental.

Uma empresa que se sobressaiu nesse processo "escultural" ou de criatividade é a Ideo, empresa de design da Califórnia. Em um projeto amplamente conhecido para uma reportagem do canal de televisão ABC,

15 indivíduos da Ideo se juntaram para conceber um novo *design* para um carrinho de compras. Esse grupo eclético foi dividido em algumas equipes de trabalho, as quais propuseram centenas de novas ideias. Entretanto, a certa altura, percebendo que a equipe estava precisando de mais estrutura, o gerente de projeto disse: "É chegado o momento de chamarmos os adultos para o campo de jogo." Contudo, em vez de dizer o que as equipes de projeto deveriam fazer, o gerente simplesmente limitou o número de opções possíveis, escolhendo quatro áreas de necessidade para a concepção do novo carrinho: **compra**, **segurança**, **proteção** e **facilidade** para encontrar o que se procura. Embora isso tenha estruturado o processo, não matou a criatividade, porque desse ponto em diante os membros da equipe foram convidados a basear-se nas ideias já existentes e focalizar as áreas de necessidade identificadas. Se uma equipe de projeto empacasse, a função do gerente seria interromper o processo e estimulá-la a fazer coisas diferentes. Aumentando o caos, o estímulo e a paixão, ou, de acordo com Beuys, o "calor", a situação ficou mais fluída.

3. Criatividade Coletiva: A Escultura Social

Quando Beuys era solicitado a indicar a obra de arte mais importante que já havia produzido, ele sempre respondia que era o conceito de **"escultura social"**. Afirmar que um conceito constitui a obra de arte "real" talvez seja uma resposta incomum. O que ele fez na verdade foi associar dois fatores: o **comportamento social** e os **princípios de construção de uma escultura**. Por isso, ao pensar como artista, Beuys enxergou a interação entre os seres humanos como um espaço escultural que podia ser moldado, metaforicamente falando, do mesmo modo que uma escultura real. De acordo com Beuys, é possível "construir" uma escultura social por meio do pensamento escultural, que é o ponto-chave do conceito de escultura social. O "pensamento escultural" é a mentalidade ideal para os indivíduos perceberem as coisas ao seu redor. Com essa ideia, Beuys alargou o famoso conceito de Paul Klee, que desenvolveu na época em que lecionava na Bauhaus, na década de 1920, o conceito de *Bildnerisches Denken* (pensamento pictórico).

As diferenças entre o "pensamento pictórico" e o "pensamento escultural" são fundamentais.

Para Klee, a percepção de uma obra de arte bidimensional resume-se a um passeio com os olhos pela pintura diante de nós — porque conseguimos observar a pintura inteira de uma só vez. Não precisamos mudar de perspectiva. A percepção de uma escultura é totalmente diferente. Precisamos mudar nosso ponto de vista porque não conseguimos, obviamente, ver toda a escultura de uma só vez. Devemos escolher diferentes pontos de vista para enxergá-la. Quando começamos a observar a escultura movendo-nos ao seu redor, a partir de um determinado ponto de vista, obtemos outros pontos de vista e finalmente voltamos para o ponto de partida, onde uma vez mais vemos a mesma coisa que havíamos visto quando iniciamos, mas, obviamente, não vemos o lado oposto. Entretanto, diferentemente do momento em que começamos a observá-la, agora temos uma memória do que vimos. Com base na memória dessas diferentes perspectivas e informações, "construímos" a imagem da escultura completa e tornamo-nos mais aptos para formar uma opinião sobre o objeto observado.

Imagine que alguém esteja segurando uma folha de papel em sua frente. Você observa a folha pela lateral e vê uma linha mais ou menos fina. Você só consegue dizer qual é a dimensão real do papel quando muda de perspectiva. Beuys chama esse processo de formação de diferentes perspectivas de "pensamento escultural".

Beuys afirma que esse princípio é válido também para o contexto social e que fazemos exatamente a mesma coisa — moldamos o espaço —, seja quando estamos construindo uma escultura real seja quando estamos trabalhando com outras pessoas. Por exemplo, quando conhecemos uma determinada pessoa, memorizamos essa experiência. Depois, tornamos a ver essa mesma pessoa, talvez em um contexto diferente, e acrescentamos essa nova impressão à experiência anterior. Toda vez que vemos essa pessoa, acrescentamos experiências diferentes e passamos a conhecê-la melhor. É exatamente isso o que Beuys chama de escultura social. É a afinidade que desenvolvimentos com outra pessoa ou a participação em uma equipe que é construída pela percepção e pelo diálogo.

É óbvio que o material do contexto social é diferente dos materiais tradicionais utilizados em uma cultura. Contudo, para Beuys, os pensamentos, as ideias e as emoções também são matérias-primas. Entretanto, enquanto no contexto da escultura é o objeto em si que permite que ele seja observado de diferentes ângulos (perspectivas), no contexto social são os diferentes membros de uma equipe que estão trabalhando em conjunto que oferecem diferentes perspectivas para moldar uma ideia e iniciar, por exemplo, um processo de inovação.

Ainda que essas diferentes perspectivas sejam fundamentais, Beuys também ressalta a ideia de que a qualidade do próprio diálogo é essencial para o resultado da escultura social. O resultado, diz ele, é influenciado predominantemente pela tensão criativa do processo, que é apoiado por uma ampla estrutura e, ao mesmo tempo, por uma atitude aberta. Aqui, a atitude aberta refere-se principalmente ao fato de os membros serem vistos como iguais. Eles se respeitam independentemente de suas origens e todos compartilham a visão de que a diversidade torna a relação mais valiosa.

Quatro exemplos demonstram o impacto extraordinário do conceito de escultura social de Beuys nos dias de hoje. Mesmo que nos quatro exemplos a empresa não utilize explicitamente esse conceito de Beuys, é possível identificar estratégias e conceitos que estão relacionados de forma direta com os pensamentos inovadores do artista. Todas essas estratégias e conceitos têm em comum um elemento fundamental: o diálogo enquanto forma de compartilhar e integrar diferentes pontos de vista para destravar a criatividade e construir uma perspectiva inovadora para a empresa.

Ideo – Sempre que a empresa inicia um processo de inovação, a composição da equipe é um fator essencial. No caso do projeto do carrinho de compras, a equipe incluía um engenheiro de Stanford, um MBA de Harvard, um linguista, um especialista em marketing, um psicólogo e um estudante de biologia. Essa configuração possibilita as várias perspectivas que Beuys considerava essenciais para iniciar um verdadeiro processo criativo. Entretanto, bem mais importante do que apenas a **diversidade** é o respeito entre os integrantes da equipe, que se veem como iguais e trabalham em direção a uma visão compartilhada. Como a estrutura hierárquica é uma realidade quase sempre presente nas empresas estabelecidas, ao formar uma equipe de inovação, é necessário ter em mente essa diversidade. Vele evidenciar que existe um espaço em que as hierarquias "normais" não são aplicáveis e as pessoas não são culpabilizadas por não desempenharem o papel ditado pelos níveis hierárquicos usuais.

Escolas de Negócios – Nas escolas de negócios de primeira linha, não é incomum encontrar dois tipos bastante distintos de corpo docente: os professores que se destacam no **ensino** e aqueles que se voltam para a **pesquisa**. Somente se esses dois tipos forem tratados igualmente pela administração da instituição e respeitarem-se verdadeiramente como colegas será possível criar uma atmosfera inspiradora e única para promover a transferência prática de conhecimentos. É possível articular esses dois tipos de corpo docente aumentando a **sociabilidade** e a **solidariedade** em torno de um propósito e, com isso, abrir um fluxo intenso de pesquisas aplicadas, voltadas para os clientes de uma determinada empresa. Ao mesmo tempo, por meio do feedback dos clientes, os acadêmicos podem avaliar o grau de impacto de suas teorias. Além dessa articulação especial, as escolas de negócios podem desenvolver abordagens relevantes para os acadêmicos e também para os profissionais de administração praticantes. Porém, essa abordagem ainda assim tende a ser a exceção, e não a regra.

Indústria – Imagine uma empresa típica de engenharia de máquinas operatrizes. Neste caso, normalmente podemos perceber um fator interessante, que os melhores engenheiros trabalham no departamento de P&D (pesquisa e desenvolvimento), enquanto os profissionais com qualificação educacional inferior começam na área de produção. As equipes de venda em geral são compostas por engenheiros que não conseguiram se dar bem com P&D ou produção. Em algumas empresas, essas divisões hierárquicas estão tão enraizadas no DNA, que, quando começamos a formar uma equipe eclética, com participantes das áreas de P&D, produção e vendas, a diversidade existe, mas é difícil estabelecer o respeito entre os membros. É importante reconhecer esse problema. Em uma situação desse tipo, os gestores devem quebrar as regras hierárquicas — por exemplo, criando um espaço em que as normas de interação e comunicação da empresa sejam seguidas de um modo não usual.

Sem o respeito pelas habilidades e qualificações individuais e sem um objetivo convincente em comum, o desempenho da equipe pode ficar bem abaixo do ideal, desencadeando imediatamente determinados conflitos. Portanto, para estimular a criatividade, é indispensável renovar os padrões de comportamento da empresa. Isso ocorreu quando a Volkswagen decidiu deixar a Audi desenvolver sua própria linha de automóveis em 1994. Essa foi uma oportunidade única para a empresa e o momento em que foi possível formar uma equipe interfuncional para criar uma nova marca. Essa pequena equipe sentiu-se como uma elite dentro da empresa e estabeleceu suas próprias regras de colaboração. Em 1997, essa equipe lançou o *Audi TT*, que ajudou a Audi a transformar sua imagem de fabricante de automóveis familiares para fabricante de automóveis esportivos modernos a fim de competir com marcas como Porsche, BMW e Lexus.

Consultoria – A empresa de consultoria Egon Zehnder, especializada em recrutamento de executivos, reconheceu em vários projetos em nível de direção executiva que os melhores líderes normalmente têm habilidade para iniciar uma cultura de diálogo. Além disso, esses profissionais talentosos com frequência têm competência para reconhecer os diversos tipos de habilidade e aptidão de seus funcionários e lançam mão disso para gerar novos valores. Eles coordenam os diferentes dons dos funcionários para melhorar o alinhamento com o mercado ou iniciar processos de inovação dentro da empresa.

A Egon Zehnder desenvolveu um formato de avaliação para examinar o potencial criativo da alta administração. De acordo com a experiência da empresa, ela define a criatividade no nível administrativo da seguinte forma:

- Um alto executivo com grande potencial criativo deve ter percepção e capacidade para estimular diálogos construtivos dentro da organização.

- Esse alto executivo tem grande competência para iniciar esse processo convidando as pessoas para compartilhar seus pontos de vista.

- O executivo competente utiliza essas contribuições para compreender melhor as situações complexas e é capaz de se envolver em vários processos de mudança organizacional de uma maneira emocional.

Contudo, a Egon Zehnder também reconhece que os executivos altamente talentosos talvez nem falem sobre criatividade nem tenham consciência de que estão estimulando a criatividade. Na verdade, sua experiência e percepção de criatividade são intrínsecas e isso permite criar naturalmente situações propícias para a condução de renovações constantes na empresa.

Conclusão

Examinando a vida de Beuys e compreendendo sua postura a respeito de criatividade, os gestores podem identificar soluções que possibilitem que as pessoas revelem seu potencial criativo. Utilizando a abordagem de Beuys, os gestores terão ideias valiosas para estimular a criatividade individual dentro da empresa e desenvolver processos, estruturas e uma atmosfera ideal para a inovação. Os gestores devem reconhecer que, a despeito da existência de abordagens analíticas que recorrem a métricas e indicadores para solucionar problemas, a imaginação, inspiração e intuição ainda têm um papel extremamente importante a desempenhar nos negócios modernos.

Em vez de se confinar nas fronteiras de uma cultura administrativa estabelecida e em métodos organizacionais herdados, os gestores devem reconhecer a possibilidade de esculpir métodos de inovação e interações sociais dentro da empresa, do mesmo modo que Beuys, ao interpretar o processo de criatividade, criou novos estilos de arte. É possível considerar a interação humana dentro das empresas como um espaço escultural, que pode ser modelado metaforicamente da mesma forma que uma escultura real, para estimular a inovação e a criatividade. Talvez a expressão "entalhamento da criatividade" deva fazer parte do vocabulário da administração no século XXI.

Literatura adicional recomendada

Amabile, T. M., Conti, R, Coon, H. Lazenby, J. e Herron, M. *Assessing the Work Environment for Creativity. Academy of Management Journal*, 39, nº 5, outubro de 1996, pp. 1.154-1.184.

Amabile, T. e Khaire, M. *Creativity and the Role of the Leader. Harvard Business Review*, 10, outubro de 2008, pp. 100-109.

Brown, T. *Design Thinking. Harvard Business Review*, 92, junho de 2008, pp. 85-92.

Catmull, E. *How Pixar Fosters Collective Creativity. Harvard Business Review*, 86, 9 de setembro de 2008, pp. 64-72.

Hall, G. *Inside the Theory of U. Reflections*, 9, nº 1, 2008, pp. 41-46.

Harlan, V. *Was Ist Kunst? Urachhaus*. Auflage; 6. A, 2010.

Malakate, A., Andriopoulous, C. e Gotsi, M. *Assessing Job Candidates' Creativity: Propositions and Future Research Directions. Creativity and Innovation Management*, 16, 3 de setembro de 2007, pp. 307-316.

Ready, D. A. e Conger, J. A., *Make Your Company a Talent Factory. Harvard Business Review*, 85, 6 de junho de 2007, pp. 68-77.

Stachelhaus, H. *Joseph Beuys, Neuausgabe*. List Tb; Auflage, 2006.

CAPÍTULO 5

Picasso, van Gogh e Gauguin
Ensinamentos da Arte para Gerentes e Executivos Globais

Introdução

A emergência da **globalização**, tal como ela se evidencia no momento, tem sido vista pelas empresas tanto como **ameaça** quanto **oportunidade** e vem suscitando um interesse contínuo pelo domínio do paradigma global. Ela foi impulsionada por grandes avanços tecnológicos. Diferentes ondas de evolução tecnológica diminuíram sensivelmente o tempo, os custos e a complexidade da circulação de produtos, do trânsito de pessoas e da comunicação no âmbito internacional. Esses avanços tecnológicos encolheram o mundo, impondo adaptações e mudanças socioculturais. Em alguns casos, a evolução tecnológica que sustentou a globalização produziu rupturas em setores estabelecidos e as empresas que não conseguiram se adaptar foram engolidas ou desapareceram do cenário mercadológico. Entretanto, outras empresas reconheceram o ritmo aparentemente implacável da globalização como uma oportunidade de crescimento e utilizaram a inovação e a criatividade para romperem fronteiras nacionais ou regionais e tornarem-se entidades verdadeiramente internacionais. Neste capítulo, propomos que os gestores modernos podem aprender muito se voltarem no tempo e examinarem como os artistas adaptaram-se à globalização contínua das artes de meados do século XIX. Analisamos a obra de três pintores, especificamente: Vincent van Gogh, Paul Gauguin e Pablo Picasso. Esses três pintores reagiram de maneira distinta à crescente interconexão do mundo. Por esse motivo, analisamos essas reações à globalização para extrair delas alguns ensinamentos para os gerentes globais do século XXI.

Primeiros Propulsores da Globalização no Mundo da Arte: Do Início do Século XIX ao Século XX

A Mudança do Sistema Social

A Revolução Francesa (1789-1799) foi um dos acontecimentos mais significativos da história europeia moderna. O final do Estado corporativo absolutista feudal, o surgimento dos princípios iluministas de cidadania e a Declaração dos Direitos do Homem e do Cidadão foram responsáveis por profundas mudanças na sociedade e moldaram o conhecimento moderno sobre a democracia. Antes da Revolução Francesa, a Igreja e a aristocracia eram os principais patrocinadores das artes. Esse mercado estava firmemente voltado para as artes representativas, como retratos, temas religiosos e mitológicos ou paisagens destinados à classe aristocrática. Contudo, com as

104 A FINA ARTE DO SUCESSO

mudanças decorrentes dessa revolução social, emerge uma nova sociedade — a **sociedade civil** —, na qual também havia uma demanda por artes representativas, mas de gosto distinto. Esses novos princípios supunham um estilo de arte apropriado às mudanças que ocorriam na dinâmica social, que se referisse, por exemplo, ao papel mutável da igualdade social ou à importância da classe média que então surgiria. Os artistas precisavam adaptar-se a essa demanda para retratar, por exemplo, o status de uma determinada pessoa na sociedade civil ou escolher um segundo plano apropriado.

Pintores como Jacques-Louis David (1748-1825) adaptaram-se às rápidas mudanças sociais já desde o início da Revolução Francesa. Iniciando sua carreira como membro da Academia Real e pintando o retrato do último rei francês, Luís XVI, ele se tornou um participante ativo da Revolução Francesa, como membro do Partido Jacobino, e foi amigo íntimo de Robespierre (1758-1794). Nessa posição, Jacques-Louis David teve oportunidade de retratar vários membros dessa nova sociedade civil. Paradoxalmente, ele chegou ao fim de sua carreira como pintor da corte do primeiro-cônsul e posterior imperador francês autocoroado Napoleão Bonaparte (1769-1821).

Na França, a demanda ascendente dessa nova sociedade civil estabeleceu um mercado de arte crescente. Em meados do século XIX, Paris surgiu como o centro do mundo da arte, especialmente para os pintores. Diferentemente de Florença, no século XV, e de Roma, no século XVII, em que o enfoque da atividade artística recaía-se sobre o *status* e o poder das cidades-Estado, o mercado de arte parisiense identificava-se com clientes novos e proeminentes e com seu status político-social. O **Salão de Paris**, fundado em 1667 por Ludwig XIV, representava então o mercado de arte do período pré-revolucionário e acolhia unicamente os membros da Academia Real. Após a revolução, essa instituição abriu-se para outros artistas. Entretanto, na década de 1860, ainda constituía o principal (se não o único) mercado de arte para os artistas que tentavam ter acesso a essa nova elite; o Salão de Paris ainda era moldado pela herança aristocrática do período pré-revolucionário. Embora tivesse surgido uma nova "clientela", esses novos clientes provinham principalmente da elite do novo tecido social daquela época.

Durante vários anos, a principal exigência para estabelecer uma carreira artística de sucesso na França era ser reconhecido pela exposição do Salão de Paris. Os critérios de seleção das obras expostas no Salão de Paris eram em grande medida convencionais e as novas ideias com frequência eram subjugadas. O salão expunha principalmente artistas consagrados e o número de rejeições aumentou regularmente nas décadas de 1850 e 1860. Os artistas excluídos do salão enfrentavam grande dificuldade para encontrar clientes para as obras que produziam. Um exemplo notável foi a tela *Almoço na Relva*, de Édouard Manet (1832-1883), apresentada ao corpo de jurados do Salão de Paris em 1863. Sem dúvida uma **pintura notadamente erótica**, essa tela foi oficialmente rejeitada por sua falta de percepção de beleza e habilidade técnica. Hoje, ela é reconhecida como uma das pinturas mais importantes de Manet e uma das principais obras de arte da época.

O fato de a obra de Manet não ter sido aceita era um indício de que mesmo os artistas mais talentosos seriam rejeitados pelo Salão de Paris, a menos que estivessem dispostos a se conformar com os critérios convencionais dessa instituição. Por esse motivo, Napoleão III criou em 1863 o **Salão dos Recusados**, que rapidamente ganhou popularidade entre as classes médias emergentes da sociedade parisiense. Pintores famosos como Claude Monet (1840-1926), Alfred Sisley (1839-1899), Manet, August Renoir (1841-1919) e Gustave Corbet (1819-1877) expunham suas obras nesse novo salão, e outras exposições concorrentes foram criadas subsequentemente ao sucesso desses artistas. Nos anos posteriores, essas exposições ganharam importância crescente e receberam ampla cobertura da imprensa. Com o tempo, esse acontecimento daria origem ao **Salão dos Independentes**, fundado como um espaço artístico "democrático" em 1884, e uma verdadeira revolução finalmente se instaurou no *establishment* da arte.

Esse novo segmento de mercado, então emergente, tornou-se especialmente interessante para os clientes que queriam ressaltar sua mobilidade social e sua modernidade. Os artistas que expunham no Salão dos Independentes distinguiam-se do mercado tradicional representado pelo Salão de Paris, visto que eram inovadores e abraçavam novas técnicas artísticas, como o pontilhismo ou a pintura *plein air* (ao ar livre). Essa tensão entre os artistas consagrados e os novos e emergentes atraiu grande atenção para Paris e criou o assim chamado "espírito artístico de Paris", que durou até as décadas de 1920 e 1930, atraindo colecionadores famosos como Alfred Barnes (1872-1952), cujo acervo, congregado por pintores como Manet, Vincent van Gogh (1853-1890), Paul Gauguin (1848-1903), Pablo Picasso (1881-1973) e outros, foi exposto em 1923 na Academia de Belas-Artes da Pensilvânia.

Ao mesmo tempo em que essa hierarquia e tradição eram rompidas na França, os artistas estavam buscando ativamente inspiração na ciência, na tecnologia e em culturas estrangeiras, a fim de desenvolver novos estilos e técnicas artísticos. Com o gradativo declínio da influência do Salão de Paris, os artistas foram incentivados a olhar para além das fronteiras nacionais e dos rigorosos "critérios" que definiam o que era aceitável como obra de arte. Ao longo do período de 1850-1900, quatro **propulsores** fundamentais apoiaram esse salto na **inovação** e na **criatividade**: a invenção da fotografia, as novas formas de transporte, a influência de culturas estrangeiras e os avanços científicos nos pigmentos químicos, nos efeitos ópticos e na percepção.

106 A FINA ARTE DO SUCESSO

Primeiro Propulsor – A Ruptura Inovadora Provocada pela Fotografia. Em 1826, Joseph Nicéphore Nièpce inventou a **fotografia**. Suas pesquisas técnicas para produzir uma imagem "verdadeiramente viva" foram iniciadas em 1816, quando Nièpce conseguiu transpor uma imagem temporária em papel recoberto com cloreto de prata em sua câmara **escura**. Depois de vários outros experimentos elaborados, em 1826 Nièpce criou a primeira fotografia real — uma paisagem fora de seu estúdio. Ele levou oito horas para tirar a foto, utilizando um tipo especial de verniz de asfalto. Em 1835, William Fox Talbot inventou o procedimento positivo-negativo. E, em 1883, a primeira foto "rasterizada", uma invenção de Georg Meisenbach, foi impressa no jornal *Illustrierte Zeitung*, de Leipzig.

A partir desse momento foi possível reproduzir imagens em maior escala, oferecê-las mais rapidamente do que as obras pintadas à mão e produzi-las por um custo menor. O significado disso foi que a demanda por uma parte substancial do mercado de produção artística — a **pintura de imagens representativas e realistas de pessoas** — diminuiu sensivelmente. Alguns artistas tentaram reagir a essa inovação desenvolvendo **novas técnicas de pintura**. Por exemplo, o famoso pintor de retratos Franz von Lenbach (1836-1904) desenvolveu um rápido processo de pintura (concentrando-se apenas em partes importantes da pintura e deixando o fundo bastante rudimentar) para agilizar a produção e diminuir o custo. Embora Lenbach tivesse ótima reputação e fosse altamente requisitado na sociedade civil (ele pintou o retrato de Otto von Bismarck), ele sabia que essa nova tecnologia representava uma atividade concorrente. Por esse motivo, Lenbach e outros pintores tentaram reproduzir diversos aspectos da fotografia, como a breve expressão específica da pessoa retratada, possibilitando que as pinturas parecessem extremamente atuais e recentes. Todavia, essas tentativas não conseguiram desacelerar de modo significativo o **declínio da pintura de retratos** e os pintores foram forçados a descobrir novas formas e expressões artísticas que não competissem diretamente com a fotografia.

Ao mesmo tempo em que o retrato fotográfico florescia como uma nova atividade comercial no mundo ocidental, ele era utilizado nas expedições às "novas" colônias conquistadas na África e em partes da Ásia-Pacífico. Com a fotografia, as impressões visuais sobre culturas estrangeiras que afluíam aos jornais, aos periódicos e a outras publicações europeias podiam agora ser produzidas com uma qualidade e quantidade distintas. O declínio do mercado de obras de arte representativas (especialmente as ilustrações de paisagem, de situações familiares e de retratos) forçou os pintores a procurar inspiração e, paradoxalmente, para muitos deles, essa inspiração foi propiciada pelas janelas que a fotografia abriu para o novo mundo. Simultaneamente, o rompimento com a hierarquia e tradição do Salão de Paris e o surgimento das exposições de arte não tradicionais ofereceram novos espaços para a experimentação.

Segundo Propulsor – Meios de Transporte Mais Fáceis. Após mais de quatro séculos de expedições, lançadas por diversos países, como Espanha (Cristóvão Colombo no século XV e Fernando de Magalhães no século XVI) ou Inglaterra (James Cook, no século XVIII), o mundo foi amplamente explorado sob um ponto de vista europeu. No início do século XIX, surgiu a necessidade de explorar os países colonizados de uma maneira diferente e, por meio dessa exploração, de aumentar o poder econômico dos colonizadores. As viagens internacionais ficaram bem mais fáceis a partir de meados do século XIX e, embora vários países europeus, como França, Inglaterra e Holanda, há muito tempo tivessem estabelecido rotas comerciais marítimas para essas novas colônias, o final do século XIX testemunhou uma expansão na navegação comercial, que estabeleceu rotas de transporte regulares de carga e de passageiros. Isso foi possibilitado principalmente pela invenção técnica do navio a vapor. Por exemplo, o empresário alemão Adolph Woerman (1847-1911) fundou uma companhia de navegação em 1880 com um único navio a vapor e 12 barcos a vela. Contudo, a demanda por viagens mais rápidas era tão grande, que com o tempo ele transformou toda a sua frota em navios a vapor. Woerman conseguiu oferecer viagens confortáveis para a África do Sul e Ocidental que antes eram caras e perigosas e estavam ao alcance apenas dos membros mais ricos da sociedade.

Além do comércio de produtos comerciais e de *commodities* como óleo de palma, café, cacau e especiarias, havia também um fluxo de diários de viagem, objetos culturais, roupas, cerâmicas e joias ao longo das rotas para a Europa. Os artistas ficaram interessados pelos objetos culturais e pelas obras de aventura e de expedição, reconhecendo intuitivamente o potencial de suas próprias experimentações artísticas nesse sentido. Os livros escritos por viajantes e autores como Pierre Loti (1850-1923: *Le Mariage Loti*, 1880) geraram grande interesse pelo mundo exótico e natural da Polinésia francesa. *Le Mariage de Loti* (*O Casamento de Loti*) permaneceu durante vários na lista dos livros mais vendidos na França e inspirou a crença na ideia de uma vida simples e pura.

Ao longo dos séculos, não era incomum os artistas europeus viajarem ou estudarem em outras regiões continentais da Europa. Não obstante, enquanto artistas como Albrecht Dürer (1471-1528) viajavam à Itália para aprender técnicas de pintura, os pintores do século XIX procuravam cada vez mais diferentes "ambientes" artísticos em que pudessem desenvolver um estilo próprio. Um exemplo é Vincent van Gogh, que viveu por um bom tempo no sul da França para estudar a luz clara e exuberante desse cenário. Atualmente, como as viagens estão mais acessíveis, os artistas estão viajando com uma frequência ainda maior para buscar inspiração criativa e investigar intensamente como eles podem integrar as influências exóticas estrangeiras em sua própria obra de arte.

Terceiro Propulsor – A Descoberta e Influência de Culturas Estrangeiras. Com a expansão da colonização, um mundo completamente novo se abriu e a Europa ficou decisivamente impressionada com as culturas estrangeiras. Isso pode ser demonstrado, por exemplo, pela **Feira Mundial**, criada em 1851 em Londres. O objetivo dessas exposições era exibir debaixo de um mesmo teto a singularidade das colônias e suas características e demonstrar o potencial econômico da expansão do domínio de territórios no exterior. Essas exposições eram uma afirmação da Europa sobre sua capacidade de governar outros países e, além disso, de transformar Estados europeus poderosos em verdadeiros impérios globais. Contudo, com a descoberta do Novo Mundo e a criação das colônias, predominava uma mentalidade europeia obcecada pela exploração, e não pelo conhecimento sobre culturas estrangeiras.

Dos anos de 1600 em diante, a Europa começou a perceber os territórios e os habitantes estrangeiros de três formas principais. Essas três perspectivas foram empregadas e discutidas com ênfase diferente em épocas distintas. No início das grandes expedições, em torno do século XV, o estrangeiro era visto como um **ser humano equivalente**. Por meio da influência do frade dominicano Bartolomé de Las Casas (1484-1566), que se juntou a Cristóvão Colombo (1451-1506) em sua segunda viagem ao Novo Mundo, Colombo passou a ver os estrangeiros como seres iguais. Las Casas ficou conhecido como um dos primeiros representantes dos direitos humanos por sua determinação em lutar pelos nativos encontrados em sua expedição. Ele encarou os habitantes descobertos como possíveis cristãos e súditos da coroa espanhola e, nesse sentido, os dotou dos mesmos direitos.

Posteriormente, no século XVI, nos tempos de Hernán Cortés (1485-1547), os estrangeiros passaram a ser considerados **indivíduos perigosos** que ameaçavam a sociedade "civilizada". Houve debates na Espanha a respeito da natureza humana dos habitantes do mundo conquistado e sobre se eles poderiam ser colonizados ou transformados em escravos. Essas visões foram responsáveis por atrocidades e pelo sofrimento disseminado das populações nativas de vários países colonizados ao longo de um período de vários séculos.

Do início dos anos de 1800 em diante, as ideias do filósofo e educador Jean-Jacques Rousseau (1712-1778) renovaram o debate sobre a condição dos povos nativos. Rousseau considerava os povos nativos como **"o outro ser"** ou, como ele mesmo disse, "o verdadeiro eu fora de nós". Todavia, a propagação das ideias de Charles Darwin sobre a evolução das espécies também contribuíram para esse debate. Muitos europeus "instruídos" então defendiam que a subjugação dos povos nativos era um processo de seleção "natural" de seres humanos bem mais desenvolvidos sobre os menos desenvolvidos.

Esses três pontos de vista sobre o estrangeiro eram projeções do pensamento eurocêntrico que davam pouca atenção à realidade específica das sociedades e dos povos estrangeiros. Por isso, não é nem um pouco de surpreender que no final do século XIX as opiniões às vezes fossem contraditórias; esse debate era motivado pela necessidade de compreender as culturas estrangeiras. Com frequência, as discussões eram estimuladas pela crença de que os habitantes das novas colônias ainda não haviam atingido a mesma condição de evolução dos europeus e de que essas culturas estrangeiras precisariam seguir as mesmas etapas de evolução para alcançar o nível de desenvolvimento da Europa. Os museus etnológicos que reuniam coleções de arte e artefatos estrangeiros, abertos em cidades europeias como Bruxelas, Londres, Paris, Viena e Berlim, não fizeram outra coisa senão apresentar os aspectos exóticos das culturas estrangeiras; a Europa não foi estimulada a obter um nível de conhecimento transcultural mais aprofundado.

A despeito dos pontos de vista tacanhos da época a respeito das culturas estrangeiras, os artistas tiveram acesso a acervos etnográficos e foram atraídos pela afluência de objetos estrangeiros. O mais interessante para os artistas eram os diferentes atributos estéticos da produção artística, como formas, cores, elementos estruturais e composição. Em grande parte das vezes, eles adotaram uma abordagem artística com relação a esses objetos estrangeiros, o que significa que eles estavam mais interessados em apenas perceber a cor, a forma etc., desses objetos do que em compreender suas origens culturais ou sua função. Essa postura manteve a mente dos artistas aberta e lhes permitiu mesclar diferentes estímulos criativos em termos estéticos abstratos. Eles começaram a brincar com essas experiências e a integrar o exótico em suas experimentações artísticas para desenvolver novos estilos e obras de arte. Essa experimentação deu lugar à mentalidade e filosofia da então nascente *avant-garde* (vanguarda).

Quarto Propulsor – Avanços Científicos nas Cores, nos Efeitos Ópticos e na Percepção Abstrata. Durante o século XIX, autores científicos como Michel Eugène Chevreul, Ogden Rood e David Sutter redigiram tratados sobre cores, efeitos ópticos e percepção. Eles conseguiram traduzir pesquisas científicas de Hermann von Helmholtz (1821-1894) e Isaac Newton (1643-1727) para uma forma escrita compreensível para os não cientistas. Chevreul (1786-1889) talvez tenha sido a influência mais importante sobre os artistas da época; sua grande contribuição foi a criação do **círculo de cores**, que reunia tons primários e intermediários.

Em vista de sua atração pela ciência, os impressionistas estavam particularmente interessados na interação entre as cores. Pintores como Claude Monet não pintaram o que era aparentemente real, mas o que era percebido nas observações da natureza. Por esse motivo, a fachada de um prédio ou a aparência de uma paisagem podia ser totalmente diferente, dependendo da condição da luz. George Seurat (1859-1891) inventou o **pontilhismo**, um estilo de pintura baseado estritamente em pesquisas científicas sobre os efeitos ópticos das cores. Seurat acreditava que o pintor poderia utilizar a cor para criar harmonia e emoção na arte da mesma maneira que os músicos utilizavam o contraponto e a variação para criar harmonia na música. Ele teorizou que a aplicação científica das cores era semelhante a qualquer outra lei natural e foi levado a provar sua conjectura. Seurat achava que o conhecimento sobre a percepção e as leis ópticas poderia ser utilizado para criar uma nova linguagem de arte baseada em um conjunto próprio de heurísticas e resolveu mostrar essa linguagem por meio de linhas, da intensidade de cores e do esquema de cores. Ele chamou essa linguagem de **cromoluminarismo** ou **divisionismo**. Ao recorrer a pesquisas científicas, esses artistas posicionaram-se na vanguarda do desenvolvimento artístico e criaram um conhecimento inicial sobre o que mais tarde viria a se tornar a marca da modernidade, transformando-se na **classe criativa** ou na *avant-garde* da sociedade.

Outra mudança fundamental foi a utilização de formas abstratas nas composições. Paul Cézanne (1839-1906) foi o precursor dessa nova abordagem. Ele analisava a natureza e via na situação real outra realidade — a realidade das formas abstratas. Cézanne desenvolveu uma espécie de estilo meditativo de observação da natureza, evitando a percepção normal para se centrar em um ponto de vista mais longínquo, e descobriu por meio dessa abordagem formas geométricas básicas como o cubo, cilindro e cone por trás da natureza que ele observava. Cézanne não raro falava sobre como "não pintar a realidade", descrevendo a pintura como um processo de "percepção do real". Ele sempre quis pintar o que ele percebia, e não o que poderia ser visto como real. Suas pesquisas a respeito do que ele chamou de "a realidade das imagens", realizadas ao longo de toda a sua vida, exerceram uma decisiva influência sobre a arte do século XX, porque foram elas que ofereceram os pilares para o **movimento abstrato**. Seu conceito influenciou muitos artistas, como George Braque (1882-1963) e Pablo Picasso. Esses pintores inventaram, com base no conceito de Cézanne, a **ideia do cubismo**, um conceito artístico radicalmente novo que integrava diferentes perspectivas de um objeto observado bidimensionalmente. Por meio do cubismo, os parâmetros desses pintores sobre produção artística mudaram fundamentalmente. Para eles, não era mais importante trabalhar com a postura do realismo perfeito e desse modo puseram em prática o conceito artístico de Cézanne em sua criação material.

Quando a adoção de elementos abstratos rompeu com a tradição, os artistas perceberam que esses elementos estavam livres do lastro e dos preconceitos que, na opinião deles, inibiam as formas tradicionais de produção artística. Esse método de percepção sem preconceitos e a consequente e propositada experimentação desses elementos artísticos revelaram as várias e diferentes influências que estavam impulsionando a globalização em meados do século XIX.

Adoção, Integração e Fusão – Como os Artistas Adaptaram-se à Globalização do Mundo da Arte

Ao longo da história, os artistas sempre souberam lidar extremamente bem com as influências para torná-las parte de sua linguagem artística. Desde o início do século XVI, objetos excêntricos foram integrados à pintura — por exemplo, nas pinturas de natureza-morta — para que a obra se tornasse mais atraente. O artista italiano Pietro Longhi (1702-1785), por exemplo, pintou em 1751 *O Rinoceronte*, exibindo um grupo de pessoas entusiasmadas diante de um animal estranho e exótico — um rinoceronte africano. Entretanto, no final do século XIX, esse tipo de experimentação ganhou impulso porque os artistas estavam procurando ampliar de forma sistemática sua mentalidade por meio de influências, inovações, conceitos e invenções artísticas provenientes de culturas estrangeiras.

Observamos principalmente três soluções diferentes empregadas pelos artistas para lidar com os desafios da globalização do século XIX: **adoção**, **integração** e **fusão**. O conhecimento obtido pelos artistas a respeito de culturas estrangeiras, por meio da reprodução de técnicas, abordagens ou conceitos artísticos — por exemplo, as experiências de Vincent van Gogh com xilogravuras japonesas —, foi chamado de **adoção**. A **integração** foi a abordagem adotada por artistas como Paul Gauguin, que articulou suas experiências no mundo taitiano da Polinésia Francesa, dotado de luzes e cores, e o conhecimento clássico europeu sobre composição. Por fim, analisaremos Picasso e a forma como ele criou suas obras de acordo com diferentes influências europeias e africanas por meio da **fusão**, uma abordagem artística completamente nova. Descreveremos a fusão como a estratégia que mesclou diferentes características culturais, sem viés etnocêntrico nem hierarquização cultural, para criar um novo estilo global.

Adoção – Vincent van Gogh (1853-1890)

Vincent van Gogh nasceu em Zundert, na Holanda, da união entre um pastor e a filha de um impressor de livros. Depois de deixar a escola, van Gogh deu início à sua formação artística na galeria de arte de Haia, da empresa *marchand* Goupil & Cie, concluindo seu aprendizado em 1874 na filial londrina dessa empresa, que lhe ofereceu a oportunidade de visitar os museus e as salas de exposição dessa cidade então em franca expansão. Em 1875, ele se mudou para Paris, onde começou a se distanciar cada vez mais dos relacionamentos sociais. Nos três anos e meio subsequentes, ele experimentou diferentes profissões, tentando ser professor assistente e, posteriormente, pastor assistente. Trabalhou como pregador em minas da Bélgica até 1880, ocasião em que a Igreja recusou-se a estender seu contrato de trabalho. Nesse momento crítico de sua vida, van Gogh decidiu seguir a carreira de pintor, e foi amparado nessa transição por seu irmão Theo, que havia se tornado um *marchand* estabelecido em Paris. Theo apoiou financeiramente van Gogh pelo resto de sua vida, negociando a maioria de suas pinturas para que seu irmão obtivesse esse apoio financeiro. Em 1886, Vincent van Gogh mudou-se para Paris para viver com Theo e, por intermédio da galeria do irmão, obteve acesso pela primeira vez a xilogravuras japonesas importadas. A partir de 1853, quando o Japão começou a se abrir para o mundo ocidental, essas obras de arte espetaculares e incomuns começaram a aportar à Europa. Em 1887, van Gogh começou a mudar seu estilo de composição e a utilizar as cores de acordo com as influências japonesas. Em uma carta a seu irmão Theo, em 24 de setembro de 1888, ele assim escreveu: "Invejo os japoneses pela enorme clareza que imbuem em suas obras. Elas nunca são opacas e nunca parecem que foram feitas às pressas. Elas são tão simples quanto o ato de respirar, e eles desenham uma imagem com algumas poucas linhas muito bem escolhidas com a mesma facilidade e com a mesma tranquilidade com que se abotoa um colete."

Três de suas pinturas a óleo desse período foram copiadas de xilogravuras do famoso pintor japonês Hiroshige (1797-1858). Duas foram reproduções perfeitas. Uma delas foi *Jardim de Damascos Japonês* (*Kameido Ume Yashiki*), de Hiroshige, de 1857, que van Gogh chamou de *Árvore de Ameixa em Florescência*, cópia de 1887. A outra foi *Temporal em Ohashi* (1857), que se tornou *A Ponte Debaixo da Chuva* (1887).

Foi a influência da arte japonesa que permitiu que van Gogh desenvolvesse o estilo de pintura ousado pelo qual ele se tornaria famoso. Em outras cartas a Theo, nessa época, ele mencionou as **características japonesas** específicas que ele adotou em sua obra: "A falta de sombras corporais e projetadas, superfícies planas de cores sem nenhuma alteração — circundadas por linhas pretas, uma perspectiva incomum, minúsculos contornos deslocados em uma paisagem."

Além da adoção direta dos estilos de composição e das cores da obra de Hiroshige, a escolha de temas de van Gogh foi amplamente influenciada pelas obras de arte japonesas. Isso pode ser visto na série de árvores frutíferas vicejantes que ele pintou em 1888. Sem a influência das obras de arte japonesas e a disposição de van Gogh em experimentar esse estilo, o extraordinário corpo de obras desse pintor nunca teria sido concebido.

As obras de arte japonesas influenciaram vários artistas na segunda metade do século XIX. Na realidade, o **"japonismo"** foi um fenômeno amplamente disseminado entre muitos pintores, como Edgar Degas, Edouard Manet, Claude Monet, Henri Tolouse-Lautrec e outros. A questão que chama atenção é que todos esses pintores meramente adotavam e experimentavam o fenômeno estético japonês — eles não estavam procurando compreender a fundo as raízes e a mentalidade da cultura japonesa.

Integração – Paul Gauguin (1848-1903)

Paul Gauguin, nascido em Paris, era filho de um jornalista liberal e de uma escritora. A fim de escapar das circunstâncias adversas da Revolução de Fevereiro, na França, em 1848, seus pais mudaram-se com ele para o Peru. Em 1853, a família voltou para a França e aos 17 anos Gauguin alistou-se na Marinha francesa, uma carreira que lhe possibilitou viajar para a América do Sul e ao Círculo Polar. Em 1872, com a ajuda de seu tutor, G ustave Arosa, ele conseguiu um cargo em um banco, onde se enriqueceu como corretor da bolsa de valores. Gauguin teve oportunidade de levar uma vida de luxo. Teve cinco filhos com sua mulher, Mette-Sophie Gad. Como Gustave Arosa era apaixonado pela arte, Gauguin foi apresentado às obras de arte de Eugène Delacroix (1798-1863), Gustave Courbet (1819-1877) e Camille Corot (1796-1875), dentre outros. Inspirado por esses artistas, Gauguin começou a pintar em 1876. Ele foi convidado para uma exposição dos impressionistas e tornou-se aluno de Camille Pissarro (1830-1903), professor de Paul Cézanne (1839-1906), em 1879. Após a queda da Bolsa de Valores de Paris em 1882, época em que perdeu o cargo de banqueiro, Gauguin resolveu ganhar a vida com suas obras de arte.

Influenciado pela literatura de Pierre Loti e pelo incrível sucesso desse escritor, Gauguin sonhava com uma vida despreocupada e livre de todas as limitações na Polinésia Francesa. Sua visão sobre as ilhas do Pacífico era típica da projeção europeia da época, em que se imaginava um mundo ideal, exótico e sensual — uma projeção do selvagem nobre de um contra-modelo da civilização europeia. Em suas conversas com o amigo van Gogh, com o qual ele dividiu um estúdio em Arles, no sul da França, em 1888, Gauguin muitas vezes falou sobre seu sonho de ter um "estúdio tropical", em que pudesse levar uma vida livre e tranquila. Contudo, Gauguin perce-

114 A FINA ARTE DO SUCESSO

beu que seu amigo van Gogh nunca deixaria a França e, por isso, planejou viver na Polinésia Francesa para investigar novas influências para a sua obra. Ele planejava voltar com uma profusão de conteúdos — por exemplo, esboços —, a fim de criar obras de arte novas e jamais vistas. Gauguin, entretanto, não queria apenas reinventar a arte; na realidade, ele desejava desenvolver projetos de vida apresentando esses conceitos por meio de suas obras. Por isso, foi um dos primeiros pintores a querer retratar a interconexão entre **vida** e **trabalho**. Ele criou o mito moderno do artista como um ser humano coerente, um mito que posteriormente se tornaria o modelo dos artistas da *avant-garde*.

Além de suas ideias sobre vida e produção artística, Gauguin sabia muito bem que seu mercado não se encontrava na Polinésia Francesa — ainda estava na França. Por esse motivo, imaginando de que forma poderia criar um novo tipo de obra de arte, com base em novas impressões e ideias, ele adotou uma nítida estratégia comercial: "O mercado precisa de um tipo de arte diferente [...] é necessário oferecer temas absolutamente novos aos clientes obtusos." Taiti parecia o lugar certo para reunir todos esses diferentes aspectos de vida e produção artística.

Em 1891, Gauguin viajou para o Taiti e ficou profundamente decepcionado. O que ele encontrou não chegava nem perto de suas projeções — isto é, o progresso da colonização francesa e a propagação do cristianismo no paraíso da Polinésia Francesa que Loti havia escrito. Sua primeira estada durou dois anos, até 1893, quando então voltou para Paris para vender as pinturas que havia produzido ao longo desses anos. Não obstante, o público de arte parisiense recusou suas pinturas, e os críticos fizeram piadas sobre seu estilo artístico **"primitivo"**, o que acabou deixando Gauguin bastante frustrado, por não ter conseguido o sucesso financeiro e a reputação que esperava. Quando ele voltou para a sua segunda estada no Taiti, de 1895 até a morte, continuou a pintar o paraíso perdido, ignorando de maneira bastante consciente as coisas que não se enquadravam em sua visão sobre um mundo ideal. Em suas pinturas, ele mostrava temas realistas, como na tela *Admirable Land* (*Terra Admirável*), refletindo a projeção europeia de "paraíso tranquilo", ou então integrava temas clássicos da arte europeia, como na tela *O Filho de Deus Nascido*.

Quando Gauguin foi para o Taiti, ele já havia desenvolvido um método de pintura bastante elaborado. Ainda que quisesse produzir um novo estilo de arte, livre dos modelos eurocêntricos, Gauguin seguiu à risca o rastro da projeção europeia sobre a existência de outro mundo nobre. Como estava profundamente arraigado à interpretação europeia de composição e utilização de cores, do ponto de vista técnico Gauguin não mudou tão sensivelmente esses elementos. Entretanto, o que ele fez durante sua estada na Polinésia Francesa foi integrar sua experiência com luzes, cores e formas diferentes em um novo **estilo** de arte. Em comparação ao seu estilo europeu, de cores atenuadas, as obras de arte produzidas na Polinésia Francesa basearam-se principalmente na utilização de cores puras e sem mistura, exibindo partes da natureza como uma interação de formas que fluíam livremente. E ele chegou ao extremo de utilizar títulos em francês e na língua taitiana original.

Vemos nesses dois exemplos, de van Gogh e Gauguin, que a adoção, por meio da cópia de artes estrangeiras, e a integração, por meio da fusão de influências estrangeiras em uma abordagem artística existente, são duas formas diferentes de lidar com culturas estrangeiras em um mundo cada vez mais global. O primeiro conceito, utilizado por van Gogh, paradoxalmente desenvolvido e aprimorado ao longo de vários séculos no mundo oriental, foi uma estratégia de aprendizagem cuidadosa e eficaz. O segundo conceito, empregado por Gauguin, foi uma estratégia de produção avançada que integrava o novo em uma abordagem artística existente. O que fundamentou esses dois conceitos foi a influência, e isso significa que a abordagem original enraizada na Europa não foi sensivelmente esquecida. Na seção seguinte, analisaremos como Pablo Picasso mudou radicalmente seu conceito de arte diante dos efeitos da globalização e de que modo ele chegou à fusão.

Fusão – Pablo Picasso (1881-1973)

Pablo Picasso nasceu em Málaga, Espanha, em 1881. Foi o primeiro filho de Don José Ruiz y Blasco (1838-1913) e María Picasso y López. Seu pai era pintor e desenhista especializado em desenhos naturalistas de pássaros e de outros animais. Picasso logo cedo demonstrou sua paixão pelo desenho e sua habilidade para desenhar, e desde os sete anos de idade recebeu formação artística formal de seu pai em desenho de modelos vivos e em pintura a óleo. Ruiz era um artista e instrutor tradicional e acadêmico. Em 1891, tornou-se professor da Escola de Belas-Artes de La Coruña. Observando a precisão da técnica artística evoluída do filho, Ruiz enxergou um extraordinário potencial no então adolescente Picasso. Quando Picasso tinha apenas 13 anos, seu pai convenceu as autoridades da Escola de Belas-Artes de Barcelona a permitir que seu filho fizesse um exame de admissão para tomar aulas avançadas. Para esse exame, normalmente os alunos precisavam de um mês para preparar um portfólio de obras, mas Picasso concluiu o trabalho em uma semana e o corpo de jurados permitiu que ele estudasse na escola.

Poucos anos depois, em 1897, o pai de Picasso e um tio decidiram enviar o jovem artista para a Academia Real de San Fernando, em Madri, a melhor escola de belas-artes do país. Por meio dessa experiência educacional, o jovem Picasso teve oportunidade de conhecer pinturas espanholas famo-

116 A FINA ARTE DO SUCESSO

sas no Museu do Prado, em Madri, de artistas como El Grego (1541-1614), Diego Velázquez (1599-1660), Francisco Zurbarán ((1598-1664) e Francisco Goya (1746-1828). Com essas experiências, Picasso recebeu não apenas conhecimentos técnicos artísticos, como composição e utilização de cores, mas também um profundo conhecimento de história da arte. Não obstante, foi apenas quando Picasso ultrapassou as fronteiras nacionais da Espanha que sua inspiração artística tornou-se verdadeiramente internacional.

Picasso chegou a Paris em 1901 e teve oportunidade de ver obras de arte importantes de pintores semelhantes, como Paul Cézanne, Edgar Degas (1834-1917) e Toulouse-Lautrec (1864-1901). A essa época, a França se considerava um país com plenos poderes coloniais: uma rede de rotas comerciais havia se desenvolvido, a economia estava florescendo e a França era vista como um dos principais países com relação à cultura. Grandes acervos, como o do Museu Etnográfico de Trocadéro, fundado em 1878, refletiam esse *status*. Por volta dessa época, os alicerces para o que hoje chamamos de arte moderna foram firmados. Várias invenções, como a pesquisa sobre os efeitos das cores, a autonomia das formas abstratas e a desconstrução do espaço tridimensional, já estavam em vigor. Dando um passo adiante, a arte moderna, conhecida como *avant-garde*, passou a considerar a invenção um princípio fundamental. Isso significava que os artistas precisavam reinventar constantemente tudo o que viam, algo em grande medida distinto de períodos anteriores nos quais a referência a pintores e obras de arte mais antigos, estabelecidos e "originais" fazia parte da abordagem artística. Os pintores começaram a associar e a misturar conceitos antigos com uma perspectiva pessoal para criar suas obras, as quais pareciam produtos novos no mercado de arte. Esse comportamento altamente competitivo era uma atitude comum da *avant-garde*. Os artistas começaram a lidar com esse dilema. Às vezes, eles negavam a fonte; outras vezes, eles se referiam a elas de uma maneira um tanto quanto óbvia.

A experiência de viver em Paris exerceu um enorme impacto sobre o jovem Picasso. Com seu colega pintor George Braque (1888-1963), Picasso desenvolveu o famoso estilo cubista. Por meio do conceito de fragmentação do espaço e de múltiplas perspectivas, que recorria à ideia de Cézanne de estrutura geométrica do espaço, eles firmaram o alicerce para o desenvolvimento da arte moderna. Daí em diante, as obras de arte não representavam mais o que era visível, mas se tornavam elas mesmas uma realidade. A produção artística então se tornou autônoma.

Em 1907, Picasso pintou *Les Demoiselle d'Avignon* (*As Damas de Avignon*). Essa obra fundamental mostrava claramente que Picasso havia passado da **integração** para a **fusão**, fundindo radicalmente diferentes abordagens culturais em uma única obra de arte. Em *Les Demoiselle d'Avignon*, por um lado fica bastante óbvio que Picasso está se referindo à pintura *Banhistas* (*Mulheres no Banho*), pintada por Paul Cézanne em 1885-1887. Ele se refere a essa pintura em vários aspectos. Por exemplo, utilizando uma proporção semelhante da tela, praticamente a mesma composição e o mesmo número de figuras. Por outro lado, a forma das figuras e do "fundo fragmentado" foi pintada de acordo com seu conceito de cubismo. Picasso, portanto, utilizou um material existente e o integrou em seu conceito, a fim de criar um novo estilo ou uma nova obra de arte.

Entretanto, Picasso também fundiu elementos nessa pintura, os quais, obviamente, não buscam inspiração na pintura de Cézanne. Ele pintou as duas figuras do lado direito diferentemente das figuras restantes. As cabeças quase não se encaixam no corpo. Uma delas, do lado superior direito, tem um fundo preto; a outra, abaixo, mostra uma forma geométrica abaixo do queixo que difere de outros aspectos da pintura. Pesquisas recentes revelaram que Picasso utilizou máscaras específicas da África Ocidental como parte de sua pintura, um fato que ele manteve como segredo artístico.

O que Picasso fez nessa pintura foi muito mais que adotar as influências de uma cultura estrangeira e integrá-las em uma tradição europeia estabelecida, como fez Gauguin. Sua abordagem foi mais longe, associando tradições culturais radicalmente distintas, que na verdade não estão relacionadas entre si, e fundindo-as em um novo conceito. Sua postura não era julgar qual parte deveria ser mais importante. Utilizando diferentes recursos artísticos globais, Picasso brincou, recombinou e experimentou o que melhor se adequava. O que quer que parecesse para ele uma boa solução de composição e uma nova forma de obra de arte, atraindo possíveis compradores, era a opção correta.

Pela primeira vez na história da arte um artista abandonou suas próprias raízes culturais para dispor lado a lado um estilo próprio e estilos culturais estrangeiros. Picasso não elegeu a cultura estrangeira como "a melhor", como fez Gauguin, nem a subjugou. Na realidade, ele utilizou sua cultura e a cultura estrangeira, não obstante o fato de nunca ter estado na África, como uma experiência equitativa, a fim de criar novos produtos. Em várias de suas obras, a influência africana pode ser vista claramente e, às vezes, de uma maneira tão vigorosa, que fica a pergunta: **é uma obra de Picasso ou algo diferente?** Picasso adotou o conceito de **fusão** por toda a vida e por meio dessa postura sua produção artística tornou-se verdadeiramente global.

O exemplo de Picasso revela o dilema, mas também o enorme potencial criado pelo conceito de fusão. No processo de fusão, o artista brincou com sua própria identidade cultural. Algumas vezes, tinha-se a impressão de que ele perderia sua identidade. Afinal de contas, no conceito de fusão artística, a identidade exteriorizava-se da recombinação de diferentes elementos culturais de várias partes do mundo. O conceito de fusão poderia também ser descrito como um processo sistemático de renovação por meio da integração de tendências globais em expansão.

Conclusão

Os comportamentos demonstrados por artistas europeus no século XIX e início do século XX, com relação à adaptação e à globalização, oferecem constatações valiosas para os gerentes de negócios globais. Aliás, em nosso trabalho com executivos de todos os cantos do mundo, tanto do mundo desenvolvido quanto nos mercados em desenvolvimento da Ásia e da África, pudemos ver na prática como os métodos de adoção, integração e fusão estão sendo empregados.

A **adoção** é indispensável para os gerentes globais que estão enfrentando uma concorrência intensa no âmbito internacional, e a capacidade de adotar as melhores práticas em áreas como produção, controle de qualidade e gerenciamento da cadeia de abastecimento, que se expandiram nos mercados estrangeiros, tornou-se inevitável em vários setores. Pense, por exemplo, nos conceitos japoneses — o *kaizen* (melhoria contínua) é um deles — que foram adotados por empresas e setores ao redor do mundo — primeiro no mundo desenvolvido, mas cada vez mais nas economias do bloco Bric (Brasil, Rússia, Índia e China) e em outros mercados emergentes.

O que poucos gerentes sabem é que os princípios pioneiros de **controle estatístico de qualidade** (CEQ) que fundamentam o *kaizen* foram desenvolvidos nos EUA para melhorar a eficiência de produção durante a Segunda Guerra Mundial. Todavia, foram gerentes como Kaoru Ishikawa, da União Japonesa de Cientistas e Engenheiros (Japanese Union of Scientists and Engineers — Juse), que enxergaram o potencial dessas práticas para prover de recursos o exaurido Japão do pós-guerra. A Juse importou eminentes especialistas norte-americanos em qualidade, como W. Edward Deming, para transferir as melhores práticas norte-americanas, e em dez anos essa união treinou em torno de 20.000 engenheiros em métodos de CEQ. A adoção do CEQ fundamentou o crescimento global das empresas japonesas em décadas subsequentes e, em meados da década de 1980, a Juse registrou mais de 250.000 círculos de qualidade com aproximadamente 2 milhões de participantes em suas atividades.

Paradoxalmente, embora o processo de adoção tenha impulsionado vigorosamente a competitividade das empresas japonesas, na economia doméstica norte-americana então florescente várias empresas norte-americanas deixaram o CEQ de lado até a década de 1980, quando então ele foi **reimportado** do Japão — o ciclo de **adoção** havia completado o círculo, o que é possível ver na atitude de gerentes norte-americanos como Bill Smith, da Motorola, que reconheceu a necessidade de **adotar** melhores práticas globais. E foi assim que o famoso método empresarial Seis Sigma da Motorola nasceu em 1986 e hoje encontra ampla aplicação em vários setores de negócios ao redor do mundo.

Do mesmo modo que Vincent van Gogh adotou técnicas japonesas, a adoção do que se transformou em filosofias de administração japonesas fundamentais tem estado no centro da renascimento do movimento de qualidade norte-americano nas últimas duas décadas. E a adoção das melhores práticas internacionais que se encontram em permanente evolução, setor após setor, continuará a ser um importante fator de sucesso para o gerente global do século XXI.

Outra habilidade do **gerente global** é reconhecer o potencial das melhores práticas internacionais e em seguida **adotar** ou **associar** novas abordagens para que se ajustem à realidade empresarial **existente**. Esse é o processo de **integração**, que atualmente tem sido empregado em vários setores. A ascensão da Índia como centro de desenvolvimento de *softwares* e serviços, ou das Filipinas como centro de baixo custo em termos fiscais, financeiros e contábeis, forçou os gerentes globais a repensar as atividades consagradas da cadeia de valor para **integrar** funções comerciais transnacionalmente e em regiões com diferentes fusos horários. Esse processo tem seus desafios, mas os gerentes globais hoje consideram a integração das cadeias de valor internacionais estendidas a forma normal de fazer negócios, segundo o paradigma do século XXI. Um exemplo que se destaca entre vários de seu setor, o fornecedor de serviços financeiros Deutsche Bank possui um sistema empresarial em tempo real que funciona 24 horas por dia e 7 dias por semana e abrange o mundo inteiro: de Nova York a Londres, de Bangalore a Manila, de Frankfurt a Sydney. Profissionais como Lydia Kuratzki, gerente sênior do Grupo de Tecnologia e Operações (GTO) do banco, lidera pessoas e processos no mundo inteiro. Tal como um Gauguin do mundo moderno, Kuratzki está sempre procurando novas soluções para otimizar a utilização de subsidiárias estrangeiras e fornecedores internacionais e melhorar a eficiência e eficácia as operações locais do Deutsche Bank. Uma equipe de *software* responsável por desenvolver um novo aplicativo para a área de operações bancárias varejistas do Deutsche Bank na Alemanha tende a integrar engenheiros de *software* tanto da Índia e da Polônia quanto de Frankfurt ou Londres.

Para o verdadeiro gerente global, o futuro da vantagem competitiva encontra-se no processo de **fusão**, por meio do qual estruturas, mentalidades e processos empresariais consolidados são deixados para trás para criar novos sistemas empresariais que aproveitem a aprendizagem mundial. Lars Stork, diretor de operações dinamarquês da operadora de rede móvel Zain Nigéria,

120 A FINA ARTE DO SUCESSO

conseguiu otimizar de forma bem-sucedida o conceito de fusão para aumentar o nível de penetração dos telefones móveis nas regiões rurais de um dos ambientes operacionais mais difíceis do continente africano. O método de Stork, cuja experiência internacional de mais de 30 anos estende-se pelo globo, é um exemplo da *avant-garde* do pensamento gerencial global.

Utilizando tecnologias de rede móvel e uma infraestrutura básica criada no mundo desenvolvido, Stork estudou métodos de distribuição e *marketing* direcionados à população rural pobre por meio de uma operadora de rede na Índia e em outras partes da Ásia antes de começar a investigar minuciosamente o mercado e o ambiente sociocultural na zona rural da Nigéria. Por meio da fusão de tecnologias modernas, da adaptação das melhores práticas de outros mercados em desenvolvimento e de um profundo conhecimento sobre a situação operacional local, ele e sua equipe de gerenciamento **inventaram** um modelo operacional e uma rota de estratégia de mercado altamente inovadores para atender a clientes rurais de baixa renda na Nigéria.

No centro dessa nova abordagem de Stork encontrava-se a Iniciativa de Aquisição Rural (Rural Acquisition Initiative — RAI), um modelo de microfranquia que envolvia parcerias com tribos e empreendedores locais do povoado para assumir o controle conjunto das torres móveis da Zain, que garantiria um alcance local de *marketing* e distribuição e diminuiria sensivelmente os custos de segurança e manutenção. Contudo, para criar a RAI, Stork e sua equipe de gerenciamento tiveram de **desaprender** o que eles conheciam a respeito de administração de atividades de telecomunicações móveis nos mercados desenvolvidos e fundir práticas tecnológicas, comerciais e culturais internacionais e locais em um novo modelo operacional. O sucesso da RAI foi reconhecido por um prêmio da *Global Telecommunications Business*, e a Zain no momento está aproveitando esse extraordinário sistema empresarial criado por Stork em outros mercados africanos.

Outro bom exemplo dos méritos da fusão é a forma como algumas empresas modernas e bem-sucedidas organizam suas instalações de P&D distribuídas globalmente. Antigamente, o motivo que levava uma empresa europeia a ter uma instalação de P&D na China, por exemplo, muitas vezes era puramente a adaptação de conhecimentos, projetos e tecnologias para o mercado local que haviam sido desenvolvidos centralmente na matriz. Recentemente, podemos ver uma mudança sensível nessa abordagem. Mais e mais empresas estão desenvolvendo um profundo conhecimento de P&D nos mercados locais e o fluxo de informações e tecnologias não é mais uma via de mão única. Na realidade, em alguns casos, esse fluxo até mudou de direção, caso em que uma quantidade maior de conhecimentos e *know-how* flui dos mercados locais para o país de origem. Os motivos têm dimensões variadas. Existe, por exemplo, a vantagem da crescente flexibilidade de recursos, da proximidade dos clientes, da acessibilidade à experiência funcional nos mercados locais, da possibilidade de economizar custos de mão de obra e operacionais e, finalmente, mas não menos importante, da promessa de poder desenvolver e crescer 24 horas por dia e 7 dias por semana. Entretanto, pesquisas demonstram que a maioria dos possíveis méritos das instalações de P&D distribuídas globalmente só floresce plenamente quando a administração leva a "fusão" a sério: de forma que os gerentes de diferentes instalações de P&D se tratem com respeito, que as diferenças culturais sejam vistas como fonte de possíveis vantagens competitivas, e não como algo que está diminuindo o ritmo da empresa, e que o fluxo não apenas de informações, mas também de ideias e pessoas, seja uma via de mão dupla com inúmeras decisões e implantações descentralizadas. Nesse sentido, as empresas podem se beneficiar bem mais das diferenças. Segundo consta, essa tem sido a maior dificuldade em tempos em que concorrentes globais como Siemens, GE, Bosch ou Philips estão criando instalações de P&D globalmente distribuídas cuja função nos últimos tempos tem mudado da mera adaptação do departamento de P&D da matriz às necessidades do mercado local para uma função mais importante, que é criar novo *know-how*, com frequência relacionado aos ambientes de baixo custo nos quais essas instalações de P&D são criadas.

O Artista do Século XXI

A globalização de meados do século XIX apresentou tanto ameaças quanto oportunidades para os artistas contemporâneos. Embora alguns tenham tentado adotar métodos e comportamentos estabelecidos, demonstramos que outros pintores adaptaram-se ao novo mundo por meio da adoção, integração e fusão. Esses artistas globais oferecem ensinamentos valiosos aos gerentes modernos. Para se tornar um líder empresarial verdadeiramente global, o gerente deve ter disposição para investigar e experimentar e estar aberto à fusão de novos conceitos e métodos. Ainda que as ferramentas do líder empresarial moderno sejam um *notebook* e Blackberry, e não uma paleta de pintura e cavalete, a oportunidade de fazer parte da *avant-garde* da prática de gerenciamento global está para se concretizar. **Você está pronto para ser o van Gogh, Gauguin ou Pablo Picasso no mundo dos negócios do século XXI?**

Literatura adicional recomendada

Bakker, N. e Jansen, L. *The Real van Gogh: The Artist and His Letters*. Londres: Thames & Hudson, 2010.

Friedman, T. *The World Is Flat: A Brief History of the Globalized World in the Twenty-First Century*. Nova York: Penguin Books, 2006.

Gauguin, P., Guerin, D. e Levieux , E. *Writings of a Savage PB: Paul Gauguin*. Da Capo Press, 1996.

Kupp, M. e Anderson, J. *Celtel Nigeria, ESMT Case Study: Case A and Case B*. ESMT-309-00(96/97)-1, 2009.

Kupp, M., Anderson, J. e Moaligou, R. *Lessons from the Developing World. The Wall Street Journal*, 17 de agosto de 2009.

Reckhenrich, J., Anderson, J. e Kupp, M. *Art Lessons for the Global Manager. Business Strategy Review*, 20, nº 1, 2009, pp. 50-57.

Richardson, J. *Life of Picasso*. Knopf, 2007, vols. 1-3.

Stepan, P. *Picasso's Collection of African and Oceanic Art: Masters of Metamorphosis*. Munique: Prestel Verlag, 2006.

CAPÍTULO 6

Koons
Feito no Céu, Produzido na Terra: Liderança Criativa — A Arte da Projeção

> *"Acho que um dos motivos que transformou Rabbit em uma obra icônica é o fato de ser em grande medida como um cameleão. É desse tipo de característica camaleônica que as obras precisam, porque elas têm de continuar mudando e se transformando e atender às necessidades do espectador."*
>
> — *Jeff Koons*

Introdução

No mundo atual dos negócios, a importância da **liderança** é central. Depois de analisar, conceituar e avaliar, os executivos precisam **implantar** e **manter** a empresa na direção correta. E é aqui que a liderança entra em cena. Como os gerentes podem influenciar os pensamentos, sentimentos e comportamentos de uma quantidade significativa de indivíduos de uma maneira que as estratégias sejam impecavelmente e apaixonadamente executadas em toda a empresa? A liderança suplanta igualmente o âmbito da empresa — ela está relacionada a como um executivo ou gerente pode passar a ser percebido como um líder na **área** empresarial por ele escolhida. Pense em líderes empresariais com reconhecimento internacional como Anita Roddick, Richard Branson, Steve Jobs ou Jack Welch. Esses líderes são reconhecidos não apenas por aquilo que alcançaram por meio de sua perspectiva de carreira em empresas como The Body Shop, Virgin Group, Apple e GE, mas também por aquilo que eles vieram a representar ao **corporificar** determinados valores empresariais. Para que um líder empresarial ganhe uma credibilidade verdadeiramente global, não basta que essa corporificação seja reconhecida **dentro** da organização. O líder deve também lutar por esse reconhecimento em uma esfera de influência bem mais ampla. É essa postura mais integrativa de comunicação, comportamento e aspiração que pode ser denominada **"projeção da liderança"**.

Existem inúmeros livros e artigos sobre as características dos líderes empresariais que contribuem para o sucesso organizacional. As dimensões da eficácia da liderança incluem traços de personalidade, habilidades cognitivas e emocionais e talentos, paixão, integridade e capacidade de persuasão. Esse último traço — persuasão — tem atraído muita atenção nas publicações recentes sobre liderança. Além disso, já se reconhece amplamente que um líder bem-sucedido deve saber persuadir as pessoas a se identificar com as estratégias da organização e a implantá-las com paixão.

A persuasão é fortalecida pela capacidade dos líderes de consolidar sua credibilidade e, em seguida, transmitir mensagens importantes que

126 A FINA ARTE DO SUCESSO

estimulem o comprometimento. A narração de histórias é essencial para transmitir essas mensagens fundamentais; não por meio de apresentações secas, mas de narrativas convincentes que envolvam e estimulem os ouvintes. Não obstante, embora contar uma boa história seja essencial, com certeza não é suficiente. Para criar credibilidade, é igualmente decisivo que o líder incorpore em sua vida o que ele está contando; a história deve ser verdadeira para o narrador. E como já dissemos, para que a credibilidade de um líder empresarial seja verdadeiramente global, não é suficiente que essa corporificação seja reconhecida **dentro** da organização. O líder deve também lutar por esse reconhecimento em uma esfera de influência bem mais ampla — a **projeção** da liderança.

A projeção da liderança é bastante evidente no mundo da arte. Picasso é o pintor mais citado quando fazemos a seguinte pergunta ao público: **quem foi o gênio mais criativo das artes visuais do século XX?** Quando perguntamos quem melhor representa o movimento da *pop art*, Andy Warhol é invariavelmente citado como o verdadeiro fundador desse estilo artístico na década de 1970. O próprio Warhol entendia claramente o conceito de projeção da liderança em um gênero artístico emergente e projetava-se abertamente como o líder da *pop art*. Neste capítulo, analisaremos bem de perto a obra de Jeff Koons, outro artista contemporâneo bem-sucedido e altamente controverso. Examinaremos de que forma a narração de histórias relacionada à sua obra foi um elemento fundamental para que ele se **projetasse** como um líder digno de crédito no mundo da arte contemporânea. A obra de Koons é reconhecida mundialmente e exibida em praticamente todos os principais museus de arte moderna. Suas obras foram vendidas por preços astronômicos em leilões e por meio de *marchands* privados. Em 2001, uma de suas três esculturas em porcelana da série *Michael Jackson and Bubbles* (*Michael Jackson e Bolhas*) foi vendida por US$ 5,6 milhões. Em 14 de novembro de 2007, a escultura magenta *Hanging Heart* (*Coração Pendurado*), uma das cinco produzidas por Koons em diferentes cores, foi vendida na Sotheby de Nova York por US$ 23,6 milhões, tornando-se, na época, a **obra de arte mais cara** já leiloada de um artista vivo.

Acreditamos que a narração de histórias empregada por Koons e o modo como ele veio a incorporar os temas e conceitos que ele procura transmitir por meio de suas obras apresentam ensinamentos convincentes para os gerentes sobre como eles podem administrar a projeção de sua liderança. Ao refletir a respeito de Koons, os gerentes podem compreender melhor não apenas de que forma devem consolidar sua credibilidade e estimular a adesão, mas também de que modo devem se projetar como líderes em seu campo de atuação profissional.

O Início

Como artista, Jeff Koons narra sua história retrocedendo à sua infância na década de 1960. Koons disse uma vez que desde muito cedo a única coisa para a qual ele estava verdadeiramente preparado era para ser artista

"Realmente tive sorte quando entrei para a escola de arte que acabou me trazendo para essa profissão, que de fato pode ser o ponto de convergência de todas as disciplinas no mundo. Encontrei na arte um veículo, que une filosofia e sociologia com física e estética. É maravilhoso participar desse diálogo todos os dias."

Nascido em York, Pensilvânia, em 1955, Koons começou a ter aulas de arte aos 7 anos de idade. Seu pai era comerciante e expunha as obras do jovem Koons em sua loja de móveis. Suas pinturas eram cópias de antigos mestres. O jovem Koons vendeu sua primeira pintura aos 11 anos.

Em 1972, Koons foi estudar no Instituto de Arte de Maryland, em Baltimore, e posteriormente na Escola do Instituto de Arte de Chicago. Em 1976, bacharelou-se em belas-artes e mudou-se para Nova York. Para se sustentar, conseguiu seu primeiro emprego no Museu de Arte Moderna. "O Arte Moderna (MoMA) exerceu uma enorme influência sobre mim, por poder estudar o acervo todos os dias, visitar as galerias, ir ao departamento de educação e assistir aos filmes de Duchamp e Man Ray. Meu trabalho sem dúvida está enraizado nesse acervo" (Jeff Koons, em E. Schneider *et al.*, 2009).

Logo no início de sua carreira, Koons queria manter sua autonomia para realizar seus projetos por conta própria. Por isso, trabalhou como corretor de *commodities* em Wall Street, especializando-se em algodão, para financiar seu trabalho, cujo custo de produção sempre era alto. Embora normalmente ele tenha minimizado a importância de seu *intermezzo*, durante esse período ele desenvolveu ou aprofundou seu conhecimento sobre o mecanismo básico do mercado, isto é, de que forma a **oferta** e a **demanda** estabelecem os **preços**. Nessa óptica, Koons considerou a produção artística, além da criação da ideia, um investimento indispensável para oferecer um alto nível de qualidade de produção em sua obra. Isso se tornaria posteriormente um dos principais fatores de sucesso de seu trabalho. Ele havia trabalhado com os devidos especialistas técnicos para concretizar seus projetos de arte, e sua colaboração com artesãos emprestou a várias de suas obras com apelo ingênuo o aspecto de uma produção verdadeiramente profissional. Isso já havia ocorrido da era da Renascença até os ateliês de arte moderna, como a famosa "fábrica" *pop art* de Andy Warhol.

Para avaliar como Koons se projetou como líder da arte contemporânea no final da década de 1970, vale a pena considerar cada uma de suas séries artísticas. Jeff Koons afirmou: "Tendo a trabalhar muito bem quando formo um grupo de obras e consigo dar unidade à minha narrativa, ampliando-a ao máximo e, em seguida, dando-lhe continuidade." Uma análise mais profunda de cada uma dessas séries de obras também evidencia de que modo Koons teceu e interligou as narrativas ao longo de mais de duas décadas de produção artística. Essa postura é bem parecida com o que o sociólogo Howard Gardner (1996) identifica como os três enredos universais utilizados pelos líderes para estimular e ganhar adesão do público:

1. **Quem sou** – De que modo as experiências de vida moldam minha individualidade e minha personalidade.

2. **Quem somos** – Demonstra os valores e comportamentos de um grupo.

3. **Para onde estamos indo** – Explica o que é novo e cria uma sensação de entusiasmo pela direção escolhida.

Uma análise mais aprofundada da obra de Koons revela que ele potencializou cada uma dessas dimensões da verdadeira narração de histórias, transformando-a em uma ampla narrativa, a fim de interligar suas várias séries em um todo coerente.

Infláveis

"Tudo já existe no mundo. Posso ir a uma loja e comprar flores infláveis. Posso ir a outra loja, uma loja de utensílios, e comprar espelhos já cortados, e posso então exibi-los. Ou melhor, esses próprios objetos simplesmente já estão se exibindo."

— *Jeff Koons, em E. Schneider et al., 2009*

Quando Koons mudou-se para Nova York, ele abandonou a pintura por considerá-la muito subjetiva. Ele desenvolveu uma sólida relação com a arte dadaísta da década de 1920 e com o surrealismo. Koons queria unir-se à experiência cotidiana de sua geração e produzir obras que estivessem relacionadas e refletissem o mundo circundante, tal como ele mesmo disse, e não evidenciar sua visão subjetiva e pessoal. Sua primeira série foi *Inflatables* (*Infláveis*), como *Inflatable Bunny and Flower* (*Coelho e Flor Infláveis*), de 1979. Koons afirmou o seguinte sobre esses objetos: "Sempre gostei de objetos infláveis, porque eles me fazem lembrar de nós mesmos. Quando respiramos, nos enchemos de ar. Nessa condição, nos tornamos vulneráveis; além disso, ela nos mantém em um estado de constante mudança, inflando e desinflando, inspirando e expirando."

Koons comprava esses brinquedos novos em folha em diferentes lojas e os exibia com espelhos já modelados, colocando-os embaixo e atrás dos objetos. Ele produzia essas obras em seu pequeno apartamento na East 4th Street. Os visitantes eram provocados por um bombardeio de arte "total", um ambiente do chão ao teto inquietante e ao mesmo tempo exultante de objetos comerciais contundentes, uma densidade quase impenetrável de infláveis plásticos.

Um fator importante em sua primeira série foi sua referência à história da arte. A série *Inflatables* referia-se à *pop art*, mas diferentemente de Andy Warhol. Enquanto Warhol transferia elementos populares ou retratos que ele tirava e considerava baratos — fotos instantâneas de pessoas famosas tiradas em uma Polaroid — para obras de arte gráficas abstratas, Koons recorria à tradição duchampiana da **arte pronta** (*readymade*). A arte pronta é um objeto existente normalmente de uso cotidiano, e não uma obra de arte pintada ou esculpida. A contribuição desse artista reside na mudança de contexto. Duchamp tornou-se famoso por esse conceito e cunhou esse termo quando apresentou sua obra *Fonte*, um urinol autêntico, à comissão da Sociedade de Artistas Independentes em Nova York, em 1917. A comissão rejeitou o objeto e posteriormente Duchamp tornou-se famoso por ter redefinido radicalmente a arte e mais tarde a produção artística.

Foi a decisão de Koons de trabalhar com objetos prontos e compráveis, em vez de produzir elementos originais, os quais ele chamava de arte subjetiva, que lhe possibilitou desenvolver um ponto de vista próprio em meio à complexa produção artística de Nova York no final da década de 1970. Nessa época, a arte subjetiva já era consolidada e aceita. Embora soubesse intuitivamente que aquele era o momento para uma nova reviravolta, Koons desenvolveu sua história para um público, para galerias e para compradores de arte que ele sentia que estavam prontos para uma mudança. Nesse sentido, seu estilo foi adaptado para um público mais sofisticado, mas também apoiado pela referência a uma grande tradição, que abarcava o público menos sofisticado.

O Novo

"Grande parte de minhas obras tem características antropomórficas. Quando pensei em utilizar aspiradores de pó, eu os imaginei como uma máquina de respirar. Sempre gostei dessa característica de se-

130 A FINA ARTE DO SUCESSO

melhança com os pulmões. Quando nascemos, a primeira coisa que fazemos é respirar para nos mantermos vivos. Na minha concepção, para que um indivíduo tenha completude, ele precisa tomar parte da vida, e no caso da máquina na verdade ocorre o inverso. Quando ligadas, elas sugam a poeira. A novidade se perde. Se uma dessas obras tivesse de ser ligada, seria destruída."

— Jeff Koons, em E. Schneider et al., 2009

No início da década de 1980, Koons deu continuidade ao conceito de arte pronta quando iniciou a série *The New* (*O Novo*). Todas as obras foram criadas em torno do termo "novo". Koons expunha aspiradores novos em folha e máquinas de polimento exibidas em vitrinas de Plexiglass e iluminadas por luz néon. Os críticos de arte interpretavam essas peças como monumentos da esterilidade da produção industrial. O próprio Koons associou essa série à história da arte. Com relação à obra *Hoover Celebrity III*, ele explicou que seu objetivo era apenas dispor essa obra como um quadro do pintor holandês Piet Mondrian (1882-1944), ícone durante a era da Bauhaus e famoso por sua radical abstração. Todavia, na opinião de Koons, depois que ele produziu suas primeiras obras, já não estava contribuindo tanto para a tradição duchampiana e, por isso, resolveu revestir os aspiradores de pó, em referência à forma como as esculturas modernas em muitos casos são expostas. Esses objetos foram escolhidos de uma maneira distinta. Koons conhecia muito bem a história dos produtos e com essa escolha ele estava se referindo a um famoso mito do trabalho norte-americano: o vendedor Hoover da década de 1950, a menor unidade de negócios que batia de porta em porta para vender aspiradores de pó.

Embora por um lado Koons sem dúvida estivesse entrando em um novo território com sua série *The New*, ele vinculou essa série com *Inflatables*, sua primeira série, por meio de vários temas em comum. Essas duas séries seguiram a tradição do conceito de arte pronta, o que Koons sempre ressaltava nas entrevistas. Obviamente, ele estava moldando uma história consistente e, ao mesmo tempo, associando essa história com sua vida pessoal, na medida em que falava abertamente sobre as coisas que o haviam influenciado, como trabalhar no MoMA, em Nova York.

Essa história foi também bastante influente porque nessa fase ainda inicial de sua carreira ele estava tentando se relacionar com um público um tanto sofisticado — integrantes do mercado de arte estabelecido como as galerias e os museus. Nessa época, a obra de Koons não estava vendendo bem, o que o levou a trabalhar como corretor de *commodities* em Wall Street, especializando-se em algodão, para manter-se independente e financiar suas obras. Em 1979, Koons expôs parte da série *The New* na galeria do Novo Museu de Arte Contemporânea, mas não realizou nenhuma outra exposição subsequente.

Equilíbrio

"Equilíbrio tem a ver com estados de ser que de fato não existem, como um aquário com uma bola que paira em equilíbrio, metade para dentro, metade para fora da água. Esse estado perfeito ou desejado não é sustentável — com o tempo a bola irá para o fundo do aquário. E então havia os pôsteres da Nike, que funcionavam como sereias capazes de nos levar para o fundo. Eu via os atletas naqueles pôsteres como um retrato dos artistas do momento, e a ideia de que estamos utilizando a arte como mobilidade social do mesmo modo que outros grupos étnicos utilizaram os esportes. Éramos crianças brancas de classe média recorrendo à arte para ascender a outra classe social."

— Jeff Koons, em E. Schneider et al., 2009

Em 1983, Koons começou a criar um corpo de obras denominado *Equilibrium* (*Equilíbrio*). Ele queria mostrar um aspecto mais masculino, visto que várias pessoas associaram os aspiradores de pó com a dona de casa feminina da década de 1950. Por meio de seu trabalho, Koons exibiu uma espécie de lado sombrio do mundo de consumo, com um direcionamento mais masculino e mais biológico. Os objetos da série eram pôsteres da Nike de astros do basquetebol, equipamentos de mergulho em bronze e aquários com bolas de basquete que flutuavam de uma maneira miraculosa.

A série completa estava seguindo uma estratégia segundo a qual cada peça tinha um papel específico. A obra *Dr. Dunkenstein*, um pôster da Nike emoldurado para o qual Koons havia pedido permissão da empresa para utilizar na exposição, elevou Koons à posição de astro do *show* de equilíbrio. O astro do basquetebol Darrell Griffith, cujo apelido era "Dunkenstein", segurava uma bola de basquete dividida exatamente ao meio. Esse pôster era uma associação direta com as obras provavelmente mais fortes de Koons naquela série, os aquários 50/50 — caixas de vidro com água até a metade contendo bolas de basquete. Essas obras davam a sensação de que as bolas pairavam exatamente 50% para cima e 50% para baixo da água. No caso dos aquários completamente cheios, elas pairavam exatamente no meio. Para essa obra, Koons recebeu o apoio científico do ganhador do prêmio Nobel Richard Feynman, que o ajudou a realizar os complicados cálculos de composição da água.

Koons criou uma história para amarrar as obras discrepantes dessa série. Ele via a obra *Dr. Dunkenstein* como uma sereia que preconizava o equilíbrio e os aquários 50/50 como objetos para uma pessoa que desejava um estado de ser superior. Os equipamentos de mergulho ofereciam os instrumentos para mergulhar metaforicamente nesse estado de espírito específico.

Além da abordagem artística de Koons, havia elementos estratégicos em sua história. Em primeiro lugar, a história baseava-se e também ampliava sua narrativa anterior na série *The New*, como se ainda estivesse relacionada à arte pronta, e por isso ajudava o espectador (ouvinte!) a admitir que a história era verdadeira para o narrador (continuidade, corporificação). Ao mesmo tempo, Koons explorou a área científica em seu trabalho colaborativo com Feynman, que não era um cientista qualquer, mas um ganhador do prêmio Nobel. Não havia nenhuma dúvida sobre a autoridade científica de Feynman, que, por sua vez, respaldava a autenticidade da história de Koons.

Luxo e Degradação

"Luxo e Degradação oferece uma visão panorâmica de como a indústria da propaganda atinge um público e utiliza a abstração diferenciadamente, dependendo da renda. Eles nutrem em você certo nível de abstração; quanto mais dinheiro em jogo, maior a abstração. É como se eles estivessem utilizando a abstração para rebaixá-lo, porque eles sempre desejam degradá-lo. É como levar as pessoas ao gueto e tentar lhes vender bebida alcoólica ou fazê-los demonstrar agressão."
— *Jeff Koons, em E. Schneider et al., 2009*

Depois da série *Equilibrium*, em 1986 Koons começou a trabalhar com uma nova série, denominada *Luxury and Degradation* (*Luxo e Degradação*). Essa série baseou-se em propagandas de bebidas alcoólicas e retratava a nivelação da sociedade. Quando perguntaram a Koons o que o havia levado a produzir essa série, ele contou que estava caminhando pela Quinta Avenida e encontrou um trem da coleção de *decanters* da destilaria Jim Beam em uma loja. Esse objeto o atraiu porque estava em grande medida associado à tradição da arte pronta. Ele escolheu o trem para que se tornasse uma peça da série, mas o transformou, utilizando um material diferente. Koons decidiu usar aço inoxidável, material empregado para fabricar panelas e utensílios de cozinha que tinha um aspecto mais comum e usual, em comparação com o material clássico das esculturas em bronze. Ele usou esse material em diferentes objetos, em torno do tema da bebida alcoólica. Com esse material, os objetos assumiram um aspecto de luxo falsificado. Essa série incluiu outras obras, como grandes outdoors, que Koons reimprimiu nas chapas de impressão originais com cores a óleo especiais sobre tela.

O que atraía Koons era o fato de essa emoção ser extremamente fundamental no setor de propaganda e de ser transmitida de uma maneira diferente para diferentes níveis de renda, principalmente com diferentes níveis de abstração. Mudando o contexto e acrescentando a palavra **degradação** ao título da série, Koons deu uma virada ambígua a essa história. Observando a superfície plana das obras, elas pareciam perfeitas e lustrosas. O termo degradação e o modo como Koons exibiu as obras romperam com essa superfície *clean* (limpa).

Koons foi criticado por colegas e por críticos de arte, que disseram que por meio da série *Luxury and Degradation* ele havia se dirigido e atendido principalmente os ricos. Eles sem dúvida não estavam percebendo a expressão crítica a respeito da sociedade presente na produção artística de Koons, que era bastante comum na década de 1980. Portanto, embora a reação a essa série tenha sido um tanto quanto controversa, vale a pena observar o desenvolvimento da projeção de Koons, a sua história. Havia muitos elementos que contribuíam para certa sensação de continuidade. Por exemplo, a maneira que ele relacionava continuamente sua arte com conceitos existentes, como a arte pronta, ou a utilização de pôsteres de propaganda, dos pôsteres da Nike na série *Equilibrium* e agora as propagandas de bebida alcoólica.

Por ser na época um artista já "aceito" e estabelecido, Koons teve de ampliar sua reputação e alcance, por meio de uma rede de galerias, *marchands*, colecionadores de arte e museus, a fim de consolidar seu sucesso. Para construir essa rede, essa organização, ele necessitava de continuidade, visto que sua história precisava se dirigir e atrair um número crescente de instituições e pessoas. Ao mesmo tempo, ele precisava dar à sua história uma nova virada. E Koons fez isso introduzindo novos materiais e também se abrindo à ambiguidade.

Estatuária

"Statuary apresenta uma visão geral da sociedade: de um lado encontra-se Luís XIV e, do outro, Bob Hope. Se você colocar a arte nas mãos de um monarca, ela refletirá seu ego e com o tempo se tornará decorativa. Se você a colocar nas mãos do povo, ela refletirá o ego do povo e com o tempo se tornará decorativa. Se você a colocar nas mãos de Jeff Koons, ela refletirá meu ego e com o tempo se tornará decorativa."

— *Jeff Koons, em E. Schneider et al., 2009*

134 A FINA ARTE DO SUCESSO

Koons continuou trabalhando com aço inoxidável na série *The Statuary* (*Estatuária*), em 1986. Essa série foi exposta na galeria Sonnabend, em Nova York, como parte de uma exposição em grupo. Com esses outros artistas, todos com uma nova abordagem em comum sobre escultura, abstrações fundamentadas na sociologia e experimentações relacionadas à cultura de mercadoria, a exposição pretendia ser um novo e grande acontecimento subsequentemente ao estilo de pintura neoexpressionista. Koons era considerado entre esses artistas "do momento" o mais interessante e talentoso.

Ao produzir essa série, Koons utilizou novamente o princípio geral de associar as obras entre si. Ele queria mostrar a liberdade que os artistas modernos haviam conquistado, que se principiou em torno do período da Revolução Francesa, quando vários artistas ganharam independência do patrocínio da Igreja. A série *Statuary* apresentou uma ampla variedade de figuras. Todos os objetos estavam enraizados na estética *kitsch*, mas tinham uma clara referência social. Koons mostrou uma figura do comediante Bop Hope, um tipo proletário em grande medida relacionado com o povo, e também um busto de Luís XIV. *The Rabbit* (*O Coelho*) era a obra mais pessoal da série *Statuary*. Ela foi dedicada às fantasias eróticas de Koons, que queria mostrar sua própria relevância para o conceito de arte pronta, e tornou-se a peça mais famosa dessa série.

Em *Statuary*, Koons mudou o foco. Embora a série *Equilibrium* ainda representasse uma visão mais crítica e externa sobre a sociedade, ele posicionou *Statuary* como parte da cultura de massa, em vez de olhá-la de um ponto de vista externo. A fim se aproximar do gosto e do desejo de seu público, Koons promoveu a aceitação da arte do mercado de massa e do gosto popular como um componente inerente à cultura moderna e a percepção de que as pessoas — na maioria das vezes em segredo — adoram as coisas banais da vida e também os assim chamados objetos da cultura superior que elas foram treinadas a considerar "importantes". O objetivo desse passo foi fortalecer o lado emocional de sua arte.

Kiepenkerl

"Quando produzi essa obra, foi um total desastre. Ela havia sido produzida por uma oficina de fundição, e no momento em que eles tiraram o aço inoxidável do forno para extrair o revestimento cerâmico, jogaram-na contra a parede quando a peça estava em fase de fusão. Todos os lados ficaram dobrados e deformados. Eu teria de abandonar a exposição ou submeter a peça a uma cirurgia plástica radical.

KOONS – FEITO NO CÉU, PRODUZIDO NA TERRA   **135**

Optei por uma cirurgia radical. Recorremos à ajuda de um especialista em aço absolutamente fenomenal. Ele poderia fazer qualquer coisa redobrando e reconvertendo as formas para que a peça voltasse a ser o que era antes. Esse trabalho me libertou. A partir daquele momento eu estava livre para trabalhar com objetos que não preexistiam."

— *Jeff Koons, em E. Schneider et al., 2009*

Em 1987, Koons foi convidado para a exposição *Projetos Esculturais — Müster*, na Alemanha. Para ele, um artista ainda jovem que estava começando a mostrar seu trabalho internacionalmente, essa exposição era extremamente importante. Além da exposição *Documenta*, realizada a cada cinco anos, a exposição de Münster era um dos projetos mais recomendados no mundo. Todos os artistas convidados trabalhavam estreitamente com arquiteturas específicas da cidade de Münster. Isso tornava a exposição algo excepcional. Koons foi a Münster e viu a estátua *Kiepenkerl*, no meio de uma praça antiga. Ele ficou sabendo que a comunidade de Münster era muito devotada à história de *Kiepenkerl*, que representava a independência da classe média de Münster enquanto comunidade agrária nos séculos XIX e XX.

Koons resolveu trabalhar com essa escultura de bronze e remodelá-la em aço inoxidável, imaginando que isso corresponderia à percepção econômica e à independência da população de uma maneira diferente e mais moderna. O que Koons considerou atraente na escultura era óbvio. De modo semelhante às obras da série *Statuary*, a escultura *Kiepenkerl* tinha antecedentes históricos e sociológicos. Ela estava carregada de significados e emoções e falava ao sentimento do **"cidadão simples da rua"**. A escolha de Koons estava intuitivamente certa. Havia muitas discussões emocionais entre os habitantes da cidade sobre se era correto transformar um símbolo de tamanho orgulho e com propósito independente em algo tão moderno. A **"emocionalização"** dos antecedentes históricos era o ponto central da obra.

Banalidade

"Essas imagens são aspectos de mim mesmo, mas a história cultural de todas as pessoas é perfeita. Ela pode ser qualquer outra coisa além do que é — é uma perfeição absoluta. Banality representava a disposição em abraçar isso."

— *Jeff Koons, em E. Schneider et al., 2009*

136 A FINA ARTE DO SUCESSO

Em 1988, Koons resolveu viajar à Europa para produzir sua série seguinte, *Banality* (*Banalidade*). Por sua longa tradição artística, lugares como Itália e Alemanha eram perfeitos e ofereciam a Koons a oportunidade de trabalhar com materiais diferentes. Ele decidiu trabalhar com porcelana e madeira, visto que gostava da característica "sagrada" desses materiais.

Koons criou diferentes imagens de espiritualidade, como a escultura *St. John the Baptist* (*São João Batista*). Por meio dessa série, ele projetou a ideia de que, de tempos em tempos, as pessoas precisam da fé de uma figura teológica para se libertar, o que, em suas palavras, era **"um ato de banalidade"**. Para Koons, a banalidade representava um conceito de autoaceitação e estava relacionada com a maneira como as pessoas lidam com a cultura da culpa e da vergonha. As esculturas de Michael Jackson ocupavam uma posição central nessa série. As figuras de porcelana em tamanho quase natural, generosamente revestidas de ouro, mostravam o famoso cantor segurando nos braços seu querido chimpanzé *Bubbles*. Michael Jackson era um tema perfeito para *Banality*, porque a figura do *pop star* incorporava várias projeções, como popularidade, inocência e animais. Essa figura representava para Koons uma interpretação moderna da escultura renascentista em mármore *Pietà*, de Michelangelo.

Com a série *Banality*, Koons também tentou associar-se a outros artistas para fazê-los abraçar — por meio do conceito de banalidade — o poder da comunicação livre de preconceitos. Ele afirmou que o diálogo tradicional por intermédio da arte havia se tornado manipulador, projetando o que era certo ou errado. Com sua obra, Koons tentou estabelecer um diálogo a respeito do poder e da influência da arte. Ele declarou que os artistas deveriam utilizar todas as ferramentas criativas, como a propaganda, a comunicação e a manipulação, mas que precisavam ter consciência da forma de interação "moral" com sua comunidade. O próprio Koons não hesitou em ser coerente com seu próprio discurso e produziu uma série de propagandas para a exposição *Banality* mostrando-se em diferentes posições provocativas, todas relacionadas com a ideia de banalidade.

O público ficou dividido entre fãs e severos oponentes, que afirmavam que Koons havia brincado com emoções baratas. A história de Koons sobre banalidade tinha vários elementos fundamentais. Uma vez mais, ele posicionou claramente sua abordagem sobre um fundo da história da arte, nesse caso até mesmo sobre a história teológica, recorrendo em grande medida a símbolos cristãos. Isso sem dúvida o ajudou a levar o público consigo de uma série para outra, dando-lhe a sensação de continuidade. Obviamente, essa postura tornava-se cada vez mais importante, visto que ele estava construindo sua reputação de uma maneira contínua. Essa continuidade também o ajudou a consolidar sua credibilidade, evidenciando que ele incorporava sua história, era coerente com ela e dedicava-se a mesma com maior riqueza de detalhes. Nesse sentido, era igualmente importante que ele se aproximasse de modo sistemático de outros artistas, comunicando--se com eles, por um lado, e dizendo a seu público, de outro, que ele sem dúvida pertencia a um grupo de artistas estabelecidos e conhecidos. Ao mesmo tempo, Koons deu à sua história uma nova virada ao trabalhar com porcelana e madeira, materiais com os quais ele ainda não havia trabalhado. Para favorecer essa mudança, ele se mudou para a Europa e se vinculou à sólida tradição artística europeia.

Feito no Céu

"Estou lidando com o subjetivo e o objetivo. O modernismo é subjetivo. Utilizei o modernismo como metáfora de sexualidade sem amor, como uma espécie de masturbação. E isso é modernismo."

— *Jeff Koons, em E. Schneider et al., 2009*

Em 1989, Koons foi procurado pelo museu Whitney para criar uma obra para uma exposição iminente, *Mundo das Imagens*, que deveria abordar o papel da mídia na arte contemporânea. Koons resolveu produzir um outdoor semelhante a uma propaganda de filme. Ele utilizou como base nesse outdoor a imagem de Ilona Staller *Cicciolina*, atriz pornô italiana que ficou famosa entre 1987-1991, época em que integrou o Parlamento italiano. Ao vê-la em uma revista masculina, Koons imediatamente entrou em contato com Cicciolina, marcou um encontro com ela em uma discoteca e a persuadiu a fazer uma sessão fotográfica em Roma. Durante essa sessão, ele se posicionou ao lado de Cicciolina, fazendo a mesma pose da atriz que ele havia visto na revista. Ele chamou essa obra de *Made in Heaven* (*Feito no Céu*), que se parecia exatamente com um outdoor anunciando um filme estrelado pelos dois atores, Cicciolina e Jeff Koons. O artista apaixonou-se por Cicciolina e os dois se casaram. Segundo Koons, ele conhecera sua mulher como arte pronta. Ele produziu uma série completa em torno desse romance, utilizando *Made in Heaven* como título, que incluía esculturas do casal fazendo amor e closes de seus órgãos genitais durante a relação sexual.

Essa série reiterava o tema de **"culpa e vergonha"**, agora se referindo a como as pessoas sentem seu corpo, o desejo, o sexo e a pornografia. Esse tema foi especialmente e acaloradamente debatido nos EUA, em 1985, quando Ronald Reagan formou a Comissão Meese para investigar o "declínio cultural provocado pela indústria de filmes pornográficos". Esse debate chegou ao ápice em 1989, com a exposição de fotografias eróticas de Robert

Mapplethorpe, por meio da influente instituição National Endowments for the Arts. Com a série *Made in Heaven*, Koons estava exatamente no centro desse conflito. Contudo, diferentemente de outros artistas que haviam criado obras extremamente críticas, como a foto *Piss Christ* (Cristo submerso em urina), de Andres Serrano, para ofender o *establishment*, Koons utilizou uma abordagem distinta. Em *Made in Heaven*, todas as coisas — os requisitos, as roupas, as cores — estavam profundamente enraizadas no gosto da classe média. Entretanto, em vez de criticar, ele escolheu uma forma de glorificação para exibir seus objetos.

Com essa nova série, Koons encontrou para si mesmo um novo tema, que foi amplamente debatido na época, em especial nos EUA. Não obstante, ele ancorou de várias maneiras essa história à sua obra anterior, repetindo o tema geral de "culpa e vergonha", que ele também havia explorado na série *Banality*. Além disso, Koons recorreu explicitamente a uma ampla variedade de artistas e temas artísticos, como o artista renascentista Masaccio e sua obra *A Expulsão do Paraíso*, e o escultor do século XVIII Canova e sua famosa obra *Psiquê Revivida pelo Beijo de Eros*. Koons também associou suas obras às suas origens e à forma como utilizou a arte pronta. Isso tudo fortaleceu sua história central sobre "o que você vê não é o que realmente é". Sua relação com Cicciolina não foi fácil, e o casal se separou depois de mais ou menos um ano.

Puppy

"Por dentro, Puppy é similar a uma igreja. É uma forma semelhante a um campanário, ascendente. É absolutamente linda e imaculada. Queria que essa obra abordasse a condição humana, uma condição relacionada com Deus. Queria que fosse um Sagrado Coração de Jesus contemporâneo."

— *Jeff Koons, em E. Schneider et al., 2009*

Koons não foi convidado para a prestigiosa exposição *Documenta* em Kassel, na Alemanha, em 1992. A abordagem dessa exposição deveria ser radical e crítica, mas Koons não era reconhecido pela *avant-garde* artística em virtude de sua representação dos valores e afeições da classe média nas séries *Banality* e *Made in Heaven*. Por isso, foi um triunfo especial para ele o fato de sua obra *Puppy*, exibida em uma mostra próxima a Kassel, ter sido o destaque da exposição de verão *Documenta* daquele ano.

Koons produziu sua escultura *Puppy*, com a forma do cão da raça *highland terrier*, para a exposição de esculturas de jardim em Arolsen, Alemanha. Por meio dessa obra, Koons sintetizou o que ele havia aprendido sobre os estilos barroco e rococó na exposição de *Banality*. O tamanho da escultura, 12 x 12 x 6 metros, superava as dimensões de qualquer outra obra precedente de Koons. Ela foi feita com aço inoxidável e utilizava um sistema de irrigação para as flores plantadas ao redor da estrutura de aço. Koons afirmou que essa obra tinha muito a ver com controle, visto que havia 60.000 decisões a tomar. "Mas controle não é tudo", disse ele, "O que temos de fazer é não enfrentar, abdicar do controle humano e deixá-lo nas mãos da natureza para que o processo de criação se inicie. Algumas plantas dominarão outras e, nesse sentido, a escultura exibe o círculo da vida e da morte." Em 1995, essa escultura foi reerguida no Museu de Arte Contemporânea em Sydney, Austrália. Posteriormente, essa obra foi comprada pela Fundação Solomon R. Guggenheim, em Bilbao, onde foi instalada no terraço do museu.

Com *Puppy*, Koons novamente contou uma história, e de uma maneira extremamente emocional. Todo mundo, de acordo com Koons, já teve pelo menos uma vez na vida (provavelmente na infância) algum **grau de relacionamento com um animal de estimação**. Nessa obra, tudo — a feição do cachorro, seu tamanho incrivelmente grande e a beleza das flores — foi escolhido para agradar ao público. A decisão de "emocionalizar" a obra, que estava (apenas) próxima da exposição *Documenta*, foi estratégica. Koons sabia que ao final de uma exposição tudo é avaliado pela crua realidade do número de visitantes. Seu objetivo era atingir o gosto do povo, e ele conseguiu concretizá-lo.

Celebração

*"**Celebration** transformou-se em uma obra enorme, que seria exposta no Guggenheim, em Nova York. Por isso, o projeto exigiu mais trabalho e tempo do que uma exposição normal em uma galeria. Além disso, enfrentamos problemas financeiros. Isso não quer dizer que eu não tenha feito a minha parte ou que estivesse extremamente obcecado por essa obra. No final das contas, o problema resumiu-se a um custo maior de fabricação que estava além do nosso controle. Eu acredito moralmente na arte. Quando produzo uma obra, tento utilizar a arte para, com esperança, oferecer ao espectador uma sensação de confiança. Não gostaria nunca que ninguém observasse uma pintura ou uma escultura e de alguma forma deixasse de confiar nela."*

— *Jeff Koons, em E. Schneider et al., 2009*

140 A FINA ARTE DO SUCESSO

Em 1994, Koons começou a produzir um corpo de obras denominado *Celebration* (*Celebração*). Ele trabalhou com uma nova abordagem de arte pronta, modelando esculturas de brinquedo com balões infláveis. Esses brinquedos populares transformaram-se em um protótipo para novas e grandes esculturas em aço, como *Balloon Dog* (*Cachorro Balão*), *The Hanging Heart* (*Coração Pendurado*) e *Cracked Egg* (*Ovo Quebrado*). Alguns dos temas das esculturas foram transferidos para pinturas a óleo, como *Tulips* (*Tulipas*), de 282 cm ´ 312 cm.

Todas as obras dessa série pareciam hiper-reais e refinadas. Particularmente as pinturas a óleo mostravam um aspecto de transparência super-realista no material exibido e também como os reflexos da luz haviam sido pintados. Diferentemente de outras partes da obra de Koons, como *Equilibrium*, essa série não tinha uma estrutura conceitual. Os objetos exibiam mais propriamente uma visão panorâmica da iconografia de Koons. Quase como os ícones da pintura clássica das igrejas do século XVI, como lírios, pombos e cruzes, que eram "**arte pronta**" para o povo, Koons criou seu próprio universo de ovos, flores, anéis de diamante ou formas abstratas de animais.

As novas esculturas em aço abriram um novo mercado para Koons. Muitas comunidades nos EUA e na Europa as adquiriram como objetos decorativos para modernizar praças, a arquitetura de jardins ou fontes. A obra de Koons provocou várias reações. Por exemplo, a crítica de arte Amy Dempsey referiu-se à obra *Baloon Dog* como "um monumento resistente... de impressionante presença". Jerry Saltz, da artnet.com, disse entusiasticamente ter ficado "impressionado com a virtuosidade técnica e a explosão visual fulgurante" da arte de Koons. Outros, como o renomado crítico de arte Robert Hughes, foram bem mais críticos, comparando o cenário da arte contemporânea com o *show business* e afirmando que Koons representava "uma manifestação extrema e presunçosa da hipocrisia associada com grandes somas de dinheiro [...]. Ele tem a falsa firmeza, uma conversa-fiada flagrante sobre transcendência por meio da arte, de um batista bem arrumado mas inexpressivo e superficial que vende terras pantanosas na Flórida. E a consequência disso é que não é possível imaginar a cultura especialmente depravada dos EUA sem ele" (*The Guardian*, 30 de junho de 2007).

A série *Celebration* exerceu um inacreditável impacto sobre o estilo de produção de Koons. Ele era tão devotado à perfeição, que não ficava satisfeito com inúmeros resultados. Segundo Koons, na linha de produção das flores de balão e da escultura *Balloon Dog*, ele produziu aproximadamente 30 esculturas (que foram inutilizadas) até que ficasse satisfeito. As pinturas a óleo levaram três anos para serem finalizadas. A exposição original programada para 1996 no Guggenheim foi adiada e por fim cancelada. Koons enfrentou enormes problemas financeiros para finalizar a obra e bancar seu estúdio e os assistentes. Alguns proprietários de galeria venderam obras dessa série abaixo do custo real de produção, e Koons foi forçado a fazer acordos financeiros com alguns colecionadores para pré--financiar seus trabalhos em andamento.

Do ponto de vista comercial, *Celebration* foi um desastre. Contudo, Koons estava seguindo sua visão de perfeição, por acreditar que o fascínio de sua arte e o efeito emocional da perfeição, o "uau" do espectador, poderiam ser destruídos se não conseguisse produzir a obra de acordo com o alto padrão que ele havia conseguido ao longo dos anos.

Easyfun, Easyfun-Ethereal, Popeye, Hulk Elvis

*"Minhas pinturas **Easyfun-Ethereal** são em grande medida sobre-postas. Sempre tive interesse em criar obras que pudessem mudar quando fossem vistas por uma cultura ou sociedade. Quando olho para as pinturas e percebo todas as referências históricas, é como se, por um momento, todo o ego perdesse o significado."*

— *Jeff Koons, em E. Schneider et al., 2009*

Em 1999, embora ainda estivesse concluindo *Celebration*, Koons iniciou uma nova série de pinturas, intitulada *Easyfun* (*Diversão Fácil*), e posteriormente, para uma exposição no Guggenheim de Berlim, *Easyfun-Ethereal* (*Diversão Fácil-Etéreo*). Essas séries pareciam ser uma resposta para o complexo processo de produção de *Celebration*. Embora *Easyfun* tivesse sido dedicada principalmente a imagens de brinquedos, a série *Easyfun--Ethereal* utilizava partes de propagandas de revista. Koons criou colagens computadorizadas que associavam biquínis (sem o corpo), partes do corpo humano, comida e fragmentos de paisagens. Os desenhos originais foram transferidos para grandes telas e pintados de uma maneira fotorrealista por seu estúdio. Koons inseriu nessas obras várias referências à história da arte, com elementos de Warhol, Dali e outros artistas renomados dos séculos XIX e XX. Os críticos descreveram essas pinturas como imagens irritantes nas quais o prazer infantil e o desejo sexual adulto estavam associados de uma forma esquisita. As outras séries, *Popeye* e *Hulk Elvis*, iniciadas em 2002, seguiram os mesmos princípios básicos de *Easyfun-Ethereal*. As pinturas e esculturas dessas duas séries eram associações divertidas e livres de preconceito de variados objetos. Uma lagosta, um objeto inflável revestido de alumínio, podia estar associada com uma cadeira, uma cesta de papel, uma tora de madeira ou uma boia de nadar de borracha. Na pintura *Olive Oyl*

(*Olívia Palito*), Koons colocou o Super-Homem lado a lado com Popeye. O artista voltou para o lugar em que havia principiado, recorrendo às suas raízes na arte pronta, nos infláveis e em ícones da cultura popular. "Acho que para mim a arte é cada vez mais minimalista. Eu voltei para a arte pronta. Eu voltei a realmente sentir prazer em pensar em Duchamp. Esse mundo inteiro parece ter se aberto para mim novamente, o diálogo da arte" (Jeff Koons, em E. Schneider *et al.*, 2009).

Todas essas séries demonstravam que Koons havia criado, depois das dificuldades da série *Celebration*, uma linha reta de produção em seu trabalho. Seu principal tema passou a ser a leveza da disposição de peças modulares e ao mesmo tempo um perfeito padrão de produção. A qualidade da superfície era tal que os visitantes de suas exposições sempre queriam tocar os objetos. Era como se Koons quisesse passar a mensagem de que tudo se torna visível na superfície e que isso é o que conta. Comparadas com outras séries, como *Equilibrium* e *Made in Heaven*, todas as séries posteriores de Koons pareciam mais abertas e divertidas. O artista relacionou essas obras com sua fase inicial surrealista, associando coisas não coerentes com uma linguagem artística surpreendentemente nova de imagens: "Não acredito que seja possível criar arte. Mas acredito que o que o conduz à arte é acreditar em si mesmo, seguir seus interesses. Isso o transporta para um estado de ser predominantemente metafísico." Às vezes é difícil afirmar se Koons é o mestre ou o veículo de sua arte.

Implicações Gerenciais

A **projeção da liderança** é uma abordagem que integra **comunicação**, **comportamento** e **aspiração** e não apenas estimula a adesão e um séquito apaixonado pela visão do líder, mas oferece ao líder amplo reconhecimento em um setor ou esfera da vida pública. Já se admite largamente que o líder deve ser um bom narrador de histórias e que a incorporação dessa história em sua vida é um fator igualmente fundamental. As histórias do líder devem travar uma luta com as histórias que já existem na mente do grupo ou do público-alvo. Por isso, é essencial que os líderes conheçam sua história, a distingam corretamente, a transmitam eficazmente e incorporem aquilo que contam. Eles devem fazer isso de maneira coerente e ao longo de um período que abarque certo número de anos, e não apenas algumas poucas semanas ou meses.

De acordo com Gardner, nesse ponto existem três enredos universais empregados pelos líderes para estimular e obter a adesão de seu público:

"Quem sou?", **"Quem somos?"** e **"Para onde estamos indo?"**. Dentre os vários elementos que integram uma boa história, parece indispensável que ela seja verdadeira para o narrador, equilibre o **"eu"** e o **"nós"** e não apenas ofereça um plano de funo, mas também molde o futuro. Os indivíduos que sabem contar uma boa história baseiam-se em histórias já conhecidas e possibilitam que o público as sintetize de uma nova maneira.

Ao longo de sua carreira, Koons recorreu a raízes pessoais e à sua paixão pela arte, enraizada logo no início de sua infância. A história "Quem sou?" de Koons evidencia uma narrativa que tece suas experiências na infância com a venda de suas obras de porta em porta e de sua primeira pintura aos 11 anos de idade, sua experiência inicial no Museu Metropolitano de Arte e as adversidades e atribulações que ele enfrentou para montar um estúdio próprio, no Soho, em seu pequeno apartamento. Koons também revelou ideias formidáveis e algumas vezes controversas sobre seus valores pessoais. Na exposição da série *Banality*, ele assim afirmou: "Na obra *Banality*, comecei a definir de uma maneira bem mais específica quais eram meus interesses. Aqui, tudo é uma metáfora da culpa e vergonha cultural do espectador." Ao falar sobre a série *Made in Heaven*, Koons apresentou constatações bem mais profundas sobre seus pontos de vista a respeito de culpa e vergonha: "Sexo com amor é um estado de ser superior. É um estado objetivo, em que se vive e penetra na eternidade, e creio que foi isso o que mostrei às pessoas. Ali, havia amor. É por isso que ela não era pornográfica."

Koons posicionou sua narrativa de "Quem somos?" para os principais consumidores de arte contemporânea — consumidores (espectadores), colecionadores e galerias de arte moderna. Em todas essas séries, sem exceção, ele se referiu à história da arte, afirmando que isso oferecia uma firme associação entre sua obra e a humanidade. Ele citou Piet Mondrian, e se firmou na tradição da arte pronta de Marcel Duchamp. Na série *Made in Heaven*, ele recorreu a artistas renascentistas, como Masaccio e sua obra *A Expulsão do Paraíso*, e ao escultor do século XVIII Canova e sua famosa obra *Psiquê Revivida pelo Beijo de Eros*. A pintura *Lips* (*Lábios*), da série *Easyfun-Ethereal*, em algumas partes era bem semelhante ao retrato de Mae West, de Salvador Dali. Outras partes dessa pintura eram praticamente referências artísticas, como *O olho no meio*, uma associação com a famosa obra *The Eye of the Beholder* (*Os Olhos de Quem Vê*), de Man Ray, mostrando um metrônomo com um olho colado no pêndulo. Mesmo a escultura em porcelana de Michael Jackson, que fazia parte da série *Banality*, representava, para Koons, o "estilo renascentista de *Pietà* transferido para a modernidade". "Eu queria ter figuras espirituais autoritárias ali, no Jardim do Éden, porque assim as pessoas não ficariam com medo de ceder à banalidade. O pequeno pássaro animado sobre seu ombro é semelhante ao Espírito Santo, e há também um pônei em miniatura, em vez de um macaco, mas este se assemelha a Cristo", afirmou Koons. Sua referência à história da arte foi um elemento consistente e extremamente importante em sua história, parte da projeção de sua liderança para se posicionar ao lado de figuras artísticas historicamente significativas da Renascença em diante.

Koons também ajudou seu público a perceber que a arte contemporânea está evoluindo, e explicou de que forma ele moldou as tendências artísticas dos séculos XX e XXI — a dimensão "Para onde estamos indo?" da projeção da liderança. Em suas narrativas sobre suas diferentes séries, Koons reconheceu que suas obras estão associadas à história da arte e, igualmente, que sua abordagem representa algo criativo — algo novo. Sua série *Inflatables* fez referência à *pop art* e sem dúvida recorreu às tradições de Andy Warhol. Entretanto, enquanto Warhol transferia elementos populares que ele via para obras de arte gráficas abstratas, Koons fundia a *pop art* e a arte pronta de Duchamp. Ao falar sobre raízes históricas, mas também sobre a inovação de seu estilo, Koons afirmou: "Para mim, o principal diálogo ocorrido no século XX foi entre a arte subjetiva e objetiva. A arte subjetiva está relacionada à própria pessoa e à sua experiência pessoal, quando você está trabalhando fisicamente com as próprias mãos. A arte objetiva é semelhante à arte de Duchamp ou de Warhol, que tem mais a ver com experiências em comum. Quando você de fato está trabalhando fisicamente em alguma coisa, você pode se perder em si mesmo. E tudo simplesmente acaba sendo o que você sonhou na noite passada."

Nessa citação, Koons situa sua abordagem subjetiva pessoal, que está associada mas é distinta do que ocorreu antes. Ele sem dúvida se posiciona à altura de Duchamp e Warhol e como um artista que se considera digno do reconhecimento de futuros historiadores da arte.

A persuasão é impulsionada pela habilidade dos líderes de consolidar sua credibilidade e então transmitir mensagens fundamentais que estimulem o comprometimento, e Jeff Koons conseguiu convencer um amplo público internacional de que ele é um "líder" no âmbito da arte contemporânea. Embora os críticos de arte tenham opiniões divergentes sobre os méritos de seu estilo, suas obras hoje são expostas em várias das galerias de arte moderna mais respeitadas do mundo e obras específicas podem chegar a ser vendidas por milhões de dólares — e isso demonstra o grau de adesão e envolvimento de clientelas importantes. Koons construiu sua credibilidade corporificando de uma maneira notadamente consistente as histórias que ele contou, que está relacionada às várias séries de obras por ele produzidas. Ele se projetou como um artista do mais alto mérito e, sem rodeios, associou sua carreira à dos artistas mais reconhecidos de todos os tempos. De acordo com o crítico de arte Robert Hughes: "Koons de fato pensa que é Michelangelo e não tem vergonha de dizer isso. O curioso é que existem colecionadores, particularmente nos EUA, que acreditam nisso."

Embora a longa narrativa de duas décadas de Jeff Koons esteja longe de ser perfeita, e certamente tem suas falhas, acreditamos que os executivos aspirantes possam tirar lições de sua história. Tal como o sucesso de Koons demonstra, em um ambiente cada vez mais concorrido e em que a disputa por talentos é crescente, o conceito de **"projeção"** está no âmago da liderança criativa do século XXI.

Literatura adicional recomendada

Barling, J., Weber, T. e Kelloway, E. K. *Effects of Transformational Leadership Training on Attitudinal and Financial Outcomes: A Field Experiment, Journal of Applied Psychology*, 81, 1996, pp. 827-832.

Barnes, E. *What's Your Story? Harvard Management Communication Letter*, julho de 2003, pp. 3-5.

Bass, B. M., Avolio, B. J. e Goodheim, L. *Biography and the Assessment of Transformational Leadership at the World-Class Level, Journal of Management*, 13, 1987, pp. 7-19.

Conger, J. A. *The Necessary Art of Persuasion. Harvard Business Review*, maio-junho de 1998, pp. 85-95.

Eagly, A. H. *The Rise of Female Leaders. Zeitschrift für Sozialpsychologie*, 34, 2003, pp. 123-132.

Fuller, J. B., Patterson, C. E. P., Hester, K. e Stringer, S. Y. *A Quantitative Review of Research on Charismatic Leadership. Psychological Reports*, 78, 1996, pp. 271-287.

Gardner, H. *Leading Minds: An Anatomy of Leadership.* Nova York: Basic Books, 1995.

Guber, P. *The Four Truths of the Storyteller. Harvard Business Review*, dezembro de 2007, pp. 53-59.

House, R. J., Spangler, W. D. e Woycke, J. *Personality and Charisma in the United-States Presidency — A Psychological Theory of Leader Effectiveness. Administrative Science Quarterly*, 36, 1991, pp. 364-396.

Hughes, R. *That's Show Business. The Guardian*, 30 de junho de 2004.

Schneider, E. Sischy, I., Siegel, K. e Werner Holzwarth, H. *Jeff Koons.* Köln: Taschen Verlag, 2009.

CAPÍTULO 7

Paik
Global Groove — Inovação por Meio da Justaposição

"Nossa vida é metade natural e metade tecnológica. Meio a meio é bom."

— Nam June Paik

Introdução

Em 1974, o artista Nam June Paik (Paik) criou uma das videoartes mais famosas, *Television Buddha*, que ainda é citada como **"um ícone desse gênero"**. Exatamente antes da inauguração de sua exposição na galeria Bonino, em Nova York, ainda faltava uma peça para Paik. Ele teve a ideia de criar um breve videoclipe de uma antiga estátua de Buda. Ao jogar com a possibilidade de incorporar um conteúdo em vídeo em sua exposição, o que naqueles tempos era uma forma de arte nova e emergente, Paik teve a ideia de produzir uma instalação em circuito fechado, colocando o Buda de bronze diante de um televisor no qual ele pudesse se ver. Ao escolher uma instalação em circuito fechado, Paik conseguiu unir não apenas a fotografia e o vídeo (embora fosse um vídeo, nada se movia e a obra, portanto, brincava com a expressão "imagem em movimento), mas também Oriente e Ocidente, filosofia e tecnologia, passado e presente. Por meio de *Television Buddha*, ele acrescentou um pilar na fundação de uma nova forma de arte denominada **videoarte**. *Television Buddha* tornou-se um objeto que nenhum artista depois dele poderia ignorar e um rótulo para Paik e sua arte. Posteriormente, ele a exibiu de variadas maneiras.

Entre o final da década de 1960 e no início da década de 1970, a videoarte estava apenas começando a decolar. A tecnologia de vídeo estava ainda em sua fase de infância. Não havia se transformado verdadeiramente em uma tecnologia de consumo e era simplesmente muito cara. Foi Paik quem percebeu que essa tecnologia tornar-se-ia mais acessível e abriria espaço para o surgimento de obras de arte inovadoras e novas possibilidades criativas — do mesmo modo que a invenção da tecnologia cinematográfica dos irmãos Lumière havia feito após 1895. Expandir a videoarte era sem dúvida arriscado em 1974, visto que essa nova tecnologia estava longe de ser aceita como uma forma de arte estabelecida. Contudo, ao mesmo tempo, Paik percebia com nitidez a oportunidade única que toda nova tecnologia oferece aos primeiros proponentes. Portanto, ele não tinha a opção de negligenciá-la.

Não são apenas os artistas que enfrentam esse dilema. Os executivos também o enfrentam. A vida parece ser um fluxo infindável de dilemas, de escolhas entre isso ou aquilo, de decisões entre custo e diferenciação, entre direita e esquerda. Embora isso seja um fato, gostaríamos que houvesse uma terceira opção — uma **combinação vitoriosa** —, que nos permitisse optar pelo melhor entre dois mundos, significando a síntese de duas opções contrárias. Por exemplo, no caso de Paik, não é a fotografia ou a videoarte, a imagem fixa ou em movimento, a filosofia oriental ou a tecnologia ocidental, mas um novo estilo de explorar novas possibilidades com base no que ocorreu antes. O atual ambiente dos negócios nos força continuamente a explorar esse tipo de malabarismo em relação a conflitos e ideias possivelmente opostas — o **processo de justaposição**. Sul-coreano de nascimento com cidadania norte-americana, formado em música na Ásia e na Europa, Paik incorpora a ideia de inovação por meio da justaposição. Ao analisar Paik, os gerentes podem perceber o potencial da justaposição, de manter na mente dois pontos de vista opostos para idealizar e **criar novas soluções**. Essa é a **essência da criatividade**. Para abordar a criatividade, os gerentes precisam reconhecer três dimensões fundamentais: eles devem encarar a complexidade como um recurso para ideias desconhecidas; eles devem articular o potencial criativo dentro da empresa; e eles devem encontrar uma forma de emocionalizar as ideias e soluções que surgem, para conseguir comunicar bem sua mensagem. A justaposição, e suas dimensões, é uma habilidade que se torna essencial em tempos turbulentos, visto que abordagens mais lineares sobre inovação simplesmente não oferecem os resultados desejados.

Um Passageiro do Oriente para o Ocidente

A carreira artística de Paik pode ser considerada uma excursão verdadeiramente global; e sua influência sobre o desenvolvimento da videoarte e da televisão foi profunda. Para entender o caráter específico e distintivo da arte de Paik, é necessário observar mais a fundo suas mudanças repentinas e imprevisíveis, primeiro na Ásia, depois na Europa e por fim nos EUA. Seus interesses culturais variáveis, a capacidade de reter na mente diversos conceitos culturais, levaram Paik ao tipo de tensão criativa que ele precisava para fundir essas influências e transformá-las em algo novo, algo mais do que uma simples associação.

Do ponto de vista do conteúdo artístico com o qual Paik trabalhou, sua complexa carreira pode ser vista como um processo, que se iniciou com seus interesses iniciais por composição musical e desempenho. Esse impacto moldou intensamente suas ideias sobre a arte que utiliza a mídia como veículo, em uma época em que a imagem eletrônica em movimento e as tecnologias dos meios de comunicação estavam exercendo um profundo impacto sobre a vida cotidiana. Sua notável carreira inspirou uma redefinição na teledifusão e transformou o vídeo em um veículo para o artista.

A vida artística de Paik estava enraizada na política e no movimento antiarte das décadas de 1950 a 1970. Essa época ficou conhecida por suas imensas mudanças sociais e culturais. Paik conseguiu perseguir com determinação o objetivo de associar o poder real, expressivo e conceitual da arte performática com novas possibilidades tecnológicas desenvolvidas com a evolução do setor de televisão. Proveniente do Oriente, Paik foi capaz de criar uma nova visão sobre a arte e história europeias, uma técnica inicial de fusão cultural, exercendo uma influência sustentável sobre a mídia no final do século XX.

O Início

Nam June Paik nasceu em 1932 em Seul, Coreia do Sul, como o quinto filho de um fabricante de tecidos. Em 1950, sua família foi obrigada a deixar a Coreia em virtude da guerra. Primeiro, eles se mudaram para Hong Kong e, posteriormente, para o Japão. Em 1956, Paik concluiu seus estudos sobre história da arte e história da música com uma tese sobre Arnold Schönberg (1874-1951), na Universidade de Tóquio. Logo depois, mudou-se para a Alemanha, com o desejo de compreender o estilo da composição clássica europeia e sua moderna tradição. De 1956 a 1958, ele estudou história da música na Universidade de Munique. Foi em Munique que ele conheceu o compositor Karlheinz Stockhausen (1928-2007).

O ano de 1958 foi um marco extremamente importante na vida de Paik, quando ele conheceu John Cage (1912-1992). Nessa época, Cage era considerado o músico experimental mais influente. Cage criou obras famosas, como *4,33*, composição musical em que o músico entrava no palco, precisava sentar-se em frente à partitura e concentrar-se durante 4,33 minutos sem tocar uma única nota. Em vista do grande interesse de Cage pelo budismo (segundo o qual **toda criação surge do silêncio**), Paik conheceu uma mente com a qual tinha familiaridade, que renovou a música moderna por meio de seu interesse pela cultura oriental. A obra de Cage foi fundamental para o desenvolvimento de Paik. A mentalidade e raciocínio complexos de Cage encontravam eco na pesquisa que Paik estava fazendo e em seu desejo de descobrir um novo estilo que com o tempo criaria novos tipos de experiência artística.

Em sua carreira inicial, Paik desenvolveu composições musicais voltadas para a **"ação"**, como *Stockhausen's Originale*. Ele aprendeu com Schönberg, Stockhausen e outros os limites da composição serial e da exatidão. Paik procurou romper radicalmente com essas técnicas modernas e foi influenciado por vários movimentos antiarte que circulavam pela Europa nessa época. Artistas como Joseph Beuys, Yves Klein, Claes Oldenburg, Christo e outros questionavam a ideia do objeto de arte "puro" e de um gênio criador solitário. A cada dia, esses artistas exploravam vários cenários artísticos novos e vivenciavam seu impacto. Como resultado dessas informações, Paik encontrou um lugar para dar continuidade e renovar sua autodefinição enquanto artista.

A Época do Fluxus

*"Estou cansado de renovar a forma da música [...]. Preciso renovar a forma ontológica da música no **'Teatro Ambulante'**, na rua, onde os sons se deslocam pela rua, e o público se encontra ou se depara com eles 'inesperadamente'. A beleza do teatro ambulante reside nessa 'surpresa a priori', porque a maior parte do público não é convidada, não sabe o que é, o porquê, quem é o compositor, o músico, o ator, o organizador."*

— Nam June Paik (1963), The Worlds of Nam June Paik, p. 17

O movimento artístico *Fluxus*, nome inspirado na palavra latina *fluxus*, que significa "fluir", consistia em uma rede internacional de artistas, compositores e *designers*, a primeira verdadeira rede de artistas após a Segunda Guerra Mundial. Esse grupo tornou-se famoso por misturar diferentes mídias e disciplinas. A proposição irrestrita de conteúdos artísticos pretendia provocar uma ruptura em todas as formas de arte novas e imprevistas. Pouco tempo depois da criação do movimento *Fluxus* em Nova York, em 1962, por meio do artista George Maciunas, ele foi firmado na Alemanha, na cidade de Wiesbaden, pelo Internationale Festspiele Neuster Musik (Festival Internacional de Novíssima Música).

O objetivo do *Fluxus* era integrar a arte nas experiências de vida cotidianas e nos processos sociais. "Ele tem tudo a ver com a vida e seus processos de influência, e não com a separação entre arte e vida" (*medienkunstnetz*). O famoso poeta Emmett Williams uma vez disse: "A vida é uma obra de arte e a obra de arte é vida." Na década de 1950, os artistas experimentaram uma ampla abordagem e tornaram as fronteiras entre arte e sociedade indistintas. A arte estava assumindo um papel mais dinâmico ao manifestar opiniões sobre os atuais acontecimentos sociais, como o novo desenvolvimento econômico na Alemanha, chamado de *Wirtschaftswunder*. Enquanto movimento artístico, *Fluxus* buscava uma nova definição de sociedade, questionando o ambiente político e social pós-Segunda Guerra Mundial, cuja tendência era negligenciar o que havia ocorrido e desejar que tudo voltasse ao normal. Além disso, esse movimento estabeleceu um vínculo com o movimento dadaísta revolucionário do início do século XX afirmando o seguinte em uma famosa declaração: "Se a racionalidade da classe média foi responsável pelo horror da Segunda Guerra Mundial, declaramos então que a irracionalidade é o verdadeiro estado de espírito." Do mesmo modo que o dadaísmo, o movimento *Fluxus* integrou todos os tipos de material artístico para criar experiências de vida reais. Artistas como Joseph Beuys utilizaram esse movimento (ele criou o *Fluxus Area West*) para aperfeiçoar a percepção e redefinição radicalmente diferentes da arte e desenvolveu o conceito de *Erweiterter Kunstbegriff* (conceito ampliado de arte).

Os artistas do *Fluxus* preferiam trabalhar com materiais que normalmente eram fáceis de obter. Não era comum terceirizar partes do processo criativo contratando fabricantes comerciais (bem diferente das modernas "linhas de produção" de Jeff Koons ou de Damien Hirst). Esse movimento artístico preferia a estética do **"faça você mesmo"** e valorizava a simplicidade de estilo e a qualidade de produção, e não a complexidade e perfeição. Havia no *Fluxus* um forte sentimento contra o comercialismo. Ele favorecia claramente a prática criativa centrada no artista e proclamava que era possível haver arte em qualquer situação da vida.

Quando *Fluxus* foi levado de Colônia para Nova York no início da década de 1960, esse movimento incorporou uma atmosfera artística e cultural específica. Colônia tornou-se o centro artístico mais proeminente da Alemanha. O objetivo dos *Concertos do Fluxus* era criar uma imagem viva e holística da sociedade. Os artistas desse movimento pretendiam retratar a sociedade sem condescendência e tentavam ampliar as expectativas e perspectivas do público. As atitudes e críticas provocantes a respeito dos valores tradicionais do *Wirtschsftswunder* polarizaram o público. O movimento *Fluxus* sempre quis influenciar a sociedade em termos sociológicos e psicológicos e ser um elemento de comunicação. A complexidade dos concertos do *Fluxus* e a cooperação entre diferentes artistas criaram uma nova interpretação artística. Por exemplo, em uma de suas apresentações, Paik sentou-se em frente e bem próximo da violoncelista Charlotte Moorman, com uma corda sobre as costas, imitando o corpo do violoncelo, enquanto Moorman, segurando o arco, tocava literalmente em Paik como se ele fosse um instrumento musical.

Música/Performance

A postura experimental permanente de Paik e sua motivação para criar constantemente obras de arte que se fundiam eram visíveis na maioria de suas obras: isso o levou a se associar ao movimento *Fluxus*. Na obra *Homage à John Cage* (*Tributo a John Cage*), apresentada pela primeira vez em 1959 na galeria 22 de Whilhelm em Düsseldorf, Paik utilizou fitas de áudio prontas e elementos performáticos. Paik produziu gravações de áudio de si mesmo, dispondo nas fitas uma mistura de piano e gritos, fragmentos de música clássica e alguns outros efeitos sonoros. Como não havia ficado satisfeito com o som da fita, Paik decidiu integrar elementos dramáticos. Em uma obra relacionada, *Memories of the 20th Century: Marilyn Monroe* [*Memórias do Século XX: Marilyn Monroe* (1962)], Paik utilizou um armário de vitrola e o encheu de vinis populares, revistas e jornais que anunciavam a morte da atriz. Dessa forma, o artista explorou a atmosfera de mistério e morte de Monroe examinando sua repercussão na mídia popular. O ápice da apresentação ocorreu quando Paik reproduziu os discos e os estraçalhou por todo o teatro, ampliando com essa atitude com relação ao disco enquanto mídia a ideia de "execução" musical.

Em sua *extravaganza avant-garde*, Paik apresentou *Zen for Head* e outras obras nas quais ele utilizava atos físicos intensos. Em *Zen for Head*, ele se ajoelha no chão e mergulha a cabeça e a gravata em um grande recipiente com tinta preta e depois tenta traçar uma linha ao longo de uma extensa tira de papel sobre o chão. A referência de Paik à prática do zen-budismo em que os alunos tentam romper com o espartilho mental da racionalidade parece em grande medida uma observação irônica quanto à tentativa do mundo ocidental de compreender esse conceito espiritual do Oriente. O estilo de autodescoberta artística de Paik alcançou outro nível com sua contribuição para o concerto *Originale*, de Stockhausen, um espetáculo de teatro musical multitextual com vários artistas. Stockhausen, uma personalidade essencial ao desenvolvimento de Paik, referiu-se à presença de palco do artista da seguinte forma:

> *"Paik entrou no palco em silêncio e chocou a maioria da plateia com seus atos, que eram tão rápidos quanto a luz. Por exemplo, ele lançou feijões contra o teto, que ficava sobre e ao longo da plateia. Em seguida, escondeu o rosto atrás de um rolo de papel, desenrolando-o extremamente devagar em um silêncio de tirar o fôlego. Depois, soluçando baixinho, de vez quando pressionava o papel contra os olhos, umedecendo-o com suas lágrimas. De repente, lançando o rolo de papel sobre a plateia, ele soltou um grito e, nesse mesmo instante, ligou dois gravadores, nos quais havia uma montagem de*

*som bem típica dele, com gritos de mulheres, notícias de rádio, ru-
ídos de criança, fragmentos de música clássica e sons eletrônicos.
Às vezes ele ligava um gramofone antigo, em que havia um disco
da versão de Hayden do quarteto de cordas Deutschlandlied. Logo
depois, na rampa dos bastidores, ele esvaziou um tubo de creme
de barbear sobre o cabelo e espalhou o conteúdo no rosto, sobre
seu terno escuro e até os pés. Em seguida, lentamente, despejou um
saco de farinha de arroz sobre a cabeça. Por fim, entrou em uma
banheira cheia d'água, ficando completamente submerso, e com um
movimento súbito saiu, encharcado, dirigiu-se ao piano e começou
a tocar uma música sentimental de salão. Posteriormente, arqueou
o corpo contra o piano, batendo várias vezes a cabeça nas teclas."*

— Karl Heinz Stockhausen, Essays 1952-1962, p. 29

Artista/Público

Seguindo o traço típico do movimento *Fluxus*, as performances de
Paik pretendiam transcender as fronteiras entre artista e público. Por esse
motivo, a execução em si e a simultaneidade transformaram-se em traços
artísticos fundamentais. A obra de arte não era percebida como uma peça
finalizada, mas algo que ganhava vida por meio da performance e da interação com o público. Em sua primeira exposição solo em 1963, *Exposição de
Música/Televisão Eletrônica*, na galeria Parnass, em Wuppertal, os visitantes exerceram um papel essencial na obra *Simphony for 20 Rooms* (*Sinfonia
para 20 Salas*). O público foi conduzido de tal modo que moldasse a própria obra reproduzindo o áudio dos gravadores, chutando objetos na sala ou
ouvindo os sons provenientes de várias fontes que Paik havia fundido. Paik
mesclou a instalação de objetos com o conceito de *performance* e tentou alcançar muito mais a visualização da música do que a gravação ou execução
da música. Nisso se incluíam músicas de piano semiarranjadas. Na obra
denominada *Klavier Integral* (*Piano Integral*), o piano estava decorado com
arame farpado, bonecas, fotos, brinquedos, sutiã, ovos quebrados e várias
outras coisas bizarras que Paik havia incluído na *performance* e na interação com o piano. Ele arranhava e esparramava tinta sobre o piano, cobria-o
com diferentes materiais e, desse modo, alterava a forma do instrumento e
seu interior. Uma ampliação comovente das *performances* de Paik ocorreu
quando seu colega Joseph Beuys visitou a exposição. Beuys destruiu um
dos pianos com um machado. A violação do processo de performance e a
transformação e destruição de um instrumento musical clássico alteraram

de forma radical os protocolos da arte performática e o modo como a obra de arte era acolhida e percebida.

Por meio desses atos improvisados, os artistas exploravam as fronteiras do veículo e de seu público. Os cenários multifacetados de Paik exibiam a fragilidade da performance e a sublevação de seu exílio da Coreia do Sul. O artista tentou desenvolver sua própria identidade cultural utilizando várias influências e também examinando o tipo de identidade desconhecida que surgia desse conflito. Isso foi representado por Paik em 1963 em um desenho denominado *Fluxus Island*. Nessa obra, rodeado por artistas amigos, ele criou um mundo só seu com o qual ele sempre se identificava e para o qual ele sempre podia retornar mentalmente. Por meio desse mundo, ele moldou sua estratégia de performance pessoal e relacionada com o *self*. Paik conseguiu atuar destemidamente e expor-se no palco, expressando a liberdade que havia encontrado na comunidade do *Fluxus*. O artista reconhecia essas amizades, desenvolvidas desde o início da década de 1960 em diversos projetos artísticos. Ele tinha esperança de posicionar suas ideias em um contexto social e político mais amplo para comunicar melhor suas crenças.

Música/Televisão

Quando Paik mudou-se para Nova York, suas ideias sobre fusão de culturas/fusão de mídias encontraram eco nas múltiplas influências culturais ali existentes.

Em 1986, Paik fez o seguinte comentário:

"Em março de 1963, enquanto me dedicava a pesquisas sobre vídeo, até certo ponto perdi o interesse pela atuação musical. Após 12 performances de Originale, de Karlheinz Stockhausen, a partir de novembro de 1961comecei uma nova vida. Com iniciar uma nova vida quero dizer que guardei toda a minha coleção de livros em um armário, exceto aqueles sobre técnica televisiva, e o fechei. Li e coloquei em prática apenas os eletrônicos. Em outras palavras, retornei à vida espartana dos meus dias pré-universitários [...] apenas física e eletrônica."

— Nam June Paik (1963), The Worlds of Nam June Paik, p. 34

O trabalho de Paik com televisão começou com uma instalação exibida na *Exposição de Música/Televisão Eletrônica*, em Wuppertal. O artista instalou 13 monitores de televisão dispostos de lado e em posição horizontal, e por meio dessa instalação mudou a reação do público. Com um truque técnico, ele rompeu com a imagem televisiva projetada de uma forma convencional. Em *Zen for Television*, Paik diminuiu a imagem da televisão para uma linha horizontal. Ele virou o televisor de lado e com isso obteve uma linha vertical. Outros monitores de televisão foram dispostos com a tela virada para o chão. Em outra obra, denominada *Rembrandt Automatic* (1963), o televisor ligado projetava uma luz cintilante sobre o chão (uma analogia com o uso de cores vibrantes por Rembrandt). Desse modo, Paik invalidou a função normal da televisão e elevou o objeto a um nível mais abstrato. Essa redefinição e ruptura com o uso normal do aparelho de televisão mudaram a atitude do espectador de uma maneira radical, pois ele precisava olhar para o televisor como um objeto com existência própria, e não como um recipiente para filmes. Com outra obra, denominada *Point of Light* (1963), Paik realizou uma instalação interativa. Ele colocou um gerador de radiofrequência em um aparelho de televisão. O visitante podia aumentar ou diminuir o volume, de modo que o ponto de luz no centro ficasse maior ou menor. No protótipo de *Participation Television* (1963), ele conectou ao televisor um microfone que podia ser ligado. Quando o visitante ligava o microfone e começava a falar, sua voz era convertida em um padrão explosivo de pontos na tela (jogos técnicos semelhantes aos que são produzidos hoje em dia com aplicativos para o *iPhone*). Por meio dessa abordagem extremamente divertida, Paik antecipou a ideia da participação ativa do espectador/observador (algo que só foi desenvolvido na história da televisão no final da década de 1980). Ele literalmente via o tubo de televisão como um dispositivo composicional, uma superfície que, por meio de distorções e das imagens transmitidas, podia ser alterada. O objetivo de Paik era utilizar o tubo de televisão como um instrumento para criar imagens.

Seres Humanos/Máquinas

Em 1964, quando Paik mudou-se para Nova York, ele avançou para outra etapa de sua transição, da *performance* para a mídia. Ele criou seu primeiro robô controlado remotamente, o assim chamado *Robot K-456*, que foi apresentado em sua *Robot Opera* no Segundo Festival Anual de *Avang--Garde* de Nova York. Esse objeto mesclava todas as tecnologias que Paik havia utilizado antes. O robô foi disposto com diversos componentes eletrônicos, madeira, arame e espuma de látex. O robô podia ser movido por meio de controle de radiofrequência e tinha uma forma humanoide, com duas pernas, dois braços, a cabeça com um formato rudimentar e 185 cm de altura. Ele tinha uma aparência meio improvisada, um estilo que Paik buscou

158 A FINA ARTE DO SUCESSO

com determinação e que mais tarde se tornou sua marca artística distintiva.

Com *Robot K-456*, Paik desenvolveu um protótipo para as várias esculturas humano-robóticas que ele criou posteriormente, durante todo o trajeto que o levou ao seu famoso conjunto de obras *Family of Robot* (*Família de Robôs*), em 1986. O protótipo em si era uma fusão ambiciosa das pesquisas de Paik sobre novas possibilidades técnicas e de sua experiência com a arte performática. *Robot K-456* tinha um gravador embutido que reproduzia discursos de John F. Kennedy e lançava feijões por todos os lados enquanto ribombava pelo espaço da exposição. Sob vários aspectos, esse primeiro robô mostrava a tendência de Paik de justapor diferentes opções e, portanto, de encontrar novas formas de arte. Os gravadores que reproduziam a voz de Kennedy podiam ser considerados uma dedicatória ao novo mundo e à nova cultura à qual ele havia chegado. A forma do robô em si parecia ser a maneira mais divertida de exibir a tecnologia.

Paik queria humanizar e promover a percepção sobre a tecnologia e os instrumentos culturais. Embora já tivesse utilizado a tecnologia em outras ocasiões (ele sempre tentou e muitas vezes encabeçou a experimentação de opções que fugiam ao uso regular), *Robot K-456* parecia uma colagem grosseira e engraçada ou uma montagem, um tipo de obra semelhante à que havia sido criada pelo artista alemão Kurt Schwitters (1887-1948), que foi extremamente importante para o desenvolvimento de Paik. *Robot K-456* misturava novas tecnologias ocidentais (vídeo, aparelho de áudio, técnica de controle remoto), referências à história da arte (a técnica de montagem de Schwitters e a jocosidade da arte dadaísta na década de 1920) e a fusão entre a formação budista de Paik e sua experiência com o estilo de vida ocidental. Sua ligação com o budismo, que considera o desapego um dos estados mentais mais elevados do desenvolvimento espiritual, abriu caminho para que Paik trabalhasse com vários materiais artísticos de uma maneira menos séria e mais divertida. Isso o ajudou ao longo de toda a sua vida a lidar com os colegas oponentes com os quais ele trabalhou e a criar continuamente novas formas de arte.

Paik desenvolveu uma abordagem fundamentada na justaposição de ideias aparentemente opostas, ou em sistemas de referência tais como tecnologia e cultura, seres humanos e máquinas, e por meio disso criou novas ideias sobre tecnologia. Sua mente curiosa e galhofeira explorava constantemente novas opções técnicas e as contestava, a fim de criar novos estilos de arte. Paik também brincou com diversas raízes culturais e experiências culturais. Ele foi capaz sobretudo de sustentar todas essas coisas ao mesmo tempo em sua mente, não julgando se uma parte era mais significativa do que outra. No decorrer de sua carreira, esses vários aspectos de sua personalidade lhe permitiram criar novas obras de arte. Os diferentes antecedentes culturais de Paik, sua mente brincalhona, liberta e inspirada, sua abertura para a técnica e questões culturais o tornaram um dos primeiros "participantes globais" modernos no cenário artístico recém-criado e internacional após a Segunda Guerra Mundial.

Tecnologia/Sexualidade

"O problema real subentendido na 'arte e tecnologia' não é fabricar um novo brinquedo científico, mas saber humanizar a tecnologia e o meio eletrônico, que estão evoluindo rapidamente [...]. **Television Brassiere for Living Sculpture** *(Charlotte Moorman) também é um exemplo vivo para humanizar os eletrônicos [...] e a tecnologia. Usando a televisão como sutiã [...] a peça mais íntima de um ser humano, demonstraremos o uso humano da tecnologia, e igualmente estimularemos os espectadores* **não** *a ver algo insignificante, mas estimularemos sua fantasia a procurar formas novas, imaginativas e humanistas de usar nossa tecnologia."*

— Nam June Paik (1969), The Worlds of Nam June Paik, p. 62

A intenção de Paik de questionar e exibir uma abordagem humanizada da tecnologia acabou levando-o a desenvolver um estilo experimental, em que mesclava confecção de objetos, atos performáticos, composições gravadas em fitas de áudio, pesquisas sobre tecnologia e transformação e manipulação de aparelhos de televisão. Foi por meio dessa atitude experimental que Paik desenvolveu um amplo repertório artístico, desde os primeiros dias de sua carreira. Em vez de se dedicar a uma área específica, ele sempre experimentou opções diferentes. Com essa postura ele galgou uma posição bastante original, em que tinha liberdade para dar passos artísticos radicais e com isso cumprir sua missão artística.

Uma das dimensões da performance e das pesquisas de Paik estava relacionada com o papel do corpo humano e com seu desejo de integrar a sexualidade na música e na performance. Ele utilizava a performance para expor e explorar, com frequência empregando o humor subversivo, a função do erótico dentro do ato performático e a acolhida do público. Ele reconheceu a importância da sexualidade feminina e a forma do corpo feminino para carregar o ato performático no palco de um erotismo inconsciente. Esse tipo de obra performática testou os limites do público.

Paik explorou a abordagem erótica humanizada em seu trabalho colaborativo com Moorman, iniciado em 1963, quando Moorman organizou o

Primeiro Festival *Avant-Garde* de Nova York. Paik desenvolveu exclusivamente para ela um conjunto de obras extraordinárias e sofisticadas. Dentre os colaboradores de Paik, Moorman foi a mais importante. Ela o inspirava, apoiava e envolvia-se ativamente com o trabalho histórico do artista na área de vídeo e arte performática. Foi um acontecimento e tanto quando Moorman encenou/executou *Opera Sextronique* (1967), de Paik, um *striptease* ao violoncelo na Cinemateca dos Diretores de Cinema em Nova York. Essa *performance* provocou a prisão de Paik e Moorman e um escândalo nos meios de comunicação públicos. Desde essa ocasião, Moorman passou a ser chamada de **"violoncelista topless"**. Ironicamente, o próprio Paik havia anunciado essa performance em uma nota de programa: "Por que o sexo é um tema predominante na arte e na literatura e é proibido **somente** na música?". Moorman era uma artista incansável e absolutamente dedicada à arte que ela apresentava ao redor do mundo. Paik criou um conjunto notável de obras de vídeo para Moorman e a colaboração de ambos transformou sensivelmente os conceitos de arte performática e sua interpretação.

Na obra *Television Bra for Living* (1969), cuja estreia ocorreu na exposição *Televisão como Mídia Criativa*, na galeria Howard Wise, Moorman usou durante a apresentação dois tubos de televisão acondicionados em caixas Plexiglass e afixados com uma fita em seus seios. Paik criou outra obra para Moorman, denominada *Television Cello* (1971), que na verdade era uma espécie de violoncelo formado por três aparelhos de televisão (um grande em cima e embaixo e um pequeno no meio). A musicista tocava em uma corda que havia sido acoplada aos televisores do mesmo modo que em um violoncelo. Essa foi a obra mais radical no trabalho colaborativo de ambos. O dueto executou sua interpretação da composição *26'1.1499*, de John Cage, uma obra musical conceitual (nelas, Cage havia dado mais instruções sobre o que era necessário fazer em lugar do uso de sequências de notas concretas). Paik, ajoelhado diante de Moorman e amparando a cabeça sob seu queixo, exibia uma única corda de violoncelo em suas costas. Moorman segurava Paik quase como um corpo de violoncelo e tocava com seu arco nas costas de Paik.

Moorman afirmou que *Television Cello* era: "O primeiro aprimoramento do violoncelo desde 1600." Em todas essas obras, os monitores de televisão mostravam videoteipes ou filmagens de televisão em circuito fechado ou então eram unidos ao violoncelo para criar uma interação entre as imagens e o som eletrônico. A força de todas essas obras evidenciava-se por meio da vigorosa e carismática presença de Moorman. Ela tinha habilidade para apresentar as curiosas combinações entre objetos e imagens de vídeo de Paik com sagacidade e um humor impassível em suas *performances*. Por esse motivo, tinha talento para compor uma das características particulares das esculturas de vídeo de Paik. Ele tinha habilidade para humanizar a mídia e torná-la acessível enquanto ferramenta de percepção individual e de uso criativo. Com essa abordagem, já bem no início o artista questionou o papel da televisão enquanto instrumento de entretenimento de massa. Transformando a televisão em um objeto pessoal e de *performance* comum, ele elevou a tecnologia a um patamar humano e a uma forma de expressão. A fascinação de Paik pelo corpo feminino, sua ânsia de erotizar a música, seu desejo de manipular o corpo do artista, inclusive o seu, e seu desejo de conduzir um ato performático metaforicamente, como um ato sexual, só podiam ser concretizados com a colaboração de Moorman.

A obra de Paik baseava-se na fabricação à mão de objetos que podiam despedaçar-se em questão de minutos e exigiam reparos. Isso se tornou um traço importante das *performances* com Moorman e realçava a ideia de processo contínuo, porque a cada apresentação a combinação de objetos era diferente. Os objetos feitos à mão tinham uma expressão poética própria, com os arames, videocassetes e monitores. Eles expressavam a característica da produção artística de Paik do mesmo modo que a técnica pura era utilizada para criar cenários extraordinários nos quais Moorman se apresentava. Esse trabalho colaborativo com Moorman encontrava eco na profunda percepção de Paik sobre *performance*, o corpo como instrumento e objeto de desejo e o vídeo como uma mídia deformável que podia se tornar uma forma de arte.

Eletrônicos/Cultura

"O sintetizador de televisão nos permitirá moldar a tela de televisão

tão precisamente	*quanto Leonardo e tão livremente quanto Picasso*
tão vividamente	*quanto Renoir*
tão profundamente	*quanto Mondrian*
tão violentamente	*quanto Pollock*
tão liricamente	*quanto Jasper Jones"*

— Paik, 1969

Os objetos confeccionados com aparelhos de televisão que Paik desenvolveu para as *performances* com Moorman posteriormente se tornaram independentes ou foram transformados em instalações, como *Television Cross* (1968), a famosa *Television Buddha* ou a grande instalação de vídeo

162 A FINA ARTE DO SUCESSO

Television Garden (1977). Para entender a complexidade dessas obras, é necessário analisar de que forma Paik via a tecnologia da televisão como instrumento artístico. Ele tentou tornar a televisão estranha e familiar e queria associar esse veículo à surpresa e ao choque em suas performances. Quase sempre, na opinião de Paik, a televisão era considerada algo corriqueiro pelos clientes e era demasiadamente familiar. Por esse motivo, Paik desalojou a visão cômoda e acrítica sobre a televisão. Antes de se mudar para os EUA, ele começou a desenvolver suas ideias a respeito da transformação da televisão e de sua tecnologia.

Paik opôs-se à ideia da televisão como um meio definido e limitado. Ele considerava a televisão mais como algo que deveria ser explorado como processo e testado como objeto em suas *performances*. Ele estava apto a questionar o poder da submissão que ele havia experimentado com a televisão enquanto instrumento de massa e acreditava na ideia da arte pura (ou *avant-garde*) que é concebida pelo artista e é visível para aqueles que estão envolvidos com ela e ignoram as forças arrebatadas e desgastantes do mercado de arte e da cultura de consumo.

Na década de 1960, os artistas nutriam a ideia da *avant-garde* como uma elite cultural e afirmavam que os espectadores precisavam desenvolver uma percepção apropriada. Paik, com sua paixão pelo pensamento conceitual e sua atitude brincalhona, disse uma vez: "Sou um pobre homem proveniente de um país pobre, portanto preciso ser divertido o tempo todo." Essa é uma afirmação irônica que tem duplo sentido. Por um lado, ele se referia às tendências do consumo que ele observava na comunicação de massa e na televisão como veículo; por outro, ele se referia às tendências extremamente intelectuais de seus pares.

Desde 1961, Paik sonhava em com um aparelho de vídeo acessível. Em 1965, a Sony lançou um gravador de videoteipe portátil de meia polegada. Essa tecnologia permitiu que Paik deslocasse sua abordagem criativa para várias direções. Pela primeira vez, a imagem gravada eletronicamente podia ser desenvolvida sem os caros estúdios de televisão. Esse foi o passo mais importante na incorporação de imagens em movimento de Paik, gravadas em tempo real. O impacto dessa tecnologia foi profundo. O ato puro e simples de gravar imagens com a câmera e vê-las diretamente no monitor oferecia um controle imediato sobre a imagem. Sua portabilidade permitiu que Paik usasse o aparelho praticamente em qualquer lugar e o investimento era pequeno. O conhecimento técnico de Paik em seu trabalho com televisão e sua experiência em tempo real com a arte performática colocaram-no em uma posição singular para criar a **videoarte**.

Logo depois que Paik comprou o gravador de videoteipe na Liberty Music Shop, em Nova York, ele gravou na própria loja sua primeira videoarte, denominada *Button Happening*. O vídeo mostrava o artista abotoando e desabotoando repetidamente seu sobretudo. Esses novos dispositivos o conduziram a outros experimentos, como gravar pessoas aguardando a chegada do papa a Nova York em 1965, e foram testados em diversas exposições, como em *Arte Eletrônica II*, na galeria Bonino, em 1968, em Nova York.

Dedicado à sua vigorosa abordagem experimental, Paik manipulou suas imagens gravadas utilizando imãs potentes, que ele colocava sobre ou ao lado da tela da televisão, ou por meio de um sintetizador de vídeo que ele mesmo desenvolveu e lhe oferecia inúmeras soluções para alterar os padrões de linha e cor da imagem eletrônica. Em 1968, Paik utilizou essa tecnologia em uma imagem do filósofo Marshall McLuhan. Na época, McLuhan estava desempenhando um papel fundamental enquanto teórico dos meios de comunicação. Sua principal tese, que marcou gerações de cientistas após ele, foi **"O meio é a mensagem"**. Posteriormente, ele desenvolveu o conceito de **"aldeia global"**, referindo-se a um mundo de rápida evolução das técnicas de comunicação. Esses conceitos eram perfeitos para as ideias de Paik sobre videoarte. Ele tinha certeza de que a própria mídia era mais importante do que o elemento ou conteúdo em si exibido nos fotogramas dos filmes e dos vídeos produzidos. Na imagem de McLuhan, Paik utilizou um sintetizador para deformá-la e transformá-la em uma imagem instável e tremeluzente. Dessa forma, ele deu destaque e reconhecimento a esse grande pensador.

Em outra obra, denominada *Closed-Circuit Video Installation* (*Instalação de Vídeo em Circuito Fechado*), Paik, utilizando um aparelho de televisão, levantou a seguinte questão: **o que é vida e realidade?** Na obra *Real Fish/Live Fish* (*Peixe Real/Peixe Vivo*, 1982), ele utilizou dois monitores de televisão contíguos. No monitor da esquerda (*Live Fish*), Paik substituiu o catodo da televisão por um aquário com peixe vivo e conectou uma videocâmara para capturar os movimentos do peixe dentro do aquário. Essa imagem foi transferida para o segundo monitor (*Real Fish*), onde os movimentos do peixe podiam ser vistos em tempo real. Em *Real Plant/Live Plant* (*Planta Real/Planta Viva*, 1978), Paik encheu o aparelho de televisão com terra e plantas que se sobressaíam na parte superior do monitor. Dentro da terra havia um pequeno monitor em que o espectador podia ver as plantas crescendo para fora do aparelho de televisão.

Em todas as obras de "circuito fechado", Paik brincou com a questão da realidade, reconhecendo as diferenças fundamentais entre a cultura ocidental, na qual assumimos a realidade tal como a enxergamos, e a cultura oriental, em que a realidade está por trás dos objetos observáveis da vida.

164 A FINA ARTE DO SUCESSO

Esculturas/Eletrônicos

Em instalações como *Television Clock* (*TV Relógio*, 1963) e *Moon Is the Oldest Television* (*A Lua É a TV Mais Antiga*, 1965), Paik trabalhou com uma série de grandes monitores. Em *Television Clock*, 24 telas manipuladas mostravam linhas semelhantes aos ponteiros do relógio. Essas instalações iniciais tornaram-se um modelo para as grandes esculturas de vídeo de Paik. Uma obra memorável foi *Video Fish* (1975), uma instalação de 20 monitores dispostos atrás de aquários, enfileirados e posicionados ao nível dos olhos. Cada monitor reproduzia um videoteipe editado com diferentes imagens em movimento, como aeroplanos em voo, peixes e o famoso coreógrafo e bailarino nova-iorquino Merce Cunningham dançando em uma colagem acelerada de imagens. O espectador confrontava-se com um dilema: decidir se queria ou não olhar para os monitores para ver o conteúdo dos aquários. Isso criava um paradoxo. No processo de observação, o **aquário tornava-se um televisor e o televisor um aquário**. As duas perspectivas pareciam mudar constantemente seu propósito original, de uma maneira bem semelhante à instalação *Real Fish/Live Fish*.

Paik instaurou um diálogo notável com o aquário e as imagens do televisor, brincando com a profundidade do espaço do vídeo que ele conseguia mudar por meio da edição precisa dos videoteipes. Uma vez mais Paik brincou com o conceito de tempo como uma coordenada bidimensional. Em primeiro lugar, o tempo armazenado e editado do videoteipe e, em segundo, os movimentos do peixe que se desdobravam e mudavam. Em momentos aleatórios do videoteipe em *loop* (ciclo), um peixe, que era uma colagem dentro da imagem gravada, surgia flutuando ou nadando em seu próprio espaço, e isso intensificava a dinâmica abstrata da instalação. Manipulando as imagens dessa forma, Paik conseguiu descontinuar o tempo e espaço da instalação e novamente induziu o espectador a se confrontar com a questão sobre o que é real. A interação aleatória da coreografia de Cunningham com o peixe nadando no aquário criou um diálogo dinâmico de movimentos e ampliou a própria imagem do vídeo. A pergunta que vem à mente dos espectadores é: **quem está dançando com quem?**

O estilo de trabalho artístico de Paik então se tornou óbvio. Primeiro, ele reunia objetos que não tinham nenhuma relação entre si; segundo, ele acrescentava mais camadas para que a situação ficasse mais complexa. Contudo, em vez de mudar e ajustar os diferentes componentes a fim de alinhá-los, Paik os dispunha lado a lado. Ele sabia, por experiência, que a situação desordenada poderia criar significados de uma maneira distinta e mais profunda. Paik tinha consciência desse tipo de raciocínio por causa de sua relação com a poesia do paradoxo oriental. As técnicas da poesia do paradoxo, utilizadas para orientar o aluno a ter uma mente iluminada, aceitam a complexidade como um fator inerente da vida. Diferentemente do raciocínio ocidental, que analisa as partes isoladas de uma situação para encontrar uma resposta dedutiva, no raciocínio oriental a resposta surge para a pessoa que é capaz de tolerar a complexidade, em um momento determinado.

O trabalho de Paik poderia ser analisado com relação aos materiais e às técnicas que ele empregou, mas isso não oferece uma resposta à maioria de suas obras, em virtude de sua complexidade. Elas só poderiam ser compreendidas por meio de um processo mais longo de percepção. Paik conhecia a **"técnica mental"** de manter a observação na mente, deter o raciocínio racional e esperar até que a resposta venha à tona. Parece que ele está dizendo ao espectador: veja, isso não é o que você pensa, mas por meio de suas experiências pessoais você pode encontrar uma resposta. Esse metaconceito vale para a maioria de suas esculturas de vídeo posteriores, que algumas vezes se exteriorizaram como grandes cenários montados com vídeo, nas quais Paik conduzia o espectador para dentro da própria obra.

Em *Television Garden,* plantas de vários tamanhos cresciam acima e ao redor dos monitores dispostos no chão com a tela virada de cabeça para baixo. O famoso videoteipe *Global Groove* (1973), de Paik, foi reproduzido nessa instalação. Era um vídeo pioneiro, uma representação do sonho do artista de uma televisão global. A fita alternava entre a produção imaginária sintetizada do próprio Paik, imagens em vídeo de comerciais de televisão e fragmentos de filmes de cineastas independentes. A reprodução de *Global Groove* em *Television Garden* lembrava o espectador da ideia de McLuhan de aldeia global, que gradativamente se unifica em decorrência da constante propagação da teledifusão. Em obras maiores, como *Fin de Siècle II* (1989) e *Megatron/Matrix* (1995), Paik compôs imagens de vídeo em grande escala com paredes de monitores. Essas instalações abrangiam mais de 200 monitores circundados pela *Jumbo Troms*, um aglomerado de aparelhos de televisão menores (aproximadamente 40) semelhante a um ambiente arquitetônico. Programas de computação sofisticados permitiram que Paik controlasse as camadas ou a quantidade de filmes projetados. Por meio desses filmes em vídeo, ele trabalhava contra a consistência da estrutura arquitetônica dessas instalações, como na imensa torre de televisão de 18 metros de altura *The More the Better* (*Quanto Mais, Melhor*, 1988), criada para os Jogos Olímplicos de Seul. Essa obra integrava 1.003 monitores e era equipada com um projetor de vídeo de três canais, com espaço e tempo desintegrados.

Uma Posição Inigualável

O conceito de desintegração, em que várias camadas de recursos visuais eram acrescentadas à obra, atingiu seu ápice na projeção de vídeo *Sistine Chapel* (*Capela Sistina*, 1993), produzida por Paik para o Pavilhão Alemão na Bienal de Veneza. Nessa instalação, os projetores de vídeo foram dispostos e associados para que criassem uma exibição vibrante e expressiva. Na superfície dos tetos e das paredes, Paik fez uma colagem de projeções individuais sobre uma imagem global para criar um espaço visual dinâmico. À medida que o espectador caminhava ao redor da sala e dos projetores, o espaço como um todo parecia pulsar com o movimento das imagens produzidas pelo artista, por meio dos efeitos, das cores e do processamento das imagens dos bailarinos. Formas abstratas dançavam nas paredes e sobrepunham-se de uma maneira livre, mudando constantemente essa colagem intensamente visual. A sala inteira parecia se mover, visto que as projeções eliminavam a percepção clara de espaço e, desse modo, elevavam a percepção para um patamar mais amplo. Do ponto de vista técnico, Paik estava fazendo uma referência à grande tradição espiritual europeia.

Na *Capela Sistina* original, em Roma, Michelangelo criou pela primeira vez uma estrutura de pintura global que tentava superar a complexa situação arquitetônica. Paik confrontou o espectador com uma situação em que a percepção de realidade tornava-se obsoleta, por meio da complexidade de formas, cores, padrões e imagens sobrepostas. Em vez de "analisar" dados visuais, o espectador na verdade era obrigado a aceitar a complexidade da instalação como uma forma diferente de realidade.

Se examinarmos o amplo espectro da obra de Paik, houve poucos artistas que incorporaram em seu raciocínio e em sua abordagem criativa uma visão sólida sobre as possibilidades da arte. Paik sem dúvida é um **autêntico artista utópico**, que constantemente procurou encontrar um mundo melhor para a arte. Ele lembra o espectador do talento ilimitado do espírito humano, munido de um desejo de cruzar as fronteiras da ciência, da tecnologia, da *performance* e da música para ampliar nosso estilo de fazer arte e para vermos o mundo de uma nova perspectiva. Com essa postura, Paik alcança a essência da arte já no século XX: aceitar os padrões distintos e com frequência inconsistentes da vida e adaptar e transformar essas contradições para criar novos significados. Por meio de sua visão otimista sobre a vida e do uso do humor subversivo, Paik cultivou o aspecto brincalhão e divertido de sua obra, oferecendo novas maneiras de imaginar a vida como uma *Global Groove*.

Conclusão

Ao examinar a impressionante obra de Paik e como ele conseguiu mesclar ideias opostas, justapondo essas imagens para visualizar e criar novas soluções, enxergamos, do ponto de vista gerencial, três dimensões principais que poderiam ajudar os executivos a modelar as empresas por meio de uma postura criativa, e não da administração pura e simples. Foi com essas dimensões que Paik foi capaz de abraçar e lidar com a complexidade, de orquestrar a criatividade e as ideias de pessoas diversas e de manipular as emoções para respaldar suas ideias.

Lidando com a Complexidade

A coisa mais importante que Paik conseguiu realizar vezes sem conta foi associar ideias opostas. Ele conseguiu mesclar **filosofia oriental** e **tecnologia ocidental**, **música** e *performance* **artística**, **televisão** e **arte**, **seres humanos** e **máquinas** e **tecnologia** e **sexualidade**, dentre várias outras ideias.

Com essa postura, Paik intensificou a complexidade. Somente intensificando a complexidade por meio de outras ideias e perspectivas artísticas, como som, imagens de vídeo e os conceitos de seus colegas artistas, que com frequência provinham de diferentes áreas, Paik foi capaz de desenvolver novas ideias e níveis mais elevados de percepção artística. Ao analisar como ele mesclou música e *performance* para criar uma nova abordagem sobre arte em seus primeiros trabalhos, dois pré-requisitos fundamentais para a associação de ideias tornaram-se evidentes: domínio e diálogo. Para lidar eficazmente com a complexidade, é necessário ter conhecimento profundo sobre o assunto. Consequentemente, quando uma escolha consciente exige determinada perspectiva ou quando aquilo que você observa e a maneira como você observa são fatores importantes, o domínio ajuda a encontrar perspectivas apropriadas.

Paik havia estudado história da arte e história da música na Universidade de Tóquio. Ele obteve domínio nessas duas áreas e continuou um estudioso nesses campos quando se mudou para a Europa. Contudo, o domínio muitas vezes apresenta um dilema, que é a possibilidade de desenvolver uma visão demasiadamente estreita. O especialista não raro se torna cego para as opções mais óbvias. A mentalidade liberal e aberta de Paik o forçou a travar um contínuo diálogo interno com essas duas disciplinas, **arte** e **música**, para trazer à tona formas novas e inovadoras de associá-las. Além disso, o diálogo com seus colegas contestou e ampliou sua maneira de fazer arte.

168 A FINA ARTE DO SUCESSO

Quanto às empresas modernas, propomos, portanto, que os gerentes, quando envolvidos com um produto ou processo de inovação ou com a elaboração de novos modelos de negócios, devem reavaliar sua postura com relação à complexidade, abraçando-a, em vez de diminuí-la. A maioria das empresas defende que é necessário diminuir a complexidade. O difícil é encontrar a proporção correta de complexidade para responder às várias exigências do mercado e enfrentar a concorrência. Um exemplo de organização que conseguiu definir o grau "certo" de complexidade é a empresa de balanças de alta tecnologia Toledo. Alguns anos atrás, a empresa enfrentou um problema de "imitação". Os concorrentes asiáticos conseguiram entrar no mercado com um modelo que eles copiaram meio ano depois que a Toledo havia lançado uma nova versão. A Toledo resolveu esse problema e decidiu aumentar sensivelmente a complexidade. Ela inseria propositalmente imperfeições mecânicas nas balanças e, para ajustá-las, utilizava um *software* sofisticado.

Ao delimitar a complexidade apropriada, os gerentes de serviços podem galgar outro degrau, atribuindo a seus produtos e soluções um novo significado. Para isso, as empresas precisam, acima de tudo, ter domínio de sua área, e isso significa dominar não apenas tecnologias e processos para produzir e vender produtos, mas ter domínio sobre a experiência global do cliente. Além disso, os gerentes devem travar um diálogo com todos os grupos de interesse relevantes.

Por exemplo, a Apple conseguiu reinventar-se mesclando repetidas vezes ideias e mercados opostos. A empresa tinha longa tradição no mercado de computadores pessoais. Ela lançou os primeiros dispositivos práticos de computação pessoal no final da década de 1980, que apregoavam características como facilidade de uso, sistema operacional próprio, marca sólida e projeto industrial. Em 2001, a Apple passou a empregar a estratégia de "*hub* digital", mesclando diferentes mercados, como entretenimento, *software*, computadores pessoais, *videogames* e telefonia, dentre outros. Essa mudança foi iniciada com o lançamento do *iPod* em 2001, da loja de música iTunes em 2003 e, subsequentemente, do *iPhone* em 2007 e iPad em 2010. Esses novos produtos abriram caminho para que a Apple se tornasse uma **empresa de convergência** digital completamente madura. A mudança do nome da empresa de Apple Computer Inc. para Apple Inc. em 2007 marcou o reposicionamento oficial da empresa. Embora hoje essa mudança estratégica pareça demasiadamente lógica e seja apoiada pela convergência tecnológica em andamento, foi uma decisão ousada na época, pois tentava associar mudanças tecnológicas. Por exemplo, os aprimoramentos dos dispositivos de jogos que permitiam que os clientes assistissem a DVDs e se conectassem à Internet, os telefones inteligentes que funcionavam cada vez mais como computadores portáteis e, por último mas não menos importante, as mudanças na experiência dos consumidores. A Apple poderia ter optado por se manter no setor de computadores pessoais do mesmo modo que muitos de seus concorrentes e ter otimizado seus critérios de desempenho já consolidados. Entretanto, em vez disso, a empresa optou por investir pesadamente em outra área, interagindo com seus clientes — e muito mais com seus não clientes — para compreendê-los melhor e, desse modo, desenvolver o modelo de negócios apropriado para o setor de reprodutores de música. A Apple sabia que só teria sucesso com um sistema completo que associasse hardware, *software*, serviços e conteúdo. Além disso, a empresa precisava inovar rapidamente e cobrir todos os pontos de preço, ao contrário de sua estratégia no setor de computadores pessoais, em que oferecia apenas preços especiais. Sua profunda percepção sobre o mercado e o detalhado diálogo com seus clientes e possíveis clientes permitiram que a Apple mesclasse estratégias e mercados aparentemente divergentes.

Para os gerentes, isso significa que, nos primeiros estágios da inovação, eles devem resistir à simplificação e à contraposição e, em vez disso, envolver-se em um diálogo aberto e construtivo. Para isso, os executivos precisam encontrar novas estruturas para reunir ideias, em uma atmosfera de confiança e respeito. É fundamental procurar padrões, analogias e relações causais, e não simplesmente fazer o que eles fizeram com sucesso no passado.

Orquestrando a Criatividade

Um segundo elemento da abordagem de Paik com relação à inovação no campo artístico é seu **estilo de orquestrar — articular — a criatividade**. Por meio de sua estreita colaboração com músicos, artistas e cientistas, como Karl-Heinz Stockhausen, John Cage, Charlotte Moorman e Joseph Beuys, dentre outros, ele conseguiu conectar-se com fontes profundas de inspiração para realizar seu trabalho. Particularmente por meio de sua colaboração com Moorman, Paik conseguiu desenvolver-se de uma maneira que não teria sido possível por conta própria. Ele transportou seus interesses pela música e *performance* para temas como sexualidade, participação e o papel das pessoas, especialmente das mulheres, na música. Com todos os seus colaboradores, Paik compartilhava a convicção de que eles poderiam avançar por meio de uma abordagem "transdisciplinar", e com frequência eles tinham uma visão em comum sobre o lugar e até onde deveriam chegar. Esse trabalho colaborativo circunscrevia-se ao projeto, com um começo e fim bem definidos, e era bastante visível no mundo artístico da época. Até então, os artistas ocidentais normalmente eram uma espécie de "gênios solitários". Paik pisou em terras virgens levando consigo seu estilo de produção artística por meio da colaboração. O traço característico de seu estilo de trabalho reside na diferença entre conduzir e orquestrar a criatividade. Ao conduzir uma orquestra, a interpretação da música que está sendo tocada é feita de acordo com sua perspectiva. Não existe muito espaço para a criatividade para um único intérprete. Orquestrar a criatividade está mais relacionado com o trabalho do compositor que pensa no tipo de instrumento necessário para uma composição específica, a fim de criar o som apropriado. Adotar essa ideia poderia produzir um impacto adequado principalmente em uma orquestra de câmara. Não existe nenhum líder real (talvez um líder informal) e a qualidade da música que está sendo tocada provém da capacidade de todos de se ouvirem mutuamente e reagirem rápida e simultaneamente. Nessa execução, o objetivo do entendimento é criar um "corpo sonoro", uma qualidade que o ouvinte consiga perceber imediatamente. Paik sempre procurou esse nível de interação no trabalho que realizou com seus colegas, ao mesmo tempo sendo e não sendo um líder. Sua formação oriental, recuar para enxergar uma ideia melhor, talvez o tenha ajudado a desenvolver essa tendência para a criatividade coletiva.

Para os gerentes, isso significa que é essencial pensar ativamente em soluções para orquestrar a criatividade, dentro da empresa ou mesmo fora dela. Em ambos os casos, os gerentes têm de identificar e testar crenças, valores e visões em comum, definir claramente o projeto e encontrar o modelo apropriado para o empreendimento.

Considere o exemplo da IBM, que no início da década de 1990 conseguiu se transformar. Um elemento importante dessa transformação foi a decisão de procurar novas ideias fora da empresa e de orquestrar a criatividade. Embora a empresa praticamente tenha inventado o setor de computador e tenha criado em seus laboratórios as principais tecnologias de *hardware* e *software*, ela foi forçada, no início da década de 1990, a buscar tecnologias externas. Por exemplo, a IBM não inventou em seu laboratório um *software* para Internet. Entretanto, para isso, foi obrigada a se abrir e a buscar assiduamente a cooperação de fornecedores e, mais importante do que isso, dos clientes. Nesse processo, a IBM montou um programa denominado Primeiro do Gênero (First of a Kind — FOAK), no qual a empresa e um cliente importante trabalhariam em conjunto em um problema comercialmente relevante e, do ponto de vista de pesquisa, complexo. Uma equipe de pesquisa especial da IBM trabalhou durante um período específico na empresa do cliente com uma equipe especial do cliente. A IBM conseguiu obter dados em tempo real em um ambiente controlado e o cliente conseguiu solucionar seu problema com a ajuda da IBM. Além disso, a IBM estava expondo sua equipe de pesquisa aos problemas atuais de seus principais clientes e também obtendo o direito de usar essa solução posteriormente para outros clientes. Contudo, isso significava que a IBM deveria igualmente mudar outras partes de seu modelo de negócios até então prevalecente. Por exemplo, o papel do pesquisador mudou de um simples gerador de conhecimentos para o de intermediário do conhecimento, dentro da empresa — entre o grupo empresarial e a divisão de pesquisa — e fora da empresa — em relação ao cliente. O tipo de pesquisador que a IBM estava procurando também mudaria. Atualmente, a IBM está tentando avaliar sua capacidade para trabalhar com clientes e gerar soluções para seus problemas. E por último mas não menos importante, o papel do gerente do grupo empresarial também mudou, visto que mais conhecimentos foram gerados sobre as várias atividades dentro da divisão de pesquisa, os quais lhe possibilitariam associar melhor as informações dos laboratórios com as necessidades dos clientes.

Para os gerentes, isso significava que eles precisavam principalmente identificar e testar crenças, valores e visões em comum, definir com nitidez o escopo do projeto e encontrar o modelo de negócios apropriado ao empreendimento.

Emocionalização

O último elemento relacionado à capacidade de Paik para manter posições opostas na mente, para visualizar e criar novas soluções foi sua forma de **emocionalizar suas ideias**. Essa sempre foi uma das principais funções da arte. Pense em uma obra tradicional como o famoso trabalho em estuque *A Criação de Adão*, de Michelangelo, no teto da capela Sistina, em Roma. Além da história mitológica e de seus "atores" (Deus e Adão), a obra mostra um poder de Deus afetuoso e paternal próximo aos seres humanos (quase os tocando). Por meio dessa interpretação radical (a proximidade de Deus dos seres humanos), Michelangelo evidenciou uma imagem de Deus emocionalmente redefinida que correspondia em grande medida à nova percepção sobre religião da época renascentista. O pintor mudou a imagem de Deus de uma figura distante para a de alguém que abraça os seres humanos com generosidade.

A emocionalização foi o único humor que Paik levou para a arte performática, as instalações e as esculturas de vídeo. Sua fonte foi sua estreita relação com o grupo *Fluxus*, ao qual ele se associou desde o início, e sua simpatia pela arte dadaísta. A abordagem dadaísta, com sua tendência por cenários experimentais, a opção consciente de mesclar intuitivamente coisas não relacionadas e de muitas vezes criar absurdos como pura provocação, abriu um mundo para Paik que respeitava sua formação cultural e artística e lhe dava liberdade para criar sua própria história. Paik não foi obrigado a se tornar um artista europeu — ele simplesmente utilizou diferentes estilos de arte (como as **justaposições**) e criou novas formas inesperadas e muitas vezes extremamente engraçadas. *Zen for Head*, na qual Paik transforma-se em um violoncelo e Moorman executa uma composição de John Cage, a construção do primeiro *Robot K-456* e posteriormente a família de robôs, todas essas obras mostravam a inacreditável habilidade de Paik para usar o humor como tática artística e transmitir sua mensagem. O objetivo de Paik era questionar o desenvolvimento e o aspecto consumista da tecnologia moderna, deixando o espectador em uma situação de dúvida. Com relação à utilização das emoções como impulsionadores, Paik assumiu a função de um palhaço moderno para espelhar a mudança contínua da tecnologia e seu impacto sobre a vida cotidiana.

A implicação do exemplo de Paik para os gerentes das empresas modernas é que eles devem desenvolver uma habilidade para trabalhar com emoções, normalmente por meio de imagens apropriadas. Os gerentes devem perceber o potencial emocional da empresa e identificar onde essas emoções estão ancoradas. Por esse motivo, é importante conhecer as raízes, as tradições, as histórias e as imagens influentes sobre as quais a cultura da empresa está edificada. Os gerentes devem conhecer a força propulsora e a pulsação real da empresa e as necessidades emocionais dos funcionários, dos clientes e de outros interessados. Para administrar emoções, os gerentes precisam conhecer histórias importantes do passado para reinventar e mudar a direção da empresa utilizando um novo enredo e imagens emocionais sustentáveis. Uma das principais indagações dos gerentes que pretendem criar novas soluções é a seguinte: como posso convencer os clientes, mas também minha empresa, meus funcionários e demais interessados sobre essas novas soluções? A dificuldade é criar um receptáculo para essas novas ideias e soluções. Por isso, os gerentes têm de desenvolver as histórias certas, encontrar as imagens apropriadas e criar uma dramaturgia para dar às novas ideias um rosto, convencer os clientes, aliar as pessoas e fazer a empresa avançar.

Pense na tentativa da Daimler de emocionalizar sua comunicação para apoiar sua visão de empresa sustentável. O *slogan* da nova campanha, lançada oficialmente em um comercial em junho de 2010, é: *"The best or nothing"* ("O melhor ou nada"). O filme inicia-se com uma cena do fundador, Gottlieb Daimler, sentado em frente a uma prancheta com os olhos fechados, visualizando o futuro. Ele então adormece. "Toda grande história tem seu começo: o sonho de fabricar o primeiro automóvel e de inventá-lo repetidas vezes" é o prólogo. O filme mostra os marcos históricos da Mercedez-Benz (o carro de corrida *silver arrow* ou flecha de prata), os carros dos quais as pessoas nunca se esquecem (o carro-asa da década de 1970) e a liderança tecnológica do futuro (carros de célula de combustível e elétricos). Em seguida, uma voz interrompe o sonho e o filme volta a Gottlieb Daimler. "Sr. Daimler [ele acorda], o senhor está trabalhando demais", afirma uma simples faxineira. "Você tem certeza?", pergunta ele. "Mas eu só quero o melhor, apenas o melhor."

A Mercedez-Benz introduziu essa mensagem de marca primeiramente como parte das diretrizes de **visão/missão** da empresa no final de 2009, direcionando-se aos funcionários e aos demais grupos de interesse. Foi uma mensagem bastante controversa. Por um lado, o *slogan* e a história encontraram uma repercussão positiva entre os funcionários, visto que a mensagem ressalta valores tradicionais, como perfeição, qualidade e fascinação, e associa isso com valores futuros, como responsabilidade pelo meio ambiente e sustentabilidade. Por outro, a mensagem ainda assim era muito ampla e os clientes e funcionários ficaram em dúvida sobre o significado real de "O melhor ou nada". É a melhor tecnologia (do ponto de vista de engenharia), é o melhor e mais baixo custo de produção (do ponto de vista de controle) ou é apenas a melhor marca (do ponto de vista de *marketing*). Isso, obviamente, mostra o equilíbrio delicado que os gerentes devem alcançar quando utilizam as emoções para sustentar novas soluções e ideias.

A dificuldade para os gerentes que trabalham ativamente com emoções é que eles próprios e as afirmações que fazem são imediatamente postas à prova (será que ele é coerente com o próprio discurso?). Essa é uma forma eficaz mas também arriscada de trabalhar dentro de uma empresa. Os funcionários logo percebem se a história criada pelo gerente, as imagens utilizadas, a tradição empregada como referência têm ou não um significado para o gerente. Todos esses ingredientes devem ser verdadeiros para o narrador.

Desse modo, o domínio dessas três dimensões relacionadas com a **complexidade**, a **orquestração da criatividade** e a **manipulação de emoções** pode transformar a administração na arte da liderança.

Literatura adicional recomendada

Atwater, J. B., Kannan, V. R. e Stephens, A. A. *Cultivating Systemic Thinking in the Next Generation of Business Leaders. Academy of Management Learning & Education*, 7, n. 1, 2008, pp. 9-25.

Cao, G., Clarke, S. e Lehaney, B. *Towards Systemic Management of Diversity in Organizational Change. Strategic Change*, 8, 1999, pp. 205-216.

Carucci, R. *Building Relationships that Enable Next-Generation Leaders. Leader to Leader Journal — Executive Forum*, 42, outono de 2006, pp. 47-53.

Deutsche Guggenheim. *Global Groove*. Exposição, 2004.

Goleman, D. *Social Intelligence: The New Science of Human Relationship*. Nova York: Random House, 2007.

Hanhardt, J. G. *The World of Nam June Paik*. Catálogo de Exposição do Museu Guggenheim, 2000.

Kanter, R. M. *Leadership and the Psychology of Turnarounds. Harvard Business Review*, 81, 6 de junho de 2003, pp. 58-67.

Kohlrieser, G. *The Power of Authentic Dialogue. Leader to Leader Journal*, 42, outono de 2006, pp. 36-40.

Neuburger, S., Ammer, M. e Schmidt, T. *Nam June Paik: Exposition of Music, Electronic Television, Revisited*. Berlim: Buchhandlung Walther Konig GmbH & Co. KG. Abt. Verlag, 2009.

Richardson, K. A. *Managing Complex Organizations: Complexity Thinking and the Science and Art of Management. E:CO*, 10, N° 2, 2008, pp. 13-26.

Stockhausen, K. *Texte zu eigenen Werken, Zur Kunst Anderer, Actuelles, Aufsätze 1952-1962 zur musikalischen Praxis*. Catálogo de exposição, Colônia, reimpressão, vídeo de Paik, 1964, p. 29.

van Gerstner, L. *Who Says Elephants Can't Dance? Leading a Great Enterprise through Dramatic Change*. Londres: Harper Business, 2003.

CAPÍTULO 8

Entrevista com Gerritt Gohlke, artnet

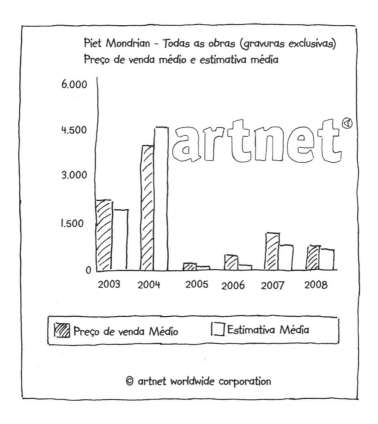

Introdução

No verão de 2010 tivemos várias reuniões com Gerrit Gohlke, editor-chefe da revista *artnet*, para conversarmos sobre tendências globais e correntes subjacentes do mercado de arte. Discutimos se as empresas são artistas ou *marchands* ou ambos e o que as empresas podem aprender com as artes.

A **artnet**, fundada em 1998 na Alemanha e atualmente um ponto de compra, venda e pesquisa sobre obras de arte *on-line*, tem a maior rede de galerias *on-line*. São mais de 2.200 galerias em mais de 250 cidades do mundo, mais de 166.000 obras, de mais de 39.000 artistas ao redor do mundo. Essa rede, além de atender a *marchands* e compradores de arte, oferecendo levantamentos sobre o mercado e suas tendências de preço, é um meio de comunicação instantâneo barato e global. Alguns de seus principais serviços são a revista *artnet*, um guia para iniciados sobre o mercado de arte que contém notícias diárias, críticas de arte e artigos de escritores renomados da comunidade artística, e o Price Database, um banco de dados abrangente que apresenta resultados de leilões de arte do mundo inteiro. Esse banco de dados divulga resultados de mais de 500 casas de leilões internacionais desde 1985, cobrindo mais de quatro milhões de resultados, de mais de 188.000 artistas, dos antigos mestres a artistas da arte contemporânea.

Reckhenrich: Existe alguma nova tendência importante no mercado de arte?

Gohlke - É difícil afirmar o que é considerado uma tendência e o que as pessoas consideram de fato uma tendência. Existem tendências no mercado de arte que influenciam apenas esse mercado. Os preços sobem e descem; os movimentos são semelhantes aos das bolsas de valores. Entretanto, o que temos no momento é uma situação mais voltada para a **especulação**. Os historiadores de arte do futuro acharão difícil compreender os estilos do presente.

Kupp*: O ano de 2010 viu o segmento de arte ser chacoalhado por uma severa recessão. Alguns acreditam que a nova tendência seja um retorno a temas sérios.*

Gohlke - A arte ainda busca sua credibilidade na história da arte. Todo mundo age como se seu trabalho fizesse parte de um cânone de valor perene; é por isso que as crises abalam mais severamente o mercado de arte do que o setor de aço. Os *marchands* e colecionadores temem que o mercado perca o direcionamento se de repente se confrontar com sua própria **transitoriedade**, e é por isso que, na esteira de uma crise, as pessoas procuram obras que não tenham o objetivo único de atrair preços altos. Busca-se um valor duradouro, e não apenas status.

Por um lado, isso é um sinal de esperança real de que haja menos pressa — em tempos de crise, até mesmo o mercado percebe que uma arte nova de qualidade não é produzida da noite para o dia. Por outro lado, proclamar valores honestos e verdadeiros é invariavelmente e igualmente um estratagema de *marketing* flagrante em benefício dos colecionadores. Por que motivo os compradores investiriam com prazer milhões e milhões de dólares em artes que no futuro talvez se revelem uma moda passageira? Mesmo assim o mundo da arte sempre produziu modas passageiras, que agora estão juntando poeira nos depósitos dos museus...

Reckhenrich: *Você quer dizer que a profundidade artística é apenas uma dentre várias tendências?*

Gohlke - Eu sou crítico e considero a profundidade um excelente resultado; entretanto, hoje existem tantas tendências quanto existem artistas. Como qualquer outro mercado cultural, o segmento de arte continua produzindo celebridades e perdedores, inovações revolucionárias e perfeitas banalidades. Não existe nenhum critério aplicável universalmente para a **arte de qualidade**, e é por isso que os colecionadores há muito tempo depositam sua confiança em obras simplesmente caras. Contudo, essa falta de distinção tem seus próprios castigos quando os preços caem em virtude de uma crise. Por isso, os colecionadores bem informados atualmente estão visando mais à arte com contexto reconhecível. Se isso for uma tendência, certamente não pode ser definida em termos de estilo histórico. Os colecionadores precisam tomar suas próprias decisões para determinar em quem devem confiar, e é por isso que hoje eles têm uma enorme oportunidade para descobrir e promover, para procurar e seguir as ideias do futuro. Se não houver uma estratégia ou convicção nas ideias, ninguém produzirá nada no mercado, a não ser **caríssimas futilidades** — e isso vale para colecionadores, artistas e *marchands*.

Kupp: *Será que existem diversas estratégias de resposta abertas aos artistas nesse mercado complexo, isto é, uma variedade de modelos de negócios para os artistas?*

Gohlke - O mercado de arte cresceu exponencialmente. Na faixa superior, o mercado se funde com outros setores criativos e adota as regras desses setores. Não é um mercado simples e fácil de entender. É altamente segmentado. Nesse caso, assim como no mercado de música ou de cinema, existem grandes campeões de bilheteria cuidadosamente calculados (e com frequência previsíveis e pouco originais) que só têm êxito graças às iniciativas conjuntas dos distribuidores. E obviamente existem também os investidores que estão procurando altas margens de lucro. Existe igualmente um mercado paralelo independente no qual artistas novos e inovadores podem se estabelecer mais rápido, onde os orçamentos são baixos, onde algum trabalho é produzido para um público bem informado e privilegiado e onde o bom e antigo conhecimento artístico ainda significa alguma coisa. A arte de boa qualidade desenvolve-se lentamente e a carreira dos artistas pode ser prevista nos planos de negócios; é por isso que as obras que muitas vezes evoluem nesse mercado anos depois se tornam o verdadeiro capital dos grandes acervos. Além disso, existe um mercado praticamente impenetrável que tende a desafiar as tendências e a convicção nessas tendências. Um mercado em que o não especialista pode encontrar inovações perfeitas e novas manifestações longe das câmeras das revistas de *glamour*. É aí que nasce a arte dos artistas para os iniciados. Aqueles que se derem ao trabalho de entrar nesse mercado descobrirão várias das tendências do futuro.

Kupp: *Então, logo de partida, tentar encontrar a única e nova grande tendência é uma causa perdida?*

Gohlke - Esses segmentos do mercado de arte existem paralelamente e estão interconectados, embora os colecionadores, compradores e críticos ainda tenham o hábito de falar sobre "o mercado de arte". Isso decorre da crença patética — ou, digamos, de uma esperança romântica — de que a arte existe segundo uma única e grande tradição dominante que cobre tudo o que tenha valor e qualidade, de Leonardo da Vinci aos dias de hoje, dos afrescos medievais à obra de Jeff Koons. Uma crença de que o maior dos gênios no final prevalecerá e sua arte se provará um tesouro inestimável. Na verdade, o que existe de fato no mercado de arte são tendências transitórias e efeitos cada vez mais temporários, de nomes badalados e de preços astronômicos. É isso que é extremamente genial no que diz respeito ao mercado — apenas mais tarde você consegue ver quais acontecimentos são verdadeiramente sustentáveis e quais provavelmente foram nada mais que uma onda de euforia ilusória.

Reckhenrich: *Ainda assim uma única obra de arte pode custar milhões de dólares. Os compradores pagam preços astronômicos que o público em geral não pode fazer outra coisa senão ficar admirado. Ao que tudo indica, alguns compradores em perspectiva são unânimes sobre o que tem mais valor sobre todo o resto.*

Gohlke: Críticos de arte como Wolfgang Ullrich propuseram que a falta de orientação no mercado de arte é tal que o próprio preço pode ser tomado como um critério de qualidade permanente. O que Ullrich retrata é fundamentalmente uma obsessão crescente pelo que é caro que acabou

180 A FINA ARTE DO SUCESSO

levando obras raras e mais antigas e há séculos valorizadas a ser com frequência mais baratas do que obras novas e espetaculares. Um exemplo clássico é Damien Hirst, na melhor das hipóteses um **artista razoável**, que tira proveito dessa fascinação pelo preço e transformou isso no verdadeiro objeto de sua arte. O "bezerro de ouro" que ele vendeu em um leilão espetacular na Sotheby em 2008 é a expressão suprema dessa abordagem. Materiais caros e grandes gestos transformaram as obras de Hirst em artigos de luxo. Críticos, colecionadores e *marchands* desde então vêm protestando contra o fato de essa arte ser tão cara. Ser mais caro do que todos ou do que todo o resto tornou-se um sinal de primazia artística em uma era de reprodução em que pouquíssimas coisas são originais.

Reckhenrich: *Mas será que todos os investimentos nessa arte não garantem um interesse duradouro por ela?*

Gohlke - Uma olhada no Museu de Artes Decorativas de Berlim é uma prova de que as maravilhas resplandecentes e cintilantes do mundo não garantem necessariamente reconhecimento artístico posterior. O museu abriga um monte de maravilhas mecânicas que deixaram seus opulentos comissários com um monte de dívidas ou mesmo na ruína. Onde estão os artistas que foram seriamente influenciados por Hirst? Anteriormente havia também um famoso grupo de artistas, chamado de *Neue Wilde* (*Novos Selvagens*), cujos integrantes adquiriram casas de campo magníficas e usufruíram de luxos ostensivos na década de 1980 por meio de suas pinturas neoexpressionistas. Hoje ninguém sabe melhor do que seus colecionadores o quanto essa arte tornou-se **internacionalmente inexpressiva**. Todos os dias provavelmente uma obra dessa escola esconde-se em algum depósito. As obras de conceitualistas completamente excêntricos ou de artistas conceituais radicais totalmente excêntricos do mesmo período hoje têm mais valor. Portanto, o que significa valor? É a obra que demonstra evolução, que tem espaço para respirar, que não fica hiperventilando em alguma exposição de arte em Miami durante alguns anos.

Kupp: *Mas nem mesmo esse espaço para respirar será suficiente se ninguém investir.*

Gohlke - Trata-se de uma questão de interesse e agilidade. Existem colecionadores obstinados e resolutos, e os mais bem-sucedidos com frequência são aqueles que acompanham os artistas ao longo dos anos, prestam atenção neles e, portanto, normalmente acabam colecionando as melhores obras — muitas vezes durante décadas, período durante o qual a arte torna-se gradativamente estabelecida no mercado, com preços cada vez mais altos. Nenhum crítico, *marchand*, especialista ou curador sério diria que Maria Lassnig é uma artista menos importante do que Damien Hirst simplesmente porque ela levou anos para alcançar preços altos no mercado secundário, em outras casas de revenda e de leilões de obras de arte. Parte dessa crise que acabamos de experimentar no mercado de arte foi provocada por uma obsessão pelos preços de leilão. No segmento superior do mercado, as pessoas estavam investindo em uma máquina inflacionária. A pressão dos preços tornou o caro ainda mais caro e fez com que essa arte, por si só, fosse constantemente sobrevalorizada, algo comum o bastante em um comércio de ritmo tão acelerado.

Reckhenrich: *O que você tem contra preços elevados?*

Gohlke - Preço elevado significa imprimir dinheiro em vez de inovar. É por isso que os proprietários de galeria mais engenhosos tentaram evitar que seus artistas fizessem parte desse sistema inflacionário. Eles queriam que os acervos mostrassem uma arte que desse credibilidade aos respectivos artistas. O colecionador não deve simplesmente comprar; ele deve também ser capaz de assegurar a qualidade do que ele possui. As galerias inteligentes em breve mostrarão o caminho da porta para pessoas que compram para especular e revendem rapidamente as obras. Por isso, não tenho nada contra preços altos. Porém, o fato de as obras clássicas que admiramos nos museus atualmente serem caras não deve nos levar à conclusão de que as obras modernas e caras agora serão reverenciadas nos museus para todo o sempre. Os critérios com relação a ideias inovadoras e influentes não são necessariamente idênticos aos critérios dos grandes sucessos, e isso é um fato tanto no mercado de arte quanto na indústria cinematográfica.

Kupp: *Quais são os critérios de sucesso no assim chamado mercado dos campeões de venda?*

Gohlke - O valor do reconhecimento e boas relações públicas. Vamos continuar com Damien Hirst, que acredito que também apareça sem seu livro. Hirst tinha excelentes conselheiros e um extraordinário administrador na pessoa de Frank Dunphy, que, para todos os fins práticos, assumiu o papel de produtor. Obviamente, Hirst tinha também influentes patrocinadores e tornou-se um artista modelo em um mercado londrino sedento por sensação. Contudo, a criação de Hirst do crânio de diamante, uma obra tão cara que só foi comprada por um consórcio de arrematadores ao qual o próprio artista pertencia, e o fato de o preço não ter parado de subir e o artista ter continuado a evitar suas próprias galerias e a vender tudo o que sobrasse em leilão, tudo isso faz parte de um jogo de pôquer profissional de primeira ordem. Isso tem pouco a ver com arte inteligente, a menos que o jogo de pôquer torne-se arte, e

182 A FINA ARTE DO SUCESSO

demonstra, simplesmente, que aquilo que outrora chamávamos de arte hoje se fragmentou em inúmeros mercados diferentes. O mercado de Hirst é uma atividade de mídia extremamente cara...

Reckhenrich: *...na qual Hirst é um superstar.*

Gohlke - Nessa área, ele é um vencedor. É uma área que conta a história pessoal de artistas e colecionadores e transforma a arte em uma saga midiática para a imprensa marrom. No final, são os consórcios que acabam lucrando com a marca global decorrente disso. Entretanto, na área de inovação artística, Hirst é um perdedor. Suas últimas pinturas, um tanto banais, que não são mais realizadas por seus assistentes, mas pelo próprio "mestre", atualmente estão sendo criticadas severamente nos jornais britânicos. Os *superstars* são um produto das redes. No entanto, a rede da história da arte talvez seja diferente da rede do segmento atual de galerias e leilões.

Reckhenrich: *O mercado de campões de venda é mais fácil de manipular do que outros?*

Gohlke - Se levássemos em conta que um influente proprietário de galeria hoje pode se tornar curador de um museu em Los Angeles sem que essa mudança gere protestos no mundo da arte, a expressão qualidade artística pareceria elástica. Esse indivíduo que já atuou no mercado e o conselho do museu do qual ele faz parte determinarão o sucesso dos artistas em cujas obras ele talvez um dia tenha investido. O mundo da arte ainda se considera um universo distinto e com regras próprias. Os órgãos de supervisão que sancionam irregularidades ainda estão por ser criados. Contudo, quanto mais populistas forem os grandes museus, mais fácil será promover os artistas que têm êxito sobretudo como marca, porque eles se repetem constantemente e sua história é particularmente de boa qualidade. O mercado de arte tem sua própria Britney Spears e seu próprio Robbie Williams. Essa não é necessariamente a arte que, a meu ver, continuará a prevalecer nos museus e nos principais acervos privados daqui a 20 ou 30 anos.

Reckhenrich: *No entanto, a arte não é uma criação específica. Até mesmo Hirst não é um constructo sintético. A criatividade ainda é um componente essencial da arte. Do movimento Fluxus aos impressionistas, houve vários artistas e obras de arte que se originaram de ideias individuais e também moldaram nossa atual percepção de arte — incluindo nossa percepção sobre valor objetivo. As empresas podem aprender com a criatividade e o mercado de arte se elas não se permitirem ser hipnotizadas pelos preços e pela publicidade?*

Gohlke - Isso dependeria totalmente do que a empresa deseja aprender. Você poderia aprender que perseguir um único curso descuidadamente — por exemplo, criar uma escultura dispondo dormentes no chão e subsequentemente continuar a dispor esses dormentes e chamá-los de escultura — pode se revelar um enorme sucesso. Vemos isso ocorrer vezes sem conta; até mesmo o observador menos informado de uma exposição populista que pretenda atrair milhões de visitantes perceberá que os dormentes dispostos no chão são a obra de Carl Andre. Em certo sentido, trata-se de um conhecimento geral, e seria bem mais difícil se o artista tivesse fases de trabalho completamente novas e diferentes ao longo dos anos, em ondas cíclicas e criativas.

Kupp: *Isso então é identidade de marca.*

Gohlke - Precisamente. Hoje, existem artistas que de fato produzem inovações cíclicas e manifestações radicalmente novas, mas cujo estilo pessoal mantém-se nitidamente irreconhecível. É isso o que torna Picasso o fenômeno sobre o qual todos pensam quando perguntados a respeito das melhores obras do movimento *avant-garde*. Qual é o primeiro artista que vem à mente das pessoas quando você lhes faz uma pergunta a respeito de arte? Picasso, ou possivelmente van Gogh. As pessoas não pensam necessariamente em Nam June Paik ou Piero Manzoni. Se você lhes pedir para citar os minimalistas mais importantes, elas pensarão em Donald Judd e Carl Andre, e não em Jo Baer, pioneira intelectual do minimalismo que sempre questionou a si mesma e o movimento artístico como um todo. O motivo é simples. Baer não pintou apenas os quadros minimalistas mais talentosos que refletiam claramente, brilhantemente e maravilhosamente toda a discussão teórica sobre a objetividade das imagens. No final, ela também anunciou que ela havia exaurido o escopo intelectual da repetição em série e, no auge de sua fama, mudou de estilo. Para espanto dos críticos e dos colecionadores, ela passou a se dedicar à representação figurativa.

Kupp: *O fim de uma marca promissora...*

Gohlke - Felizmente, você não concorda? A princípio, ninguém mais falava com a artista. Ela viveu na Irlanda e direcionou toda a sua criatividade para novas questões. Isso provocou o surgimento gradual de uma **obra** nova extremamente interessante que hoje parece em vários sentidos mais jovem e mais experimental do que as pinturas de artistas contemporâneos 50 anos mais jovens. Algum dia os museus também se colocarão em dia em relação a esse acontecimento e "descobrirão" as obras que anteriormente ignoraram. Foi exatamente isso que ocorreu com Louise Bourgeois.

184 A FINA ARTE DO SUCESSO

Kupp: *Uma ideia difícil para uma empresa engolir — esperar décadas para ter êxito não é um modelo particularmente atraente...*

Gohlke - Eu sabia que você não ia gostar do meu exemplo. Nesse caso, houve dificuldade até mesmo para manter a obra dela no mercado. Houve momentos em que as galerias certamente tiveram vergonha de expor a obra de Baer — completamente fora de moda e a mundos de distância do que um dia as pessoas gostaram em seu trabalho. Contudo, a história de Baer é uma lição de determinação e possivelmente de certa resolução para mudar em relação a conquistas passadas.

Reckhenrich: *A capacidade de aprender é um fator extremamente interessante para uma empresa, visto que ela precisa se lembrar e aprender com sua própria história...*

Gohlke - O mundo dos negócios seria mais bem-sucedido se as empresas fossem tão capazes de aprender quanto Jo Baer. Jeff Koons seria uma aposta melhor para os investidores porque seu trabalho sempre devolveu dinheiro vivo aos colecionadores. Se, entretanto, um crítico excêntrico preferisse Baer a Koons na parede de sua sala de estar, a questão seria o que isso poderia nos ensinar. Submissão ou questionamento de tendências?

Reckhenrich: *Mas qual é o segredo da criatividade de Baer? Como ela conseguiu continuar desenvolvendo novas obras ao longo de todos esses anos?*

Gohlke - Antagonismo? Prazer por novas descobertas? Baer resolveu se concentrar em algo novo após sua primeira retrospectiva. Ela acreditava que o problema inicial havia sido mais ou menos resolvido e que então podia procurar novos problemas. O radicalismo e a indiferença, cujo significado seria não perguntar o que se deve fazer para satisfazer os outros, mas perguntar a si mesmo: "O que eu devo fazer para responder à pergunta essencial subsequente em minha área", sempre pareceram para mim uma postura admirável. Gottlieb Daimler não poderia ter se tornado um colecionador de Baer? Sacrificar o mais rápido possível um novo sucesso em troca de uma transformação duradoura que é lenta mas não é influenciada por tendências é uma decisão fascinante. A arte não pode ensinar as empresas a obter rápidos retornos financeiros. O que pode ser ensinado às empresas é onde encontrar criatividade. Isto é, na indiferença deliberada.

Kupp: *É possível afirmar que o mercado deveria ter revisto mais cedo sua opinião sobre Jo Baer?*

Gohlke - Como já vimos, há muito a ser aprendido com o mercado de arte, inclusive sobre o quanto ele pode ser estúpido. O mercado levou

ENTREVISTA COM GERRITT GOHLKE, ARTNET 185

muito tempo para perceber que um artista passava por vários estágios de desenvolvimento para produzir no final uma obra extremamente interessante. Aqueles que só consideram o preço e veem a arte como um investimento acionário que tem um *glamour* especial certamente ainda não conseguem compreender a obra de Baer. Não existe nenhum critério padrão para o mercado. Não houve nenhuma ruptura acentuada na obra de Bruce Neuman, embora ele seja um artista extremamente inovador e talentoso que aprimorou seu trabalho de tempos em tempos. Um bom investimento e igualmente uma obra de tirar o fôlego. Se tivéssemos de comparar Nauman e Baer e perguntar o que os diferencia de artistas que seguem submissamente as tendências do mercado e produzem obras tediosas e banais, a resposta seria a busca determinada por *insight*. As empresas poderiam aprender a valorizar Nauman e a reconhecer e apoiar Baer.

Kupp: *O potencial de Nauman foi mais fácil de usar.*

Gohlke - Ele também encontrou as galerias certas. Entretanto, é bem verdade que existem pessoas de todos os tipos no mercado de arte e que apenas algumas teriam sucesso no segmento de carros de segunda mão ou de seguros. É verdade, esse mercado, assim como outros, tem pessoas que sabem como ninguém se **autopromover**. Porém, na arte, quem se autopromove nem sempre mantém a promessa que faz. Pelo menos de uma maneira tão interessante quanto os artistas experimentais, que não raro se revelam desenvolvedores tardiamente. Nam June Paik é um exemplo de artista experimental, um desenvolvedor de ideias semelhante aos *nerds* no setor de tecnologia da informação. Uma pessoa que a princípio apenas fica ali sentado e brinca com uma nova tecnologia antes de refletir sobre o que essa tecnologia poderia produzir exatamente. Jamais podemos tomar o sucesso de um tipo para dizer que outro tipo vale menos. Um pintor como Hodler, que produziu inúmeras variações de um mesmo cenário de lago apenas para ganhar a vida, aprofundou as nuanças em sua pintura a cada variação e, o que é um tanto curioso, pintou um ótimo quadro praticamente todas as vezes, em quase todas as repetições. A pergunta é sempre a seguinte: será que desse estilo eu consigo retornar para meu objetivo original enquanto artista? No âmago dessa pergunta encontra-se invariavelmente o desejo de experimentar ou de buscar percepções claras e imediatas.

Reckhenrich: *Mas o que um gerente pode aprender com essa multiplicidade? O conhecimento de que o sucesso tem várias formas e a criatividade tem várias facetas diferentes em si não tem nada de novo.*

Gohlke - O que me fascina acima de tudo é saber se o gerente deve aprender com o artista ou com o proprietário de galeria. Quando falamos sobre inovação, para mim parece indistinto se o gerente na verdade deve ser o artista e inovador ou na realidade a pessoa que deve reconhecer e entender as inovações. Talvez, em última análise, o gerente deva ser mais parecido com um proprietário de galeria. Vários donos de galeria competentes têm sucesso a longo prazo porque eles permitem mudanças e aprendem a realizá-las. Esse trabalho não é fácil. Imagine um artista que sempre muda de rumo no espaço de alguns anos. O dono da galeria visita seu estúdio e então encontra algo mais ou menos surpreendente ou, na verdade, fica extremamente chocado com algo em grande medida diferente do que ele estava conseguindo vender aos colecionadores dois anos antes. O que ele deveria dizer agora ao artista? Se você observar os bons proprietários de galeria quando eles visitam os estúdios, a forma como eles lidam com os artistas, o modo como eles apoiam essas obras, a primeira coisa que perceberá é seu entusiasmo por contar a história dos artistas, em vez de detonar e forçá-los a se repetir e a se copiar. Acredito que, no mercado de arte, a inovação depende também dessa interação entre um bom dono de galeria, que pensa verdadeiramente a longo prazo, e um bom artista que compartilhe sua experiência com esse dono de galeria. Em lugar de comprar os mitos baratos da genialidade em ação do mercado de arte, a empresa talvez pudesse aprender bem mais com essa interação do que com realizações artísticas individuais que, depois de alguns anos em um museu, passam a impressão de que surgiram do nada.

Reckhenrich: *Nesse caso, a empresa seria tanto o artista quanto o dono de galeria...*

Gohlke - Sim, e em algum lugar dessa constelação estariam também os colecionadores. Inclusive aqueles aos quais não devemos outra coisa senão respeito e admiração: os colecionadores que ignoram com prazer a direção que o mercado de galerias deseja que eles sigam e que continuam colecionando novas obras e apoiando e acreditando em artistas jovens. Alguns colecionadores exerceram uma influência maior sobre a história da arte do que determinados curadores de museu populistas. As obras são adquiridas, trocadas, revistas... e também, de vez em quando, vendidas. Esse portfólio é movido por uma motivação bastante diferente da promessa de preços altos, ainda que a elevação constante do valor que esses colecionadores experimentam a longo prazo seja uma recompensa gratificante.

Kupp: *Você acredita que o mercado de arte recompensa a autoconfiança e talvez, na verdade, a obstinação?*

Gohlke - Com certeza ele recompensa a autoconfiança. O que, a meu ver, é mais estimulante no mercado de arte é o **radicalismo** e a coragem de alguém para confiar em seu julgamento subjetivo. Não se trata de perguntar "Para onde a pressão conformista está nos levando no momento?", mas de afirmar: "Eu sei que o que estou vendo é interessante; eu poderia estar enganado, mas estou disposto a correr o risco." Esse é um atributo que caracteriza todos os três: no meio, o *marchand*; de um lado, o artista; e, de outro, o colecionador inteligente, que coleciona a longo prazo. O objetivo final é, casualmente, **o prazer**. O prazer de ser radical e de não fazer hoje o que você fez ontem.

Reckhenrich: *O mercado de arte é complexo e tem uma variedade de participantes. Qual é o papel da artnet e o que as empresas poderiam aprender com ela?*

Gohlke - Esse sucesso pode ocorrer com a condição de que não se dependa de mitos. A transparência do mercado é benéfica tanto para quem vende quanto para quem compra. Antes da criação da **artnet**, os compradores tinham dificuldade para negociar um preço justo no mercado de arte. A **artnet** desofuscou esse mercado, lançando uma luz que os colecionadores bem informados precisam com urgência para financiar inovações ousadas e obras de qualidade. Agora, quando um comprador e vendedor se encontram em uma exposição, pode-se supor que ambos consultaram o banco de dados de preços e a rede de galerias da **artnet** para obter informações sobre os preços possíveis e já leram nossas revistas de arte para analisar o que os críticos pensam a respeito de uma obra de arte específica. A falta de transparência deu lugar à equidade. Isso cria confiança no mercado e ajuda a combater os exageros. As pessoas podem aprender conosco que as convenções e tradições podem ser transformadas. Quando Hans Neuendorf estabeleceu o alicerce para o atual serviço de banco de dados com sua visionária compilação de dados sobre preços, a previsão era de que ele fracassaria. O mercado de arte conservador — assim se argumentava — confiava em relações comerciais específicas. Contudo, o fato de os compradores e vendedores agora estarem igualmente bem informados na verdade impulsionou o volume de negócios a longo prazo para os participantes do mercado. A compra cega de obras de arte tem tão poucos benefícios quanto os investimentos desinformados no mercado imobiliário. Atualmente, os colecionadores podem confiar mais em suas decisões porque a **artnet** eliminou mitos e lendas. Isso foi a melhor coisa que poderia ter ocorrido para a arte — e o fato de que o critério objetivo da probabilidade poderia ser bom para um mercado, agora tem sido reconhecido por várias pessoas, até mesmo na área dos bancos de investimento.

Reckhenrich: *Muito obrigado por ter conversado conosco.*

Literatura adicional recomendada

Crow, K. *The Man Behind Damien Hirst: Frank Dunphy Has Helped Make the Artist a Fortune. The Wall Street Journal*, 7 de setembro de 2008 [online.wsj.com/article/SB122066050737405813.html].

O'Hagan, S. *The Man Who Sold Us Damien. The Observer.* 1º de julho de 2007 [http://www.guardian.co.uk/artanddesign/2007/jul/01/art1].

Ullrich, W. *Art, Price & Value: Über den Wert der Kunst. artnet Magazin*, 28 de fevereiro de 2009 [http://www.artnet.de/magazine/art-price-value-uber-den-wert-der-kunst--teil-i/].

REFERÊNCIAS

Abell, D. *Defining the Business: Th Starting Point of Strategic Planning.* Englewood Cliffs, NJ: Prentice-Hall, 1980.

Amabile, T. M., Conti, R, Coon, H. Lazenby, J. e Herron, M. *Assessing the Work Environment for Creativity. Academy of Management Journal*, 39, n. 5, outubro de 1996, pp. 1.154-1.184.

Amabile, T. e Khaire, M. *Creativity and the Role of the Leader. Harvard Business Review*, 10, outubro de 2008, pp. 100-109.

Anderson, J. e Kupp, M. *Madonna: Entrepreneurship on a Dance Floor, Business Strategy Review*, 17, nº 4, 2006, pp. 26-31.

Anderson, J. e Kupp, M. *MLP AG. ESMT Case Study*, 2008.

Anderson, J. e Kupp, M. *Virgin Mobile UK. ESMT-TiasNimbas Case Study*, 2008 [http://www.forbes.com/lists/2009/53/celebrity-09_The-Celebrity-100_Rank.html].

Anderson, J. e Kupp, M. *Retail Financial Services in Germany, ESMT Case Study*, 2006.

Atwater, J. B., Kannan, V. R. e Stephens, A. A. *Cultivating Systemic Thinking in the Next Generation of Business Leaders. Academy of Management Learning & Education*, 7, n. 1, 2008, pp. 9-25.

Bakker, N. e Jansen, L. *The Real van Gogh: The Artist and His Letters.* Londres: Thames & Hudson, 2010.

Barling, J., Weber, T. e Kelloway, E. K. *Effects of Transformational Leadership Training on Attitudinal and Financial Outcomes: A Field Experiment, Journal of Applied Psychology*, 81, 1996, pp. 827-832.

Barnes, E. *What's Your Story?. Harvard Management Communication Letter*, julho de 2003, pp. 3-5.

Bass, B. M., Avolio, B. J. e Goodheim, L. *Biography and the Assessment of Transformational Leadership at the World-Class Level, Journal of Management*, 13, 1987, pp. 7-19.

Brown, T. *Design Thinking. Harvard Business Review*, 92, junho de 2008, pp. 85-92.

Cao, G., Clarke, S. e Lehaney, B. "Towards Systemic Management of Diversity in Organizational Change". *Strategic Change*, 8, 1999, pp. 205-216.

Carucci, R. *Building Relationships that Enable Next-Generation Leaders. Leader to Leader Journal — Executive Forum*, 42, outono de 2006, pp. 47-53.

Catmull, E. *How Pixar Fosters Collective Creativity. Harvard Business Review*, 86, 9 de setembro de 2008, pp. 64-72.

Charitou, C. e Markides C. *Responses to Disruptive Strategic Innovation. Sloan Management Review*, 44(2), inverno de 2003, pp. 55-63.

Colunista. *The Celebrity 100. Forbes Magazine*, 3 de junho de 2009.

Colunista. *Madonna on the Dance Floor. The Sunday Telegraph*, 29 de agosto de 2005.

Colunista. *Madonna Is America's Smartest Business Woman. Business Age*, junho de 1992.

Conger, J. A. *The Necessary Art of Persuasion. Harvard Business Review*, maio-junho de 1998, pp. 85-95.

Crow, K. *The Man Behind Damien Hirst: Frank Dunphy Has Helped Make the Artist a Fortune. The Wall Street Journal*, 7 de setembro de 2008 [online.wsj.com/article/SB122066050737405813.html].

Deutsche Guggenheim. *Global Groove.* Exposição, 2004.

Dobni, C. B. *Achieving Synergy between Strategy and Innovation: The Key to Value Creation. International Journal of Business Science & Applied Management*, 5, n.1, janeiro de 2010, pp. 48-58.

Eagly, A. H. *Th Rise of Female Leaders. Zeitschrift für Sozialpsychologie*, 34, 2003, pp. 123-132.

Friedman, T. *The World Is Flat: A Brief History of the Globalized World in the Twenty-First Century.* Nova York: Penguin Books, 2006.

Fuller, J. B., Patterson, C. E. P., Hester, K. e Stringer, S. Y. *A Quantitative Review of Research on Charismatic Leadership. Psychological Reports*, 78, 1996, pp. 271-287.

Gardner, H. *Leading Minds: An Anatomy of Leadership.* Nova York: Basic Books, 1995.

Gauguin, P., Guerin, D. e Levieux , E. *Writings of a Savage PB: Paul Gauguin.* Da Capo Press, 1996.

Goleman, D. *Social Intelligence: The New Science of Human Relationship.* Nova York: Random House, 2007.

Grant, R. M. *Contemporary Strategy Analysis: Concepts, Techniques and Applications.* Oxford: Blackwell Publishers Inc., 2002.

Guber, P. *The Four Truths of the Storyteller. Harvard Business Review*, dezembro de 2007, pp. 53-59.

Hall, G. *Inside the Theory of U. Reflections*, 9, nº 1, 2008, pp. 41-46.

Hanhardt, J. G. *The World of Nam June Paik.* Catálogo de Exposição do Museu Guggenheim, 2000.

Harlan, V. *Was Ist Kunst? Urachhaus.* Auflage; 6. A, 2010.

Hetzer, T. *Titian Geschichte seiner Farbe.* Frankfurt am Main: Vittorio Klostermann Verlag, 1969.

House, R. J., Spangler, W. D. e Woycke, J. *Personality and Chrisma in the United-States Presidency — A Psychological Theory of Leader Effectiveness. Administrative Science Quarterly*, 36, 1991, pp. 364-396.

Hughes, R. *Day of the Dead. The Guardian*, 13 de dezembro de 2008.

REFERÊNCIAS

Hughes, R. *That's Show Business. The Guardian*, 30 de junho de 2004.

Kanter, R. M. *Leadership and the Psychology of Turnarounds. Harvard Business Review*, 81, 6 de junho de 2003, pp. 58-67.

Kim, C. e Mauborgne, R. *Creating New Market Space. Harvard Business Review*, janeiro-fevereiro de 1999, pp. 83-93.

Kim, C. e Mauborgne, R. *Value Innovation: The Strategic Logic of High Growth. Harvard Business Review*, janeiro-fevereiro de 1997, pp. 103-112.

Kohlrieser, G. *The Power of Authentic Dialogue. Leader to Leader Journal*, 42, outono de 2006, pp. 36-40.

Kupp, M. e Anderson, J. *Celtel Nigeria, ESMT Case Study: Case A and Case B.* ESMT-309-00(96/97)-1, 2009.

Kupp, M., Anderson, J. e Moaligou, R. *Lessons from the Developing World. The Wall Street Journal*, 17 de gosto de 2009.

Malakate, A., Andriopoulous, C. e Gotsi, M. *Assessing Job Candidates' Creativity: Propositions and Future Research Directions. Creativity and Innovation Management*, 16, 3 de setembro de 2007, pp. 307-316.

Markides C. *Strategic Innovation. Sloan Management Review*, 38(3), primavera de 1997, pp. 9-23.

Millson, M. R. *Wilemon, Designing Strategic Innovation Networks to Facilitate Global NPD Performance. Journal of General Management*, 34(2), inverno de 2008/2009, pp. 39-56.

MTV. Biografia completa de Madonna [http://www.mtv.com/music/artist/madonna/artist.html].

Neuburger, S., Ammer, M. e Schmidt, T. *Nam June Paik: Exposition of Music, Electronic Television, Revisited.* Berlim: Buchhandlung Walther Konig GmbH & Co. KG. Abt. Verlag, 2009.

Nicols, T., *Tintoretto: Tradition and Identity,* London: Reaction Books, 1999.

O'Hagan, S. *The Man Who Sold Us Damien. The Observer.* 1º de julho de 2007 [http://www.guardian.co.uk/artanddesign/2007/jul/01/art1].

Popkin, H. A. S. *Just Call Madonna the Recycled-Material Girl. MSNBC*, 11 de outubro de 2006 [http://www.msnbc.msn.com/id/15200899/].

Porter, M. E. *What Is Strategy?. Harvard Business Review*, novembro-dezembro de 1996.

Ready, D. A. e Conger, J. A., *Make Your Company a Talent Factory. Harvard Business Review*, 85, 6 de junho de 2007, pp. 68-77.

Reckhenrich, J., Anderson, J. e Kupp, M. *Art Lessons for the Global Manager. Business Strategy Review*, 20, nº 1, 2009, pp. 50-57.

Richardson, K. A. *Managing Complex Organizations: Complexity Thinking and the Science and Art of Management. E:CO*, 10, nº 2, 2008, pp. 13-26.

Richardson, J. *Life of Picasso.* Knopf, 2007, vols. 1-3.

Schmidt, V. *Madonna Goes to N° 1 for the 13th Time*. The Times Online, 21 de abril de 2008 [http://entertainment.timesonline.co.uk/tol/arts_and_entertainment/music/article3789058.ece].

Schneider, E. Sischy, I., Siegel, K. e Werner Holzwarth, H. *Jeff Koons*. Köln: Taschen Verlag, 2009.

Shewan, D. *Madonna Debuts Hard Candy*. Rolling Stones, 1° de maio de 2008.

Simons, D. J. e Chabris, C. F. *Gorillas in Our Midst: Sustained Inattentional Blindness for Dynamic Events*. Perception, 28, 1999.

Stacey, D. *Who Forgot to Pay Damien Hirst*. Bad Idea Magazine, 7 de novembro de 2008 [on-line].

Stachelhaus, H. *Joseph Beuys, Neuausgabe*. List Tb; Auflage, 2006.

Stepan, P. *Picasso's Collection of African and Oceanic Art: Masters of Metamorphosis*. Munique: Prestel Verlag, 2006.

Stockhausen, K. *Texte zu eigenen Werken, Zur Kunst Anderer, Actuelles, Aufsätze 1952-1962 zur musikalischen Praxis*. Catálogo de exposição, Colônia, reimpressão, vídeo de Paik, 1964, p. 29.

The Times Online [http://entertainment.timesonline.co.uk/tol/arts_and_entertainment/music/article3789058.ece].

Ullrich, W. *Art, Price & Value: Über den Wert der Kunst*. artnet Magazin, 28 de fevereiro de 2009 [http://www.artnet.de/magazine/art-price-value-uber-den--wert-der-kunst-teil-i/].

van Gerstner, L. *Who Says Elephants Can't Dance? Leading a Great Enterprise through Dramatic Change*. Londres: Harper Business, 2003.

Wing, R. L. *The Art of Strategy: A New Translation of Sun Tzu's Classic The Art of War*. Nova York: Doubleday, 1988.

Wolf, N. *I, Titian*. Munique: Prestel Verlag, 2006.

www.madonnafanclub.com

www.maverickrc.com

www.wikipedia.com